HISTOIRE

CLASSES AGRICOLES.

TYPOGRAPHIE HENNUYER, RUE DU BOULEVARD, 7. BATIGNOLLES.
Boulevard extérieur de Paris.

HISTOIRE

DES

CLASSES AGRICOLES

EN FRANCE

DEPUIS SAINT LOUIS JUSQU'A LOUIS XVI

PAR

C. DARESTE DE LA CHAVANNE,

Professeur d'Histoire à la Faculté des lettres de Lyon.

—

Ouvrage couronné par l'Académie des sciences morales et politiques.

PARIS

LIBRAIRIE DE GUILLAUMIN ET Cᵉ, ÉDITEURS

De la Collection des Économistes, du Dictionnaire de l'Économie politique, du Journal des Économistes, etc.,

RUE RICHELIEU, 14.

—

1854

PRÉFACE.

L'histoire des classes agricoles n'avait pas encore été écrite :
j'ai voulu combler cette lacune pour les cinq ou six derniers
siècles, autant que l'état de la science actuelle permettait de le
faire. Je me suis conformé au programme de l'Académie des
sciences morales et politiques, qui demandait d'indiquer par
quels états successifs ces classes avaient passé depuis le servage
absolu jusqu'à leur entier affranchissement, et à quelles obligations elles avaient été successivement soumises.

L'Académie énumérait elle-même les matériaux à mettre en
œuvre. Ces matériaux étaient disséminés dans les histoires
générales ou particulières, dans les recueils d'actes, d'ordonnances, de coutumes, d'arrêts ; dans les ouvrages de droit et
de jurisprudence ; dans les anciens livres d'agriculture et d'é-
conomie politique, très-rares, il est vrai, jusqu'au dix-huitième
siècle, mais assez nombreux à cette dernière époque et remplis
d'indications intéressantes. Les résultats des enquêtes entreprises par le gouvernement depuis le règne de Louis XIV, et
les procès-verbaux des États ou des assemblées provinciales
renfermaient aussi d'utiles renseignements. Il m'a fallu rassembler ces documents, souvent incohérents et épars, les
étudier et les comprendre. Heureusement, je trouvais ici pour
me guider quelques récentes publications, pleines de faits
nouveaux, dont la valeur est doublée par de lumineux commentaires. MM. Guérard et Léopold Delisle ont fait les travaux
préparatoires les plus complets et jeté les bases les plus solides
d'une *histoire des classes agricoles*. Les *Cartulaires* de M. Gué-

rard et les *Etudes* de M. Delisle sur l'agriculture de la Normandie au moyen âge, me devaient être du plus grand secours.

Mais, après avoir réuni les faits connus et y avoir ajouté par mes recherches personnelles, il était nécessaire d'en ressaisir l'enchaînement, et de montrer comment s'était déroulée une série de révolutions jusqu'ici très-imparfaitement étudiée. C'était là la partie la plus neuve de ma tâche, et, par conséquent, la plus difficile. MM. Guizot, Thierry, le comte Beugnot, et les autres publicistes ou historiens modernes qui avaient abordé ce sujet, ne s'en étaient occupés qu'incidemment, et s'étaient contentés de traiter quelques questions ou d'émettre quelques vues générales. J'ai entrepris de faire plus. J'aurai atteint mon but si j'ai jeté quelque lumière sur une partie encore obscure de l'étude de notre passé, et contribué à fixer les idées sur des questions généralement ignorées et mal comprises.

En publiant ce Mémoire à peu près tel que je l'ai soumis à l'Académie, j'ai cru devoir le faire précéder de courtes considérations sur les lois providentielles qui ont présidé jusqu'à nous aux destinées des populations rurales. Je suis, en effet, convaincu que ces populations n'ont pas été déshéritées plus que d'autres des bienfaits d'une civilisation progressive. Une telle civilisation ne peut luire sur un pays sans projeter quelques-uns de ses rayons sur tous ceux qui l'habitent; et, lors même qu'elle les distribue inégalement, elle est encore assez riche pour tous. Si cette importante vérité est admise, il faut aussi en admettre une autre, non moins précieuse à constater, c'est qu'entre tous les membres d'une même nation, quelle que soit la classe à laquelle ils appartiennent, quelle que soit aussi la diversité de leurs travaux ou de leurs intérêts, il existe, comme entre tous les membres d'une même famille, une solidarité bien plus étroite qu'on ne le suppose généralement.

De telles assertions n'ont rien que de parfaitement conforme à la raison ; elles ne sont pas moins conformes à l'histoire. On en trouvera les preuves ici à chaque page. Si le doute a pu rester à cet égard dans quelques esprits, il faut l'attribuer à ce que l'histoire des classes laborieuses, bien qu'éclairée sur quelques points par de savantes recherches, n'en est pas moins ignorée dans son ensemble. Une étude plus approfondie des vicissitudes de leur condition doit convaincre que le temps n'a pas vainement marché pour elles, et que là où des historiens superficiels ont vu entre elles et les classes supérieures un antagonisme apparent, il existait, au contraire, un lien étroit ; je dirai mieux, une communauté presque toujours entière de sentiments et d'intérêts.

Quels sont donc les états successifs par lesquels ont passé, en France, les populations rurales ?

Observons d'abord que, suivant une loi méconnue au dernier siècle, mais aujourd'hui parfaitement démontrée et universellement admise, le développement des races humaines est partout identique dans son principe. Ce qui change et ce qui fait la diversité des peuples et de leur état social, ce sont les conditions, les circonstances, le milieu, dans lesquels ce développement s'opère. Partout les lois de la nature humaine sont les mêmes ; partout on retrouve des institutions dérivées d'un principe commun ; il n'est pas jusqu'à de prétendues anomalies qu'on ne doive plus s'étonner de voir reparaître, à de grands intervalles d'espace ou de temps, chez des peuples tout à fait étrangers les uns aux autres.

Cette loi permet d'établir une utile comparaison entre les différents états sociaux qui ont existé en France et ceux qui existent encore de nos jours dans d'autres contrées. S'il n'y a point, sur le globe, de peuple qui nous offre le modèle de ce que nous serons, il y en a qui nous représentent fidèlement tout ce que nous avons été aux divers âges, depuis l'état patriarcal le plus ancien, et qui sont ainsi la confirmation vivante des études que nous pouvons faire sur nous-mêmes.

Or, nous trouvons au début de notre société et de notre histoire un état primitif, que des documents certains nous font connaître, et que le spectacle de ce qui se passe encore dans les pays où les peuples sont plus rapprochés de leur berceau, nous permet d'apprécier plus justement.

Dans cet état primitif, les populations sont à demi nomades ;

elles demeurent pastorales ou n'ont qu'une culture grossière
et insuffisante. C'est ainsi qu'il faut nous représenter les anciens
Gaulois, qui n'ont cultivé le froment et ne sont devenus définitivement sédentaires qu'au temps des Romains. Pendant les
longs siècles qui ont précédé la conquête de César, le pays
que nous habitons était sillonné uniquement par des clans ou
des tribus, assez semblables aux clans écossais qui existaient
encore il y a deux ou trois cents ans, mais incontestablement
plus barbares, et qu'il serait plus juste, vanité nationale à part,
de comparer aux tribus qui errent encore çà et là dans quelques parties de l'Afrique ou du continent américain.

Le clan, la tribu, association politique dérivée d'une extension de la famille, ont un gouvernement simple, parce qu'il
est aussi dérivé de la famille même. Cette simplicité se retrouve aujourd'hui chez les peuples qui, comme les Russes
actuels, sont plus rapprochés que nous des traditions primitives ; chacune de leurs communes est encore gouvernée par un
patriarche. Mais, dans ce système, l'homme est absorbé par
l'association ; c'est à elle qu'il appartient, bien plus qu'à lui-
même : l'association est seule propriétaire ; le territoire qu'elle
occupe est cultivé en commun, d'après les règles que le chef
établit. Cette organisation peut durer tant que la terre ne
manque à personne et qu'elle est comme au premier occupant,
tant que l'existence de vastes forêts et de pâturages naturels
exige à peine que sa valeur soit modifiée et accrue par le travail de l'homme. César rapporte que, chez les peuplades gauloises, il se faisait tous les ans une répartition nouvelle du sol
entre les membres d'une même communauté. Les membres
des clans d'Ecosse au moyen âge étaient dans la même condition ; ils ne connaissaient pas la propriété foncière individuelle;
et, de nos jours, sans citer les Arabes ou d'autres races étrangères à l'Europe, l'usage de ces partages renouvelés à époques
fixes, entre les habitants d'un même village, s'est conservé dans
quelques provinces de la Russie, où la terre, précisément parce
qu'elle n'a encore manqué à personne, a été soustraite à la loi
de l'appropriation privée [1].

1 Mais cet usage tend à disparaître, parce que le sol acquiert de jour en

Durant cette première période, la société ne connaît point d'autre aristocratie que celle du chef de famille ou du chef de tribu, qui répartit à chacun son lot et sa tâche. Aussi voit-on, au sein de l'association, une solidarité remarquable, fondée sur la parenté. Mais quelles qu'aient pu être les prédilections de certains philosophes pour les avantages théoriques d'un tel état social, il est certain que le progrès de la civilisation n'y a jamais eu lieu qu'avec une lenteur désespérante; que les populations sont restées, tant qu'il a duré, et partout où il a duré, rebelles à toute culture intellectuelle ou morale, et que les progrès mêmes de leur condition matérielle ont été misérables. La mortalité, les maladies, l'abrutissement, qui règnent aujourd'hui chez les peuples sauvages, doivent nous faire juger de la condition des populations primitives de l'Europe. On a comparé les anciens Gaulois ou Germains avec les indigènes de l'Amérique, et l'on a retrouvé une constante identité dans les usages des uns et des autres. Ajoutons que, s'il y avait quelque différence, elle ne serait pas en faveur de nos pères, puisque la civilisation avec laquelle ils pouvaient avoir, de loin en loin, quelque contact, était beaucoup plus grossière que celle qui dompte parfois, indirectement et malgré eux, les sauvages d'aujourd'hui.

Les premiers essais de civilisation sont toujours contemporains de l'établissement d'un gouvernement régulier et du progrès de la culture sédentaire. Cette double révolution s'est opérée dans les Gaules lorsque les Romains s'y sont établis, et c'est alors aussi que la période de l'esclavage légal a commencé.

César et ses successeurs, en soumettant à leur joug toutes les populations gauloises, leur donnèrent l'unité et la force sous un même pouvoir, en même temps qu'ils les protégèrent contre les invasions des étrangers et les bouleversements inévitables qui accompagnaient ces invasions. Dès lors ces populations cessent de vivre au jour le jour; elles se fixent sur le

jour plus de valeur, et que le système de l'appropriation individuelle, déjà très-général, est considéré comme infiniment plus avantageux.

sol. La culture du froment les y attache davantage, et ainsi
fixées au sol, elles croissent et multiplient.

Le grand travail de l'administration romaine dans les Gaules
est de les avoir colonisées, dans l'acception étymologique du
mot (*colonus à colendo*). Le gouvernement s'empara des terres
vacantes dont l'étendue était alors considérable , et de celles
qui étaient la propriété des tribus frappées par le droit de la
guerre. Après avoir occupé ces terres, il y établit lui-même
des colons, ou les aliéna à des concessionnaires romains. Si
quelque tribu était restée maîtresse d'un territoire, il la soumit
à des obligations, des prestations, des impôts, en raison de ce
territoire. Ainsi il étendit la culture et il créa, en même temps,
une propriété légale, avec un système d'obligations publiques et d'impôts.

Quoique la colonisation des Gaules par les Romains offre, au
premier abord, de grandes variétés, elle a obéi cependant à des
règles générales, à des lois uniformes. Comme le sol n'était
encore cultivé et peuplé qu'imparfaitement, les concessions
comprenaient de vastes espaces, et les propriétés, les exploitations étaient vastes à leur tour. Les anciens habitants du
pays, devenus instruments de culture, furent soumis à des
obligations strictes et légalement déterminées; ils vécurent
attachés à la glèbe, enchaînés sur les champs que fertilisait
leur travail. L'esclavage s'établit à peu près uniformément sur
les terres de l'Etat ou de ses concessionnaires, et sur le territoire des clans où la propriété passa aux mains du chef, ce
dernier se transformant en maître, et continuant d'exercer au
nom du gouvernement les pouvoirs qu'il exerçait auparavant,
et peut-être avec plus de rigueur, en vertu d'une loi tradition-
nelle, patriarcale et religieuse.

Ainsi naquit l'esclavage légal, la forme presque générale de
la condition des cultivateurs dans cette seconde période;
forme dure et barbare, qui signale pourtant un pas nouveau
de l'humanité. C'est, en effet, la vie régulière qui se substitue
à la vie sauvage; c'est la culture sédentaire imposée aux populations; c'est l'ordre, bien que l'ordre brutal; c'est le travail,
bien que le travail forcé; c'est enfin le règne de la loi, de

la loi qui contient, mais qui protège en même temps.

Ce grand mouvement de colonisation, qui commença à transformer l'aspect des Gaules pendant la domination romaine, continua durant les premiers siècles de l'établissement du christianisme, seulement avec un nouveau caractère. La condition des cultivateurs fut adoucie et améliorée; leurs charges devinrent moins rigoureuses; l'esclavage admit même la concurrence de la liberté. Ce fut avec cet important changement que la colonisation intérieure de la France s'acheva sous le règne des deux premières races. Jamais les campagnes ne présentèrent plus de variété apparente : on voyait à côté les uns des autres, et quelquefois jusque dans les mêmes villages, des esclaves et des hommes libres, quoique ces derniers n'eussent généralement qu'une liberté incomplète, des paysans et des soldats, des Romains et des barbares, des païens et des chrétiens, enfin des laïques et des moines. Mais tous prirent une égale part à l'œuvre commune. Partout reculèrent les forêts, les landes, les marécages; partout les richesses naturelles du sol furent exploitées. Cette exploitation, qui tournait au profit matériel de tous, contribuait elle-même à élever la condition des cultivateurs. Elle leur donnait un droit sur la terre dont leur travail avait décuplé la valeur. Ainsi la liberté personnelle et la propriété étaient solidaires, elles devaient naître et grandir ensemble.

Le temps de l'esclavage et des *latifundia* avait été aussi celui de la formation d'une aristocratie territoriale. Cette aristocratie fut d'abord composée des anciens chefs de clans ou princes du pays, de généraux, de sénateurs, de gouverneurs de province et de riches négociants romains. Plus tard, les leudes de Clovis et des autres rois barbares vinrent grossir ses rangs [1]. La classe moyenne était alors inconnue; elle ne pouvait exister dans un état social où il n'y avait point de petite propriété, où l'industrie et le commerce, encore dans l'enfance, demeuraient abandonnés aux esclaves, où les villes n'étaient

---

[1] C'est ainsi, par exemple, que s'est formée l'aristocratie russe, dont l'origine moins ancienne est plus facile à constater aujourd'hui.

guère encore que des points de réunion pour les propriétaires
d'une même contrée.

Cet état se prolongea durant la plus grande partie du moyen
âge. Les distinctions d'origine, mal effacées sous les Romains,
subsistèrent sous les deux premières races. Mais, lorsque les
Gaules cessèrent d'être exposées à des invasions périodiques,
lorsque la monarchie fut fondée et que la vie nationale commença, les races différentes s'amalgamèrent. La féodalité, tout
en conservant la diversité des rangs, établit de nouveaux liens
où resserra ceux qui existaient déjà entre les membres d'une
même seigneurie. Le gouvernement seigneurial, qui s'éleva
sur les débris des institutions romaines, rendit alors étroite la
solidarité de sentiments et d'intérêts qui existait entre les
propriétaires du sol et les cultivateurs ; il assura aux campagnes des libertés et des garanties supérieures à celles que Rome
leur avait données.

On doit surtout faire honneur de ce résultat à l'Eglise, sous
l'influence de laquelle les grands et les petits, les hommes de toute
origine et de tout rang, s'étaient successivement rapprochés.
Comme elle possédait de riches territoires et de nombreuses
fondations, elle était par cela même investie de pouvoirs publics étendus. Mais son autorité morale était plus étendue
encore. Son esprit présidait aux transformations de la société.
Si c'est elle qui a réglé et limité tous les gouvernements de
l'ancienne France, elle a plus particulièrement dirigé et con-
tenu le gouvernement seigneurial, lorsqu'il fut à un jour donné
maître du pays. Elle mit alors un frein au débordement des
intérêts privés, combattit les excès de la décentralisation, réunit
les différentes classes de la nation sous des lois communes, et
s'efforça d'élever graduellement toutes les conditions.

L'aristocratie féodale et le clergé ayant gouverné les campagnes pendant plusieurs siècles, la responsabilité du mal et du
bien accomplis durant ces siècles leur appartient. Il n'est pas
douteux que l'absence d'un gouvernement central, assez fort
pour agir sur tous les points de la France, n'ait longtemps arrêté
l'essor de sa prospérité. Mais il est tout aussi certain que le
travail persévérant du moyen âge a été l'émancipation des

populations rurales, et que cette émancipation s'est faite, non-seulement sous le règne de l'aristocratie féodale et du clergé, mais avec leur concours. Le clergé surtout y eut une large part ; car les enseignements de l'Eglise, toujours favorables à la liberté et à la dignité humaine, prirent de jour en jour plus d'empire sur les âmes et finirent par commander au monde.

Les lois canoniques assurèrent successivement aux serfs le libre exercice de tous leurs droits personnels. Les lois civiles n'eurent qu'à suivre cet exemple. Si l'œuvre d'affranchissement fut longue et ne se termina que vers le quatorzième siècle, on ne doit pas oublier qu'il fallait briser un à un tous les liens qui enchaînaient les populations rurales, et que ces liens, établis autrefois au profit de l'ordre public, étaient maintenus encore par ses exigences. Une partie des obligations personnelles des serfs continua d'être imposée aux hommes libres ; à plus forte raison en fut-il ainsi de leurs obligations territoriales. Mais l'esclavage avait déjà passé par une série de transformations et d'adoucissements qui l'avaient peu à peu réduit en poussière, lorsque ses dernières traces furent victorieusement effacées vers la fin du moyen âge, époque où la royauté, devenue plus puissante, couronna l'œuvre de l'affranchissement, et, en fortifiant l'ordre intérieur, permit à la liberté d'être quelque chose de plus qu'un nom.

L'affranchissement des hommes devait entraîner celui du sol. Les concessions de terres, après avoir été toutes conditionnelles et limitées à leurs débuts, se libérèrent peu à peu de leurs conditions et de leurs limitations originaires pour se rapprocher davantage de la propriété pleine et absolue. Les cultivateurs restèrent attachés à la terre, mais le lien qui les y attachait ne fut plus le même ; là où les lois romaines n'avaient créé qu'une chaîne, les lois du moyen âge établirent un droit positif.

On doit observer aussi que l'époque de la suppression de l'esclavage fut celle où commencèrent, pour les habitants des campagnes, la culture et la propriété individuelle, celle où les restes de l'ancienne communauté et de l'indivision primitive s'affaiblirent sans disparaître encore entièrement, celle enfin où s'ouvrit au travail libre une carrière qui ne devait pas avoir de bornes.

Cette grande révolution constitue l'unité du moyen âge au sein d'une confusion apparente. Toutes les institutions étaient alors locales et pleines de variété ; la France offrait un tableau assez semblable à celui de la Russie actuelle, où chaque district, quelquefois même chaque village a sa loi, sa condition, son degré particulier de liberté. Mais le triomphe de la liberté générale était proche et s'annonçait comme devant niveler bientôt ces mille distinctions.

Le moment où cette révolution fut accomplie sert de point de départ à ce livre. L'époque où les chartes rurales achevèrent et confirmèrent partout l'affranchissement des hommes et du sol, en même temps qu'elles établirent pour l'administration locale des règles placées partout sous la garantie de la royauté, peut être considérée comme le commencement des temps modernes.

Sans doute les révolutions des campagnes sont trop lentes, trop insensibles pour qu'il ne restât pas encore, dans cette période nouvelle, à effacer quelques derniers vestiges de l'asservissement des hommes, et surtout de la terre ; mais ce n'étaient plus que des gerbes isolées à glaner, après une ample moisson de liberté. Il faut donc chercher ailleurs les grands faits qui la caractérisent.

En premier lieu, le régime seigneurial, qui avait été, pour la période d'affranchissement, ce que le régime du pouvoir illimité des maîtres avait été pour l'époque d'esclavage, fut modifié, restreint, combattu et détruit par la constitution successive du gouvernement monarchique. Si l'autorité des seigneurs avait dû pourvoir autrefois à tous les besoins des populations, si les chartes rurales lui avaient imposé des lois et tracé des règles, ce système de gouvernement, imparfait par sa nature, ne pouvait se maintenir avec le développement que prit la monarchie. La royauté s'empara donc peu à peu de toutes ses attributions pour les exercer elle-même avec plus d'avantage ; elle établit un ordre plus complet, une justice supérieure ; elle donna aux lois de la propriété une nouvelle fixité, et modifia

heureusement l'organisation des charges publiques. Elle créa
surtout l'unité nationale, renversa les barrières intérieures
et rendit solidaires une foule d'intérêts jusqu'alors isolés et
divergents. L'action de la royauté à cette époque rappelle
celle qu'avait autrefois exercée le gouvernement romain ;
mais combien les temps avaient changé ! Au lieu de coloniser
un territoire presque neuf et d'enchaîner au sol des colons à
demi barbares, elle devait se proposer pour but de susciter et
de favoriser le libre développement de toutes les forces vitales
du pays. Elle y réussit, et dans une large mesure. Nul doute
que, du treizième au dix-huitième siècle, grâce à l'accroissement de la population et des capitaux, aux travaux des routes,
à l'ouverture de nouveaux débouchés, à la suppression d'entraves devenues inutiles ou nuisibles, la production et l'industrie agricole n'aient pris un essor qui ne pouvait que réagir
favorablement sur l'état des campagnes. De nouvelles richesses,
stériles jusque-là, furent utilisées, et la France marcha résolu-
ment dans une carrière où elle fait tous les jours des pas plus
assurés.

Un autre fait tout aussi considérable que le progrès du gouvernement monarchique a été la formation de la classe intermédiaire qui a porté le nom de tiers État, et qui a grandi dans
les campagnes comme dans les villes. Non-seulement cette
classe s'est formée et a grandi, mais elle a fini par conquérir
au dix-huitième siècle une prépondérance incontestée. Le
tiers État, c'était la population libre, active, travaillant et se
développant elle-même par l'effet de son travail. Si on le définit ainsi, il comprenait au dix-huitième siècle, époque où les
délimitations de l'ancien régime avaient cessé d'être bien rigoureuses, presque toute la nation ; il avait profité également
de la disparition de la servitude et de l'abaissement de la féodalité.
Il ne renfermait pas seulement les fermiers ou les cultivateurs
libres, mais la plupart des propriétaires de campagne ; la petite
noblesse se confondait au fond avec lui, malgré quelques signes
distinctifs apparents. Enfin ses rangs s'étendaient si loin qu'on
ne savait plus marquer ni son commencement ni sa fin.

L'importance du tiers État dans notre histoire a été surabon-

damment prouvée par nos publicistes modernes. Mais l'action
particulière qu'il a exercée sur les campagnes n'est pas moins
remarquable, surtout pendant les deux derniers siècles. La propriété se divisa de jour en jour ; une plus grande quantité de
terres furent affermées ; les entrepreneurs intéressés de l'industrie agricole et du commerce des produits du sol devinrent
plus nombreux et plus riches. Tandis que dans la période antérieure on citerait à peine quelques rares exemples de fortunes acquises par ces moyens, fortunes gigantesques parfois,
mais dues à des monopoles ou à des circonstances d'exception,
comme cela se rencontre encore dans les pays qui n'ont pas de
classe moyenne, tels que ceux de l'Europe orientale ; durant
les deux derniers siècles, au contraire, on vit non-seulement
la richesse générale s'accroître, mais aussi le niveau des fortunes privées, fondées sur le travail et sur une concurrence plus
libre des forces actives du pays, s'élever avec une remarquable
régularité. On peut et l'on doit, sans tomber dans aucun des
sophismes de la démocratie actuelle, reconnaître l'immense
avantage matériel et moral qu'ont retiré les campagnes de ces
progrès du tiers Etat. Nulle part au monde, si ce n'est peut-
être aux Etats-Unis d'Amérique et dans des conditions fort
différentes, l'activité humaine, appliquée à l'agriculture, n'a
trouvé un plus fécond et plus libre développement.

Tels sont les grands faits de l'histoire des campagnes pendant
les temps modernes. Mais il importe d'ajouter que, depuis cent
ans environ, de graves changements sont survenus et que la
situation n'est plus la même. La révolution de 1789 et le Code
civil ont inauguré une autre ère, si toutefois il n'est pas plus
juste de reporter l'origine de cette ère trente ou quarante ans
plus haut, à l'époque où une école célèbre d'économistes et
d'administrateurs entreprit de reconnaître les voies dans lesquelles la France pouvait être dirigée.

De nos jours, ce n'est plus de la colonisation qu'il s'agit ; elle
ne peut plus avoir lieu sur le sol de la France. Si elle était
encore un besoin, comme par le passé, elle devrait, sans cesser
pour cela d'être française, chercher une autre direction et
d'autres climats.

L'affranchissement des hommes est, comme celui du sol, une œuvre accomplie depuis longtemps ; les anciennes servitudes, qui n'avaient conservé jusqu'au dernier siècle qu'une existence nominale, ont reçu des lois révolutionnaires le dernier coup.

Le travail de l'unité du gouvernement est achevé : la centralisation a même été poussée, sur certains points, jusqu'à ses limites extrêmes.

Le tiers Etat n'a plus de raison d'être, depuis que toutes les anciennes distinctions de classes ont disparu. Les classes moyennes, dont il tenait la place autrefois, n'ont à conquérir aujourd'hui ni avantage ni garantie qui leur manque. Elles n'ont qu'à jouir librement du droit commun qui leur est assuré.

Ce n'est donc plus de ce côté que doivent se porter les regards des hommes qui cherchent à comprendre et à dominer la situation présente. D'autres temps ont amené d'autres préoccupations. Nous avons à nous demander aujourd'hui quelles sont les conditions de l'augmentation du revenu foncier et de la richesse territoriale, comment les cultivateurs doivent profiter de cette augmentation, quelle doit être la conduite et quels sont les devoirs soit du gouvernement, soit des propriétaires qui représentent l'ancienne aristocratie. Ou ce sont là des questions nouvelles, ou nous ne sommes plus, pour les résoudre, dans les conditions d'autrefois.

L'augmentation de la richesse territoriale de la France n'est guère devenue que depuis un siècle le but des efforts communs de la spéculation individuelle, de l'administration et de la science. Jusque-là, elle n'avait été l'objet d'aucune étude raisonnée ; la difficulté que l'on éprouve à réunir, en ce qui la concerne, des indications antérieures à la seconde moitié du dix-huitième siècle, en est la preuve la plus complète. Mais, vers cette époque, de remarquables tentatives furent entreprises pour échapper à l'empirisme et à de lents, sinon de stériles tâtonnements. Depuis lors, la nécessité s'est mieux fait sentir de jour en jour d'associer de toutes les manières et sous toutes les formes le travail du gouvernement, celui des propriétaires et celui des cultivateurs.

Que ces derniers soient appelés à profiter de l'accroissement de richesse ainsi obtenu, la chose n'est pas douteuse. Les
faits que j'ai pu rassembler ici montrent combien ils ont profité déjà des résultats semblables acquis dans le passé. Autant il est injuste et faux de dénigrer par esprit de système le
temps de nos pères, autant il est équitable et nécessaire de reconnaître combien les conditions d'existence étaient alors
moins favorables pour tous, et de se rendre compte des progrès accomplis successivement jusqu'à nous. Ne pouvons-nous
d'ailleurs apprécier l'effet produit dans les campagnes, de nos
jours et sous nos yeux, par quelques grandes améliorations
matérielles ? Vainement objecterait-on le développement tout
moderne du paupérisme, qui est la conséquence d'une industrie imprévoyante, mais nullement celle du progrès de la civilisation, et surtout de l'enrichissement de la France par l'augmentation de ses produits naturels.

La centralisation gouvernementale n'ayant plus de progrès
à faire, et le tiers État ayant perdu sa raison d'être par son
triomphe même qui a effacé les anciennes distinctions de personnes, il reste aujourd'hui à combattre les excès de cette
double révolution. Ces excès, qu'on avait souvent négligé de
constater dans l'entraînement de la victoire, sont signalés
maintenant avec une unanimité remarquable. En frappant
jusque dans ses débris le système suranné de l'organisation
seigneuriale, on a trop diminué l'influence légitime des propriétaires ruraux ; on a paralysé leur action ; on a détruit des
influences héréditaires, pour aboutir au morcellement indéfini
du sol et à la mobilité perpétuelle des pouvoirs locaux. On a
diminué également l'autorité que le clergé exerçait dans les
campagnes, et surtout son indépendance. Cependant les mœurs,
profondément altérées par les lois, n'ont-elles pas gardé une
partie de leur ancienne puissance ? N'y a-t-il pas une force
des choses qui reconstitue déjà indirectement les influences détruites ? N'est-il pas à désirer que ces liens de sentiments et
d'intérêts communs, qui unissaient plus étroitement alors
qu'aujourd'hui le propriétaire, petit ou grand, le fermier et le
simple ouvrier des champs ; que ces liens, brisés par une vo-

lonté systématique, se renouent par quelque côté? N'est-il
pas bon que la terre soit sollicitée par les capitaux, même à
un autre titre que celui de placement? Ne faut-il pas rétablir
enfin quelque chose de l'ancienne solidarité qui existait entre
toutes les classes de la nation, solidarité qu'on n'a pas fait
disparaître, parce qu'elle est invincible, mais qu'on semble
avoir combattue à plaisir?

Telles sont quelques-unes des questions que le présent soulève et que l'avenir tranchera. Mais ici se borne la tâche de
l'historien. L'avenir n'est pas de son domaine; il doit se contenter d'avoir foi en lui. Si les conclusions du livre que j'offre
en ce moment au public sont trouvées justes, elles sont aussi
de nature à fortifier ces espérances.

16 novembre 1853.

HISTOIRE

DÉS

CLASSES AGRICOLES

CHAPITRE I.

ÉTAT DES POPULATIONS AGRICOLES AVANT LE TREIZIÈME SIÈCLE.

Un tableau succinct des révolutions par lesquelles a
passé la population des campagnes avant le treizième siècle
est l'introduction nécessaire de cet ouvrage. Les générations qui se succèdent sont solidaires, et cette solidarité
ne permet guère de scinder leur histoire. Il faut remonter
à leur point de départ pour comprendre la marche qu'elles
ont suivie jusqu'à notre temps.

Je me bornerai d'ailleurs à rappeler ici les faits généraux que les publications et les travaux récents consacrés
à nos origines historiques ou juridiques permettent de déterminer plus sûrement.

Ce n'est pas que plusieurs des assertions renfermées
dans ce chapitre ne soient matière à controverse ; on ne
peut se dissimuler combien est grand le péril de la généralisation appliquée à l'époque de nos origines, et surtout à
l'époque féodale, dont le caractère le plus signalé est le
morcellement des institutions. Toutefois, ce péril ne doit
pas être exagéré non plus. Le morcellement des institutions n'exclut pas toute uniformité ; quand on a fait dans

leur étude la part des circonstances variables, on est frappé de les retrouver assez identiques dans le fond. Il y a donc une généralisation légitime, sans laquelle il faudrait se résoudre à n'avoir aucune intelligence vraie des premiers temps de notre histoire. Or, quoique la science ne puisse jamais se vanter d'avoir atteint la vérité absolue, je suis convaincu qu'en dressant en quelques pages son bilan sur une des questions les plus complexes qu'elle se soit proposé d'éclaircir, on doit avoir pleine confiance dans la certitude de ses résultats.

La population des campagnes s'est divisée jusqu'au treizième siècle et plus tard encore en deux grandes classes, celle qui était libre et celle qui ne l'était pas. Cette distinction si simple de la liberté et de la servitude est malheureusement insuffisante. Jamais aucune de ces deux classes n'a été homogène ; à quelque époque que l'on étudie leur histoire, on trouve entre leurs membres des inégalités frappantes et de toute nature. Il faut observer aussi qu'elles ont changé l'une et l'autre à chaque siècle, non-seulement de conditions d'existence, mais d'état légal. Combien d'étapes parcourues depuis l'esclavage absolu de l'antiquité jusqu'au règne de Louis XVI, et jusqu'à l'Assemblée constituante, qui ont brisé la dernière restriction mise à la liberté des cultivateurs, l'obligation de remplir des services déterminés par les contrats !

Comme premier moyen d'échapper à cette confusion, on a proposé de distinguer par des dénominations particulières les différences de condition des populations rurales à chacune de leurs époques historiques, et de réserver les termes d'*esclavage* pour l'époque romaine, de *servitude* pour l'époque barbare, de *servage* pour l'époque féodale [1]. Dans ce système, la période d'esclavage est celle qui exclut à peu près toute liberté de droit ou de fait ; la période de

[1] M. Guérard, Introduction au *Cartulaire de Saint-Père de Chartres.*

servitude, celle où l'absence de la liberté de droit est suppléée en fait par l'intervention du pouvoir protecteur de l'Eglise, et où les populations rurales commencent à marcher vers la conquête du droit commun ; la troisième période, ou période de servage, celle où ces mêmes populations jouissent d'une liberté et d'une propriété garanties par les coutumes et les lois féodales, mais limitées et conditionnelles. Ces distinctions sont ingénieuses et caractérisent d'une manière brève et frappante les principales époques de l'histoire des campagnes. Elles pèchent cependant par leur généralité même ; elles feraient presque oublier la grande diversité de conditions qui existait entre les cultivateurs à chacune de ces époques, et les différences qu'elles signalent manquent de précision et de netteté.

Je suivrai donc, dans cette introduction, une autre méthode, qui me dispensera de passer en revue chacune de ces périodes ou de ces divisions, avec le détail qu'elle exigerait. J'envisagerai l'état des cultivateurs de deux manières, au point de vue de leur condition personnelle, et au point de vue des rapports qui attachent l'homme à la terre. Cette distinction, sans être exempte de toute difficulté, n'en est pas moins fondamentale.

Je me propose d'indiquer, dans les pages qui suivent, les résultats généraux constatés aujourd'hui sur l'état des personnes et sur l'état des terres avant le treizième siècle, ou plutôt ceux de ces résultats sans la connaissance desquels les révolutions plus récentes, dont je dois faire plus particulièrement le tableau, n'auraient aucun sens.

Ainsi, j'examine en premier lieu quelle a été la classification des personnes sous les lois romaines et sous l'empire des codes barbares ou des usages féodaux ; quels étaient les degrés les plus ordinaires de la servitude ou de la liberté des habitants des campagnes : je présente à ce sujet une théorie des droits passifs ou actifs, personnels ou réels, dont ils firent l'acquisition successive, et l'ordre de cette acquisition, tel que je le comprends. En second lieu, j'expose les caractères originaires des différents modes de propriétés et de tenures, et la nature des modifications que les temps y apportèrent.

SECTION I. — État des personnes.

§ 1. — Distinction des esclaves, des colons et des lides, d'après les lois romaines, et changements apportés dans ces différentes conditions par les lois des barbares.

Esclaves. L'esclavage est un fait universel, qu'on trouve au début de toutes les sociétés. Une société naissante manque de capital, et, pour former le capital qui lui manque, elle est forcément condamnée à de longues épreuves. Elle ne vit que du travail de ses membres, travail qui, lui-même, demeure longtemps infécond, faute de ressources et d'instruments. L'homme devient alors un instrument nécessaire ; il faut qu'il rende obligatoirement à la société, dans la mesure de ses forces, non-seulement les services qu'elle demandera dans un temps plus heureux à son activité libre, mais même ceux qu'elle demandera au capital, c'est-à-dire au produit accumulé et mis en réserve du travail antérieur.

Cette raison économique est-elle la seule qui explique l'existence universelle de l'esclavage ? Non assurément. Son universalité tient aussi à une raison morale et politique. Il faut qu'il ait été chez tous les anciens peuples la condition nécessaire de la discipline sociale et de l'établissement d'un pouvoir respecté et obéi.

Il est facile de comprendre qu'à ces deux points de vue l'esclavage a dû être de longue durée ; aussi voyons-nous qu'il était encore la condition presque générale des populations agricoles au temps de l'empire romain.

Si je ne parle pas de l'époque antérieure, c'est qu'elle nous est fort mal connue. Nous savons seulement que, dans les anciens clans gaulois, la condition des cultivateurs était tout à fait dépendante. César nous dit, à leur sujet : *Plebs in servitio pœne habetur.* Le chef du clan ou de la tribu avait la propriété du sol, qu'il divisait chaque année entre ses subordonnés ; et comme la plus grande partie du sol était en pâturages ou en forêts, que la culture était grossière et sans frais d'établissement [1], on comprend que l'état social des populations agricoles dut être stationnaire et tout à fait misérable.

Quand les Gaules eurent été soumises par les Romains, les chefs de clans entrèrent dans l'aristocratie des propriétaires, et les cultivateurs passèrent, pour la plupart, sous un esclavage qui n'avait probablement qu'un caractère nouveau pour eux, celui d'être réglé par la loi. La législation de l'empire ne voyait encore dans l'esclave qu'un instrument de travail ; elle obligeait le maître à pourvoir à son entretien, mais lui laissait toute liberté d'en faire usage comme de sa chose. L'esclave était pour elle un capital vivant, et n'était pas une personne. Il comptait à peine dans la famille du maître (*familia*, agglomération domestique) ; à plus forte raison ne pouvait-il compter dans l'Etat. L'Etat ne le connaissait pas ; il ne lui demandait rien, pas même une redevance ; il se contentait de l'estimer comme un instrument d'exploitation, comme un élément de la fortune du propriétaire, quand il voulait fixer l'impôt que payait ce dernier.

[1] Il peut être curieux de rappeler ici que ce ne fut que sous Auguste, et au premier siècle de l'ère chrétienne, que la culture du froment se répandit dans les Gaules. Les Gaulois ne cultivaient auparavant que le seigle et l'avoine, dont la production plus hâtive n'exige ni la même préparation du sol ni les mêmes engrais. La première de ces cultures rend les peuples forcément sédentaires ; avec la seconde, ils peuvent rester nomades dans une certaine mesure (Rougier de la Bergerie, *Histoire de l'agriculture*).

La condition des esclaves était misérable, comme dans l'époque précédente, et, ce qui le prouve, c'est que l'esclavage était insuffisant pour se perpétuer. Il ne se recrutait que par les lois qui obligeaient le conjoint d'un esclave à partager son sort, par la misère qui forçait les hommes libres à aliéner leur liberté ou à vendre leurs enfants, par les condamnations judiciaires qui en faisaient un châtiment public; enfin, par la vente des captifs et des prisonniers de guerre. Il avait donc conservé sous les Romains, au moins en droit strict, toute sa barbarie originaire. A peine les constitutions impériales assuraient-elles aux populations courbées sous son joug quelques garanties contre les violences dont elles pouvaient être l'objet, ou leur offraient-elles l'espoir d'un affranchissement presque toujours vénal avant le christianisme.

La garantie des lois et le commencement d'une protection encore très-insuffisante furent donc à peu près les seuls bienfaits du gouvernement romain pour les classes agricoles. Heureusement ces bienfaits ne disparurent pas avec l'empire. Le progrès de la condition des cultivateurs fut hâté par l'invasion des barbares, dont les résultats lui furent indirectement favorables, et surtout par la prédication du christianisme. Constantin vengea et rétablit les droits de l'humanité, en assimilant le meurtre des esclaves à celui des hommes libres. Les lois chrétiennes, qui remplacèrent les lois romaines, furent plus protectrices et plus justes. Enfin, l'influence de l'Eglise, de plus en plus marquée dans l'époque suivante, ne se contenta pas d'atténuer les rigueurs de l'esclavage; elle réussit à le détruire. Ce fut au treizième et au quatorzième siècle, à l'époque qui sert de point de départ à cet ouvrage, que l'on vit ses derniers débris disparaître du sol de la France.

On peut dire que dans les campagnes romaines, sous l'empire, l'esclavage était la règle, et la liberté l'exception.

Il y avait cependant aussi des cultivateurs libres, les colons et les lides, qui furent séparés des esclaves juridiquement, et obtinrent un état légal distinct.

Colons.—Le colonat fut le premier degré de l'affranchissement des populations agricoles. Il ne fut pas créé, mais consacré par les lois impériales, à la suite d'une révolution qui semble s'être accomplie toute seule. Il était naturel qu'une partie des cultivateurs esclaves obtînt des droits; il l'était aussi que les hommes libres, réduits à se faire cultivateurs, ne perdissent pas toute leur liberté. Telle fut la double origine du colonat, « dont, suivant M. Troplong, l'esclavage avait formé la première couche et dont la liberté malheureuse forma la seconde [1]. » Ce fut un état intermédiaire, une sorte de compromis entre l'esclavage et la liberté [2].

Le colon faisait partie, comme l'esclave, du domaine auquel il était attaché. Instrument de culture, il était inséparable de la terre et vendu avec elle. Il était encore, comme l'esclave, soumis aux châtiments corporels; comme lui, il ne pouvait remplir aucune charge, ni intenter d'action contre son maître, si ce n'était pour repousser des violences ou pour défendre les droits et les garanties légales dont il jouissait.

Mais, à ces exceptions près, qu'on doit croire fondées sur l'intérêt du travail agricole et sur celui de l'ordre public, le colon était une personne libre. Il n'est pas douteux que dans les sociétés antiques la plupart des restrictions mises à la liberté des cultivateurs ne tinssent à ces

[1] Troplong, *Contrat de louage*, préface.

[2] Savigny, *Histoire du droit romain au moyen âge.* — M. Giraud, dans son *Histoire du droit français au moyen âge*, t. 1er, a présenté sur la formation du colonat des vues ingénieuses et qui diffèrent de celles des autres savants qui ont traité cette question. Mais ces différences ne portent pas sur la nature et les caractères mêmes du colonat, points sur lesquels s'accordent tous les auteurs.

deux raisons. On sait particulièrement que les lois romaines de l'empire rendaient les propriétaires responsables de tous les délits commis sur leurs terres.

Le colon était libre, car il devait le service de guerre [1] et il payait une contribution personnelle, une capitation, par l'intermédiaire, il est vrai, du maître, du propriétaire, du *possessor*, qui servait d'agent administratif au gouvernement central. Généralement, le colon était un fermier qui travaillait pour lui-même et ne payait au propriétaire qu'une redevance fixe ou *canon*, dont ce dernier n'avait pas le pouvoir d'élever le taux [2]. C'étaient les esclaves qui devaient être employés de préférence comme domestiques ou comme métayers. Sans doute le lien qui attachait le colon à la terre était un lien de servitude, mais il y trouvait, comme compensation, l'avantage d'être garanti contre une vente arbitraire et assuré de la perpétuité et de l'hérédité de sa tenure.

Les lois et les constitutions impériales lui reconnaissaient encore le droit d'avoir non-seulement un pécule, comme les esclaves, mais une propriété héréditaire, celui d'ester en justice, celui de contracter un mariage légitime (*justœ nuptiœ*), etc... Toutefois, s'il avait une propriété, il ne pouvait en disposer ou la transmettre qu'avec le consentement de son maître [3]. Il importe de constater ici ce

[1] Cod. Theod., lib. V, tit. IX, l. 1. — « On assignait, dit M. Guizot, à « chaque propriétaire un certain nombre de recrues à fournir, comme « cela se pratique aujourd'hui en Russie, et il les prenait, comme font les « seigneurs russes, parmi les colons de ses domaines » (*Histoire de la civilisation en France*, partie 2, leçon VII).

[2] Telle était la principale garantie dont jouissaient les colons. On doit remarquer qu'elle fut conservée après la chute de l'empire, et qu'elle devint plus tard la première garantie des chartes du moyen âge.

[3] Le colon pouvait acquérir une propriété et en disposer sans le consentement de son maître, mais seulement lorsqu'il jouissait des droits de *civis romanus*, de *latinus* ou de *peregrinus*. — Savigny, *Histoire du droit romain*.

pouvoir que le maître exerçait, parce que c'est l'origine de la mainmorte que l'on trouve plus tard si générale au moyen âge.

Le colon était donc un tenancier personnellement libre, mais dont la liberté était limitée par le lien qui l'attachait héréditairement, irrévocablement à la terre. Le Code dit en parlant des cultivateurs de cette classe : « *Licèt conditione videantur ingenui, servi tamen terræ ipsius existimantur* [1]. » Quelque vague que soit cette définition, il n'est guère possible d'en donner une plus précise. On divisait, d'ailleurs, les colons en plusieurs catégories, suivant le degré de liberté plus ou moins élevé dont ils pouvaient jouir ; mais l'examen de ces distinctions me ferait sortir du plan et des proportions d'un chapitre préliminaire [2].

La condition des colons, supérieure à tant d'égards à celle des esclaves, fut pire en un sens : la faculté d'être affranchis leur fut interdite par les constitutions de plusieurs empereurs, et, entre autres, de Dioclétien et de Justinien [3]. Justinien, non content de leur défendre l'entrée du clergé ou de la milice, déclara qu'ils ne pourraient, en aucun cas, prescrire la liberté. Mais ces lois exceptionnelles et restrictives n'étaient que des lois de circonstance ; elles appartiennent au système des derniers temps de l'empire, qui consistait à enfermer tous les rangs de la société, depuis le plus élevé jusqu'au plus bas, dans une immobilité héréditaire ; elles avaient probablement pour but d'empêcher l'agriculture de manquer de bras. Elles ne furent exécutées qu'imparfaitement ; elles subirent dans leur ap-

---

[1] Constitution de Théodose II. — Cod. Justin., XI, 51.

[2] A plus forte raison ne puis-je retracer la variété que présentent à ce sujet les lois des barbares. Je dois renvoyer pour ces questions aux ouvrages de Gaupp, de Savigny, de M. Guérard, et à l'histoire de l'*Abolition de l'esclavage en Occident*, par M. Edouard Biot.

[3] Lex unica, *De colon. Thrac.*, c. 3, XI, 52.—L. 7, *De agricol.*, XI, 47. —L. 22, *ib.*—Voir M. Laboulaye, *Histoire du droit de propriété en Occident*.

plication des modifications inévitables. Enfin , quelques textes significatifs ont fait douter que l'affranchissement des colons ait jamais cessé dans les Gaules, si même il y fut jamais interdit [1].

Lides.—Les lètes ou lides, *lœti, lidi,* occupaient, comme les colons, un rang intermédiaire entre l'esclavage et la liberté, rang difficile à définir et qui a fort exercé la sagacité des historiens et des commentateurs. Le système de M. Guérard, à leur sujet, est le mieux justifié de tous et celui qui explique le mieux leur origine et leur condition. Suivant ce système, il faudrait voir dans les lides des cultivateurs libres, étrangers pour la plupart, mais admis sur le territoire des frontières romaines, à la charge de services réels ou personnels qu'ils reconnaissaient devoir à l'empire, et, entre autres, du service militaire. Plus tard, quand l'invasion germanique eut fait disparaître le pouvoir impérial, quand les débris de la société dissoute servirent à reconstruire d'autres sociétés locales, particulières, ayant à leur tête des pouvoirs particuliers et locaux, ce furent les hommes investis du nouveau pouvoir, les rois barbares, les comtes, souvent même de simples propriétaires, qui remplacèrent l'ancien empire vis-à-vis des lides, et héritèrent de ses droits à leur égard. Les lides des temps barbares rendirent donc aux princes, aux officiers publics de ces temps, et souvent à de simples particuliers investis d'une autorité patrimoniale, les services que les lètes des lois romaines rendaient autrefois à l'Etat.

Leur condition présente une grande analogie avec celle des colons romains; elles étaient destinées à se confondre toutes deux un jour. Il y avait pourtant quelques différences, et j'en citerai deux qui me paraissent surtout importantes. La première, c'est que les services dus par les colons étaient attachés uniquement à leurs tenures, tandis

_____
[1] *Epîtres* de Sidoine Apollinaire, l. V, 19.

que les lides en devaient encore d'autres qui étaient personnels. Peut-être était-ce là, sans préjudice de toute autre explication, une conséquence de cette subordination de l'homme à l'homme qu'on retrouve chez tous les peuples barbares, mais que les lois germaniques avaient particulièrement consacrée. En second lieu, les lides n'étaient pas attachés à la terre à tout jamais; les concessions qu'on leur faisait étaient la plupart révocables dans le cas où les obligations stipulées ne seraient pas accomplies; ils pouvaient même quitter le sol sur lequel ils étaient établis. Ils avaient donc une plus grande liberté, avec ses inconvénients et ses avantages.

L'origine germanique attribuée aux lides explique très-bien ces différences; il existait, en effet, dans la Germanie, un colonat qui s'était formé de la même manière et à peu près par les mêmes raisons que le colonat romain, mais qui s'en distinguait par quelques caractères locaux ou inhérents à l'état de la société germanique. On comprend aussi, avec ce système, comment les différences légales qui séparent les colons et les lides ont pu se perpétuer jusqu'à l'époque carlovingienne [1].

Il fallait cependant que des conditions aussi voisines tendissent à se rapprocher et à se confondre. Les lides durent aspirer, sinon à rendre leurs liens avec la terre irrévocables, du moins à conquérir l'hérédité de leurs tenures. Les colons, d'un autre côté, durent échapper difficilement à l'obligation des services personnels. Le colonat alla donc en s'étendant et en se modifiant; il comprit, durant les premiers siècles du moyen âge, la plus grande partie des populations rurales; il absorba les lides; il reçut des esclaves dans ses rangs, qu'il ouvrit même aux hommes libres. Les hommes libres purent devenir colons par contrat.

---

[1] **M. Guérard**, Introduction au *Polyptique d'Irminon* pour l'abbaye de Saint-Germain-des-Prés.

L'esclavage, à son tour, se rapprocha graduellement de la condition des côlons et des lides. Quoiqu'il fût maintenu par les lois [1], les différences légales qui le séparaient des autres classes perdirent de leur importance. En fait, le sort des cultivateurs, à quelque classe qu'ils appartinssent, dut être assez uniforme pendant les premiers siècles du moyen âge [2]. Le maintien de la hiérarchie des conditions n'eut guère d'autre effet que d'offrir aux populations inférieures la perspective d'une élévation graduelle, et de jeter un pont sur l'abîme qui les séparait originairement de la liberté. Il régna d'ailleurs en France, sous les races mérovingienne et carlovingienne, une telle incertitude dans toutes les relations sociales, que les esclaves purent étendre le cercle de leurs droits, ou même jouir de priviléges qui auraient semblé réservés aux hommes libres. On les voit parvenir aux emplois de l'ordre civil ou de l'ordre ecclésiastique, et s'élever jusqu'aux dignités de comtes et d'évêques [3].

Les traces des diverses législations, romaine ou germaniques, finirent à leur tour par s'effacer. Vers le dixième et le onzième siècle, on cesse de les reconnaître. De nouveaux usages, expression plus vraie de la société, règnent alors en l'absence de lois écrites. Le cartulaire de Saint-Père de Chartres, rédigé du temps du roi Robert, en offre un exemple remarquable. Le moine chargé de sa rédaction avertit le lecteur, dès le début, qu'il éprouve une grande difficulté à reproduire des rôles qui ont cent ou deux cents ans de date, parce qu'en deux siècles tout a changé, les droits, les usages, les termes même, que la langue vul-

---

[1] La loi salique distingue le colon ou tributaire et l'esclave, et elle leur assigne des wehrgelds différents.

[2] M. Guizot, *Histoire de la civilisation en France*, 2e partie, leçon VIII.

[3] M. Guérard, *De la formation de l'état social, politique et administratif de la France.*—Bibl. de l'Ecole des chartes, oct. 1850.

gaire enfin n'a plus de mots pour exprimer les idées et les choses du passé[1].

La même observation aurait pu être faite par tous les écrivains du moyen âge. La langue dont ils se sont servis n'a jamais eu de fixité ; elle présente comme un reflet du vague et de l'incertitude des conditions. Le mot *servus*, serf, désigne, par exemple, tout homme qui n'est pas de condition libre ; mais, parmi les serfs, il n'y en avait plus qu'un petit nombre qui portassent encore la marque ineffacée de l'esclavage antique. La plupart appartenaient à cette condition intermédiaire qui tendait à se rapprocher de la liberté. Ainsi la signification des termes a varié avec les époques qui les ont employés. Elle n'a recommencé à prendre une nouvelle précision qu'avec les écrits de Beaumanoir et des premiers jurisconsultes féodaux. Encore les anciens légistes ont-ils rencontré, dans la multiplicité des coutumes provinciales et des usages locaux, un dédale au fond duquel ils n'ont pas toujours réussi à saisir le fil conducteur.

Hommes libres. — Les campagnes n'ont pas cessé de renfermer, dans tous les temps, une population libre qui a vécu à côté des esclaves et des hommes de liberté limitée. Mais cette population fut peu nombreuse et tint peu de place dans l'histoire jusqu'à l'époque de la féodalité.

La liberté des cultivateurs rencontrait, en effet, de grands obstacles et des restrictions inévitables dans les circonstances économiques et morales de la société. La so-

---

[1] « Lectori intimare curavi quòd ea quæ scripturus sum à præsenti usu
« admodum discrepare videntur ; nam rolli conscripti ab antiquis et in
« armario nostro nunc reperti habuisse minimè ostendunt illius tem-
« poris rusticos has consuetudines in redditibus quas moderni rustici in
« hoc temporé dignoscuntur habere, neque habent vocabula rerum quæ
« tunc sermo habebat vulgaris » (*Cartulaire de Saint-Père de Chartres*,
publié par M. Guérard, préface).

ciété était dans des conditions bien différentes de celles
d'aujourd'hui. Le capital, infiniment moins considérable,
y circulait surtout beaucoup moins ; il se trouvait donc nécessairement concentré dans un plus petit nombre de mains ;
la petite propriété n'existait pas. Le gouvernement, de
son côté, se vit toujours obligé, soit au temps des Romains,
soit sous les deux premières races de nos rois, de se servir
du concours des grands propriétaires. Ces derniers exercèrent dans les campagnes des pouvoirs administratifs ou
même une souveraineté patrimoniale, qui portèrent une
atteinte forcée à la liberté des cultivateurs. Dans les temps
barbares, la plupart des hommes libres qui n'appartenaient pas à la classe des bénéficiers du roi ou à celle des
grands propriétaires de terres franches ou allodiales (voir
plus bas), furent réduits à se placer sous la mainbournie
(dépendance et protection) d'un seigneur, ou sous la tutelle d'une église ou d'un monastère, auxquels ils s'obligeaient à rendre des services ou à payer des tributs [1]. Ils
y étaient poussés par la misère et par le défaut de sécurité. Une famille était-elle ruinée, soit par l'incurie et le
désordre, soit par le taux élevé des compositions pécuniaires, comme elle ne trouvait nulle part, dans les circonstances économiques du temps, l'espérance de s'assurer
des moyens d'existence indépendants, elle entrait dans la
domesticité d'un voisin puissant. Etait-elle attaquée, lésée
dans ses droits, incapable de se défendre elle-même en
l'absence de garanties offertes par le gouvernement, elle
aliénait ou diminuait sa liberté de la même manière. Souvent, il est vrai, cette diminution de la liberté se bornait
à transporter les obligations auxquelles l'homme libre était
soumis vis-à-vis de l'Etat à un grand propriétaire, dont il
devenait le sujet. Mais souvent aussi elle allait plus loin.

[1] On les appelait *tributarii, censuales ecclesiarum,* ou encore *conditio-
nales ;* ils étaient soumis à des obligations restrictives de la liberté.

Des hommes pauvres se mettaient au service d'autrui, comme simples tenanciers, ou comme domestiques, valets, *vasalletici*, et tombaient dans la dépendance absolue de leurs maîtres.

C'étaient surtout les églises dont on recherchait le patronage, parce qu'elles exigeaient plus rarement ou que même elles n'exigeaient pas le service militaire; et il fallait que les dispositions des hommes libres à se placer sous leur dépendance fussent bien puissantes pour qu'une loi du septième siècle eût obligé les églises à ne recevoir dans leur juridiction que les hommes autorisés par le roi [1].

Voilà comment s'explique la faiblesse de la population libre dans les campagnes. Elle ne put se multiplier et faire de véritables progrès que vers le milieu du moyen âge, lorsque les diverses conditions sociales s'échelonnèrent avec plus de régularité, et que la richesse et l'ordre public augmentèrent [2]. Elle dut alors ses principaux accroissements aux affranchissements généraux qui commencèrent

[1] M. Guizot, *Histoire de la civilisation en France*, 2e partie, leçons VII et VIII. — M. Naudet, *Mémoires de l'Académie des inscriptions*, t. VIII. M. Naudet s'étonne que la classe des hommes libres, soumise à ces causes dissolvantes, n'ait pas entièrement disparu.

Je citerai ici quelques lignes d'une formule de Sirmond pour les engagements que contractaient les hommes libres entrant dans la domesticité d'un seigneur. — « Comme il est bien connu à tous que je n'ai pas « les moyens de me vêtir et de me nourrir, etc..., je m'engage, disait le « récipiendaire, à la condition que vous me fournirez la nourriture et les « vêtements à proportion du service que je vous ferai et du mérite de « mon travail. »

[2] La population libre intermédiaire était si rare vers le milieu du moyen âge, que les hommes libres étaient confondus ordinairement avec les nobles. Les termes de *liberi* ou d'*ingenui* servent dans plusieurs textes du treizième siècle à désigner tantôt les chevaliers, tantôt les deux ordres réunis des chevaliers et des clercs. — Mlle de Lézardière, *Théorie des lois politiques*, 3e époque, partie 1re. — Je ne sais toutefois s'il est juste d'en conclure, comme l'a fait Mlle de Lézardière, que tout homme libre était noble, et que la noblesse n'avait d'autre caractère distinctif que la liberté personnelle de ses membres.

vers le douzième siècle et qui durèrent jusqu'au quatorzième, époque où la liberté devint la règle à son tour et où le servage devint l'exception.

Je n'ai pas besoin d'observer qu'en parlant des cultivateurs libres, je fais abstraction complète des propriétaires nobles et du clergé.

§ 2. — Observations sur l'acquisition successive des droits civils par les populations agricoles.

C'est par une marche lente, insensible même, que les populations agricoles se sont éloignées de l'esclavage antique; elles ne lui ont pas échappé brusquement pour être jetées aux bras d'une liberté souvent impossible. Leur histoire est donc celle des droits dont elles ont fait l'acquisition successive, et l'ordre historique a dû être aussi l'ordre logique de cette acquisition.

Les affranchissements n'ont pu hâter beaucoup une révolution dont la lenteur était inévitable. Au temps des Romains, ils étaient presque toujours individuels; après la prédication du christianisme ils le furent encore dans la plupart des cas, et ils devinrent très-rares à certaines époques du moyen âge. En France, les affranchissements en masse, favorisés par la législation, ne commencèrent guère qu'au douzième siècle. Ensuite il n'y en avait presque point qui fussent complets; ils se bornaient à la concession de quelques droits déterminés. L'affranchi ne jouissait que d'une liberté limitée, conditionnelle, et ne parcourait que par degrés l'échelle des droits civils [1].

---

[1] Je ne puis donner, dans une introduction, les preuves d'assertions toutes plus ou moins générales. Je rappellerai seulement que, sous les Mérovingiens, les affranchis appelés *chartularii* et *tabularii* étaient dans une condition assez analogue à celle des mainmortables de l'époque

Les plus anciens de ces droits furent purement *passifs*. Ainsi l'esclave fut protégé par les lois des empereurs contre toutes les violences, d'abord contre celles que les étrangers pouvaient commettre à son égard , puis contre celles même de son maître. L'humanité voulait qu'il fût considéré comme une personne. Le Code théodosien, qui lui confirma ces garanties, les premières de toutes, renferme encore un grand nombre de dispositions dont je ne puis faire ici l'exposé, mais qui étaient propres à améliorer son sort [1].

Le droit que le Code théodosien reconnut aux colons d'être attachés comme immeubles à la terre qu'ils cultivaient et de ne pouvoir être vendus qu'avec elle, est un avantage plus important et qui constate, car le fait est nécessairement plus ancien, un progrès nécessaire de l'état social. Il donna une existence légale à la famille servile, existence que l'humanité avait pu reconnaître, mais que les lois jusqu'alors n'avaient pas consacrée ; il confirma et rendit indissolubles des liens que le maître avait toujours pu briser. Ce que le Code romain n'avait fait encore que pour les colons, les lois barbares et féodales le firent à leur tour pour les *esclaves* des rois, pour ceux des églises et pour ceux des grands, en attendant que l'influence du christianisme achevât d'étendre universellement ce bienfait à toutes les classes agricoles, sans tenir compte des nuances de leurs diverses conditions.

La conquête de ces droits passifs fut suivie de celle

suivante ; car ils demeuraient chargés de redevances envers l'Eglise ou le patron qui les prenaient sous leur mainbournie, et c'était à l'Eglise ou au patron qu'appartenaient leur wehrgeld et leur succession.

C'est encore ainsi qu'on voit dans la loi des Frisons le wehrgeld d'un lide attribué pour un tiers au lide lui-même ou à sa famille, et pour les deux autres tiers à son maître.

[1] Il serait curieux de comparer ces dispositions avec celles de nos législations modernes pour l'amélioration du sort des esclaves coloniaux.

d'autres droits qu'on peut appeler *actifs* pour les distinguer, et qui concernent soit les personnes, soit les choses.

L'Eglise ne se contenta pas d'envisager la famille servile du même œil que la famille libre et de rendre ses liens indissolubles. Elle inscrivit sur ses registres de paroisses les actes qui la concernaient, et en détermina les effets, à la fois religieux et civils [1]. Elle lui donna ainsi une existence légale plus complète encore. Cet avantage, dont elle fit d'abord jouir ses propres serfs, ne tarda pas à être étendu aussi aux serfs des laïques.

Les mariages des serfs produisirent alors des effets légaux. Et, comme il était naturel, les serfs obtinrent la faculté de ne se marier et de ne marier leurs enfants qu'à leur gré [2]. Cependant cette nouvelle liberté souffrit des restrictions dont il importe de faire comprendre la cause. Le seigneur ou le maître pouvait être lésé dans sa propriété si une femme qui lui appartenait épousait un homme d'une autre seigneurie, et réciproquement. Un mariage contracté entre deux serfs qui avaient des maîtres différents soulevait des questions difficiles, parce que la propriété des enfants était attribuée diversement par les usages, tantôt aux deux maîtres, et tantôt de préférence au maître de la mère. Ce fut pour éviter ces contestations que le consentement des seigneurs devint une condition obligatoire de la validité des mariages que les serfs contractaient entre eux. Le manque de cette autorisation fut longtemps considéré comme une cause de nullité pour les mariages de ce genre; il en était encore ainsi au douzième siècle, lorsque le pape Adrien IV, qui était lui-même d'ori-

[1] Quoique l'institution des officialités ecclésiastiques ne date que du treizième siècle, l'état des personnes qui appartenaient à l'Eglise était constaté d'une manière régulière longtemps auparavant. La preuve en est dans tous les anciens pouillés ou cartulaires.

[2] Les capitulaires des Carlovingiens renferment déjà plusieurs dispositions à cet égard. Le droit de formariage y est mentionné.

gine servile, les déclara valables au nom de l'Eglise, dans
tous les cas, et ne laissa aux maîtres que la faculté de réclamer une indemnité pécuniaire, que l'on appela droit
de *formariage* ou de *poursuite*[1]. Ce droit fut à son tour abandonné dans la plupart des actes d'affranchissement des
siècles qui suivirent.

C'est là un exemple remarquable entre plusieurs de
l'initiative que prit l'Eglise, et de la faveur que montrèrent
les lois canoniques pour les droits personnels des serfs.
Toutes les restrictions mises à l'exercice de ces droits purent être successivement rachetées et détruites.

La reconnaissance des droits personnels appelait celle
des droits réels, qui suivit une gradation analogue; mais
il fallut beaucoup de temps avant que la famille servile
pût s'asseoir d'une manière définitive sur la base de la
propriété.

L'esclave, tant qu'il n'était qu'un instrument, n'acqué-
rait que pour son maître, et n'avait rien à lui que ce que
son maître lui permettait d'avoir. Ce fut seulement quand
il devint une personne, qu'il put acquérir pour lui-même
et en son nom. Encore sa propriété fut-elle bien loin d'être
complète dès le début; de nombreuses restrictions la frap-
pèrent d'un caractère servile.

Ainsi, longtemps il n'eut à lui que son pécule ou ses
gains *mobiliers*. Cette propriété elle-même se bornait, dans
l'origine, à une simple possession conditionnelle. Ce ne
fut qu'à la longue qu'elle se dégagea de ses premières entraves, et qu'elle obtint d'être consacrée par des garanties
suffisantes.

Quant à la propriété *immobilière*, elle ne vint que la dernière, et fut également imparfaite à son berceau. Sous
l'empire de la loi romaine, elle n'existait encore que pour

[1] Adrien IV ne fit que rendre obligatoire l'usage de cette indemnité,
qui était déjà ancien.

les colons, et avec un nombreux cortége de restrictions; elle ne pouvait se transmettre qu'avec l'autorisation du maître, du seigneur. Pendant la plus grande partie du moyen âge, elle fut à peu près aussi rare, aussi limitée que la liberté elle-même. A vrai dire, il n'y avait pas, pour les populations serviles, de propriété immobilière dans le sens que nous attachons à ce mot. Les serfs avaient commencé par être de simples tenanciers; ils devinrent ensuite des tenanciers héréditaires; l'hérédité de la tenure créa pour eux un droit sur la terre qu'ils cultivaient, et ce droit fut un des germes de la propriété, à laquelle les lois ne leur donnèrent que fort tard un libre accès.

Il suffit d'avoir indiqué ici d'une manière rapide la série de ces révolutions, commencées bien avant l'époque dont je m'occupe, continuées pendant cette époque même, et dont l'étude plus complète doit faire une partie de ce travail.

SECTION II. — État des terres. Propriétés et tenures.

La question de l'origine de la propriété immobilière pour les serfs m'amène à rechercher quel était, avant le treizième siècle, le rapport des populations agricoles avec la terre, le genre de liens qui les y attachaient. Je dois, en d'autres termes, ajouter au tableau sommaire de leur condition personnelle celui de leur condition territoriale, et montrer les caractères successifs de la propriété foncière, des exploitations et des tenures, jusqu'aux siècles féodaux.

Il faut observer cependant que la condition personnelle et la condition territoriale des habitants des campagnes n'ont jamais eu, au point de vue légal, de correspondance entière, absolue. L'une n'a jamais été la mesure exacte de l'autre. Sous Charlemagne, la division des terres en terres franches ou ingénuiles, terres serviles et terres coloniales, ne répondait nullement à celle des personnes en hommes libres, serfs et colons. C'est donc à tort que quelques auteurs ont essayé d'établir sur cette base une classification des personnes tout artificielle, et d'une utilité comme d'une vérité contestables.

Cette réserve faite, il n'en est pas moins vrai que les systèmes d'appropriation, d'exploitation ou de concession de la terre, sont des éléments considérables de la destinée des populations rurales, et ont souvent plus d'importance pour elles que le degré même de leur liberté.

Il est probable qu'au temps des Romains il y avait peu de propriétaires terriens, que ces propriétaires possédaient d'immenses domaines, et que le reste des terres appartenait aux empereurs ou aux cités [1]. On s'explique comment, dans un pareil état de choses, les campagnes étaient négligées, et comment la plupart des monuments de la civilisation romaine, en exceptant quelques fastueuses maisons de plaisance, devaient être renfermés dans l'enceinte des villes, ou construits autour d'elles et pour leur usage. Les villes étaient alors le séjour habituel et préféré des classes supérieures.

Le sol était cultivé généralement par les esclaves, avec lesquels le maître ne faisait point ou ne faisait guère de contrats reconnus par la loi. A peine savons-nous quelles étaient les conventions les plus ordinaires, et s'il existait

---

[1] Je ne pourrais entreprendre de prouver cette assertion sans dépasser les bornes d'un chapitre préliminaire. Il suffira donc de rappeler ici :

1° Que les Romains trouvèrent dans les Gaules des clans ou tribus, dont les chefs seuls devinrent propriétaires du territoire que chaque clan occupait;

2° Que les Romains d'origine qui acquéraient des propriétés territoriales avaient, pour la plupart, des fortunes immenses, dues au monopole de la banque et du commerce dans le monde entier, ou à l'administration spoliatrice des provinces;

3° Que l'existence des *latifundia* et celle de l'esclavage sont des faits corrélatifs, etc...

des usages qui donnassent à ces conventions une sorte de garantie et de fixité.

Après les possesseurs de ces immenses *latifundia*, il devait y avoir peu de propriétaires libres, cultivant eux-mêmes leurs terres. Il y avait également peu de fermiers libres, et ces derniers étaient le plus souvent des emphytéotes ou des preneurs à bail héréditaire. On sait que l'emphytéose était une concession faite, soit à long terme, soit à perpétuité, à la charge d'une redevance, et dans le but de mettre en rapport un sol inculte. Elle était d'un usage si général que les colons et les lides furent presque toujours des emphytéotes, et qu'il n'est pas jusqu'aux esclaves avec lesquels les propriétaires ne fissent quelquefois des contrats d'emphytéose. Dans ce dernier cas l'esclave emphytéote jouissait d'une certaine liberté de fait, qui était la conséquence nécessaire de sa nouvelle condition territoriale [1].

Le fisc, qui avait une vaste étendue de terres dans les Gaules, et qui l'augmenta encore dans les derniers temps de l'empire par l'abus des confiscations, en céda une partie à des vétérans et une plus grande partie à des barbares ou lètes, à titre de bénéfices (*beneficia*), c'est-à-dire en attachant à ces concessions, franches d'impôts ou de redevances, l'obligation héréditaire du service militaire. Ce furent donc là des concessions d'un nouveau genre, et qui imposèrent aux concessionnaires une obligation spéciale, différente de celle des emphytéotes ordinaires. Elles étaient, de plus, perpétuelles, à la condition que les engagements essentiels seraient remplis.

---

[1] M. Troplong, *Commentaire du contrat de louage*, préface. — Quoique le mot d'*emphytéose* ne date que du Bas-Empire et du règne de l'empereur Zénon, la *locatio perpetua* des terres du fisc et des cités, employée dans les Gaules depuis plusieurs siècles, en présentait tous les caractères essentiels.

L'invasion des barbares modifia ce premier système territorial de plusieurs manières. Elle changea la distribution de la propriété et quelques-uns des caractères des concessions.

D'abord, les barbares de toute nation, Goths, Bourguignons ou Francs, s'emparèrent, par la force ou par les traités, d'une portion du sol des Gaules, et en devinrent propriétaires. Tout ce qui avait appartenu au fisc impérial passa entre leurs mains. Les principaux d'entre eux occupèrent donc de vastes domaines. Les rois mérovingiens surtout en eurent en partage de très-considérables, qui furent divisés, il est vrai, plusieurs fois sous les successeurs de Clovis ou de Clotaire, mais qu'une sorte de loi providentielle réunit sans cesse en ramenant la monarchie à l'unité.

Ces terres, dont la propriété était entière et franche de conditions, de redevances ou de services, portèrent chez les barbares le nom d'*alleux*, qui ne tarda pas à s'étendre aussi à celles dont les Romains étaient restés propriétaires au même titre.

Jusque-là, ce n'était qu'une simple mutation. Les barbares s'étaient substitués au fisc impérial; le sol avait changé de mains, sans que les caractères mêmes de la propriété eussent été sensiblement altérés. Il faut remarquer seulement que cette révolution eut des résultats politiques considérables, comme de faire disparaître l'impôt foncier que les ministres des rois Francs ne purent jamais rétablir, et de donner aux campagnes une prépondérance qui fut enlevée aux villes. Les campagnes servirent d'asile ou de retraite à un grand nombre de propriétaires romains [1]. Les barbares, de leur côté, en préférèrent le séjour. C'était dans de grandes métairies qu'habitaient d'ordinaire les rois mérovingiens.

---

[1] Fauriel, *Histoire de la Gaule méridionale*, t. Iᵉʳ, a réuni un assez grand nombre de faits particuliers à l'appui de cette assertion.

Mais deux faits nouveaux qui accompagnèrent ou suivirent l'invasion, amenèrent des changements plus considérables.

Beaucoup de territoires étendus, qui avaient appartenu aux cités, furent attribués aux Eglises [1]. La propriété ecclésiastique, ainsi formée, s'accrut ensuite par des fondations et des donations de toute sorte, et par les concessions de forêts ou de terrains déserts que les rois des deux premières races firent aux monastères, dans le Nord surtout et dans l'Est de la France. Elle devint donc très-considérable, et elle demeura toujours telle, malgré les usurpations dont elle fut victime à certaines époques, par exemple, au temps de Charles-Martel ou sous les successeurs de Charles le Chauve. Or, le fait de l'établissement du clergé et des maisons religieuses dans les campagnes à titre de grands propriétaires, dut exercer à tous les points de vue une immense influence sur le sort de leurs habitants.

D'un autre côté, pendant que se formait la propriété allodiale, et que la propriété ecclésiastique prenait ces développements, il s'établit un système de concessions à long terme, que les circonstances et les besoins politiques étendirent outre mesure. Je veux parler du système bénéficiaire. Les bénéfices d'origine barbare, qui plus tard sont

---

[1] Encore une assertion dont je ne puis donner ici toutes les preuves. Mais je ferai observer :

1º Que les Eglises ayant hérité de la plupart des obligations qui incombaient autrefois aux curies, comme l'entretien des pauvres, il est nécessaire qu'une partie au moins des biens municipaux ait été convertie en biens ecclésiastiques ;

2º Que les évêques devinrent en mainte circonstance les chefs des curies, tantôt avec le titre de *defensores*, tantôt avec des titres différents, et qu'ils furent les représentants des cités vis-à-vis des rois barbares ;

3º Que les anciens décurions entrèrent en grand nombre dans l'Eglise ;

4º Que la législation qui régit les biens ecclésiastiques fut celle qui avait régi autrefois les biens des cités ;

5º Que les traces de la propriété des cités disparurent à peu près durant l'époque mérovingienne etc., etc.

devenus les fiefs, ont été considérés, par la plupart des auteurs, comme des propriétés d'une nature particulière. Il me paraît plus exact de les ranger au nombre des tenures, et de voir dans le contrat qui les établissait une sorte de fermage.

Durant les premiers siècles de la monarchie, et plus anciennement encore sous les Romains, peut-être même sous les Gaulois, les exploitations rurales étaient divisées souvent en deux parties, le domaine et les tenures.

Le domaine, l'alleu, ce que la loi des Francs appelle *la terre salique*[1], était la réserve que le propriétaire cultivait par ses esclaves et ses domestiques et pour laquelle il exigeait des corvées de ses tenanciers.

Les tenures, qui entouraient les grands domaines, étaient des concessions faites par les propriétaires à divers titres[2] et moyennant diverses obligations.

Cette division des exploitations rurales est si naturelle qu'elle a existé chez différents peuples à des époques très-différentes. Elle s'est conservée jusqu'à nos jours dans une partie des pays slaves. Dans plusieurs provinces de la Russie actuelle, chaque seigneurie est encore divisée en deux parts, dont l'une, celle du seigneur, est cultivée au moyen de corvées, tandis que l'autre est répartie entre les familles des paysans qui cultivent leurs lots pendant les jours de la semaine où ils ne travaillent pas sur la réserve du seigneur[3].

Ce n'est pas ici le lieu de discuter les avantages ou les inconvénients de ce système de tenures; mais comme il n'est assurément favorable ni aux progrès de l'économie

---

[1] C'est l'opinion d'Eckhart, adoptée par M. Guérard, qui établit l'identité de la terre salique et de la *terra dominicata* des chartes.

[2] *Cartulaire de Saint-Père de Chartres*, prolégomènes.

[3] Sismondi, *Etudes d'économie politique.* — M. de Harthausen, dans ses *Etudes sur la Russie*, Hanovre, 1847, a exposé avec les plus curieux détails l'organisation rurale des pays slaves.

rurale, ni à l'intérêt des propriétaires, puisque les paysans doivent consacrer leur travail de préférence à leurs propres terres et négliger celles de leurs maîtres, il est impossible de ne pas lui assigner une raison politique et de n'y pas voir un effet naturel des conditions où se trouve la société à certaines époques. La transition de l'esclavage à la liberté pour les cultivateurs ne s'est jamais faite sans que les propriétaires, les maîtres, conservassent une autorité étendue, un patronage, une part réelle de la puissance publique, une sorte de souveraineté sur des populations en voie de s'affranchir. Soit que ce concours fût nécessaire aux gouvernements, soit que l'absence ou la faiblesse des gouvernements le rendît plus nécessaire encore, on le retrouve chez tous les peuples à un certain degré de leur civilisation.

Pour en revenir à la France et au moyen âge, les tenures y étaient alors divisées en tenures bénéficiaires et censives. Les premières étaient celles dont les détenteurs ne devaient que des services personnels non pécuniaires, comme le service des armes, tandis que les détenteurs des secondes payaient un cens ou une rente et faisaient des corvées.

Les tenures bénéficiaires[1] présentent une grande analogie avec les concessions de bénéfices que le fisc impérial accordait autrefois aux soldats barbares enrôlés sous les aigles romaines. Il y avait pourtant des différences qui tenaient, soit aux usages germaniques, soit à la diversité des temps et des circonstances politiques. Ainsi les rois barbares qui donnèrent des bénéfices à leurs compagnons ne les leur donnèrent pas héréditairement et à perpétuité, mais pour la vie, ou pour un temps fixé, ou pour un nombre déterminé de générations. En second lieu, l'institution se

---

[1] Il ne peut être question ici que du bénéfice ordinaire. On pouvait d'ailleurs se recommander, devenir le vassal et le fidèle, entrer dans la *truste* ou la *mainbournie* d'autrui, sans avoir de tenure bénéficiaire.

généralisa ; comme l'argent était rare et que la terre ne manquait pas, les bénéfices devinrent la solde de tous les hommes d'armes. Le lien personnel du compagnonnage germanique ne fut pas brisé pour cela ; les compagnons, les hommes d'armes, ou si l'on aime mieux les bénéficiers, avaient pour la plupart des tenures situées à proximité du domaine du maître ; souvent même ils vivaient à sa table. C'est ainsi que les rois mérovingiens étaient entourés d'antrustions ou de convives qui leur formaient une escorte permanente.

La quantité des terres bénéficiaires prit des accroissements rapides et considérables, parce que c'était l'intérêt de chaque roi ou grand propriétaire d'avoir autour de lui le plus de *fidèles* et de soldats possible, et que c'était aussi l'intérêt de chaque bénéficier de solliciter de nouvelles concessions pour se faire indemniser des campagnes où il servait à ses frais. Mais un premier résultat naturel de ce système fut l'appauvrissement successif du fisc des rois mérovingiens ; le fisc de la seconde race, reconstitué par les conquêtes et les mesures de Charlemagne, s'appauvrit à son tour sous les successeurs de ce prince assez rapidement pour que leur domaine fût réduit, dans le courant du dixième siècle, à la ville de Laon et à ses environs. Le fisc des anciens propriétaires allodiaux et celui des églises furent diminués de la même manière.

Il arriva ensuite que la tenure bénéficiaire, à mesure qu'elle se propagea et se multiplia, tendit à prendre un caractère nouveau. Elle aspirait à devenir héréditaire, et elle y parvint ; on sait quelle place occupe dans notre histoire la lutte des bénéficiers avec les rois pour la conquête ou la reconnaissance de cette hérédité. Sans doute l'hérédité des bénéfices germaniques resta soumise, comme celle des anciens bénéfices romains, à la clause résolutoire de l'inexécution des engagements, mais il fallut dans ce dernier cas que la forfaiture fût juridiquement constatée [1].

Un autre effet tout aussi naturel de ce système de concessions fut de dénouer ou même de briser à la longue les liens du compagnonnage et de la vie commune. La plupart des bénéficiers finirent par s'établir sur leurs terres, par y vivre et par s'entourer à leur tour de cultivateurs de diverse condition, ou même d'autres bénéficiers ou vassaux d'un rang inférieur.

Si les bénéfices du moyen âge ressemblaient, à ces différences près, aux bénéfices romains, les censives de la même époque ressemblèrent à leur tour et de la même manière aux emphytéoses romaines [2]. Elles se multiplièrent également et devinrent le mode de fermage à peu près universel; presque tous les cultivateurs qui n'étaient pas domestiques furent preneurs à cens, quelle que fût d'ailleurs leur condition personnelle, qu'ils fussent esclaves, libres ou colons.

Il est impossible de n'être pas frappé de l'analogie originaire de ces deux sortes de tenures, les bénéfices, qui plus tard prirent le nom de fiefs, et les censives. Elles forment une classe de contrats toute particulière, et qui a disparu aujourd'hui, quoiqu'on puisse trouver des exemples de contrats analogues dans nos colonies modernes, en Algérie, par exemple. Les jurisconsultes de tout temps ont essayé plus ou moins ingénieusement de rattacher ces contrats à ceux d'usufruit ou de louage avec lesquels ils offrent, en effet, de grands rapports; mais si la connaissance de ces rapports a pu être de quelque utilité juridique, il n'en est pas moins vrai que l'esprit de système,

---

[1] On doit citer comme exemple de forfaiture prononcée juridiquement, le jugement qui priva Tassillon de ses fiefs, dans un plaid que présidait Charlemagne. Il est d'ailleurs impossible d'assigner l'époque précise où la nécessité de la forfaiture juridique fut établie.

[2] Voir plus loin, au chap. IV, sect. 1re, quelles étaient les différences.

ordinaire aux auteurs qui ont écrit sur le droit, les a fait tomber dans de fréquentes erreurs et a beaucoup contribué à obscurcir des questions difficiles et délicates [1].

Les tenures du moyen âge, nées des conditions économiques particulières dans lesquelles la société vivait alors, et du besoin qu'elle éprouvait de coloniser le sol, ont pour caractère distinctif de faire deux parts des droits essentiels et constitutifs de la propriété, pour réserver la première aux cédants et attribuer la seconde aux concessionnaires. Elles séparent ainsi deux domaines qui ont été désignés sous les noms de *domaine direct* et de *domaine utile*. Le bénéficier et le censitaire, investis du domaine utile,

[1] Le contrat romain qui ressemble assurément le plus aux tenures du moyen âge est l'emphytéose. Cependant, cette ressemblance a donné lieu quelquefois à une regrettable confusion. C'est à tort que le président Bouhier, dans sa *Coutume de Bourgogne* (chap. *De l'origine des fiefs*), n'a vu dans le fief que l'emphytéose pure et simple.

J'emprunte à l'*Histoire du droit français au moyen âge*, de M. Giraud, un passage où les différences de ces contrats sont clairement indiquées.

« L'emphytéose différait du louage, en ce que l'emphytéote avait la
« possession civile et même le *dominium utile*. Elle différait de la vente,
« en ce qu'elle ne transmettait point la propriété complète et irrévo-
« cable. Elle différait de l'usufruit, en ce qu'elle était ordinairement
« perpétuelle et transmissible. Elle différa plus tard du fief, en ce que la
« tenure féodale, dans la pureté de l'institution, supposait toujours une
« infériorité de condition personnelle du preneur envers le bailleur, et
« souvent aussi une infériorité de droit entre le fonds servant et le fonds
« dominant ; tandis que dans l'emphytéose romaine le rapport de droit
« entre les deux personnes qui contractent et qui démembrent la pro-
« priété du fonds emphytéotique est isolé de la condition des personnes,
« et ne suppose aucune supériorité territoriale. D'ailleurs, le fief n'o-
« bligeait qu'à foi et hommage ou à service d'armes, et jamais à une
« prestation pécuniaire. Il était considéré comme fief dégénéré, quand il
« comportait une redevance. Mais, après la dégradation du fief qui
« commence au treizième siècle, les jurisconsultes confondirent, par
« une progression graduelle d'idées et d'altérations, l'emphytéose et le
« fief, à telles enseignes que lorsque les lois de la révolution française
« sont venues frapper le système féodal, une foule de baux emphytéo-
« tiques ont été confondus dans l'abolition et dans l'expropriation vio-
« lente qui atteignit les détenteurs de titres féodaux. »

exercent quelques-uns des droits de la propriété, ce que
ne font ni l'usufruitier ni le locataire. Les droits qui con-
stituent le domaine utile peuvent varier suivant les contrats
originaires des tenures ou suivant les usages ; aussi serait-
il téméraire de vouloir donner de ce domaine une définition générale et uniforme ; mais, dans tous les cas, ils sont
limités, résolubles et conditionnels Tel est le caractère
essentiel et commun des fiefs et des censives[1]. J'aurai
pourtant à revenir plus loin sur la distinction des deux
domaines et à examiner particulièrement quels étaient les
services et les redevances qui constituaient le domaine direct ou le droit du propriétaire cédant, soit dans le contrat
de fief, soit dans le contrat de censive.

Mais, après avoir constaté ce caractère commun des deux
grandes classes de tenures, il n'importe pas moins de
signaler leurs différences. Ce qui distinguait d'abord les
bénéficiers, c'était l'obligation du service de guerre, tandis
que les censitaires devaient faire des œuvres manuelles
et des corvées et payer un cens ou une rente[2]. Il y avait
une autre différence bien plus considérable encore : les
tenures bénéficiaires furent placées sous la garantie de la
juridiction de l'assemblée du canton, tandis que les tenures censives ne furent soumises qu'à la juridiction du
propriétaire, auteur de la concession. Les premières eurent
donc, dès l'origine, des effets déterminés par la loi, et les
questions qui les concernaient furent réglées par les hom-

[1] Voir les chapitres IV et VI. — Il faut remarquer que ces services
pouvaient d'ailleurs varier, parce que plusieurs d'entre eux représentaient le prix d'avantages accordés aux tenanciers. Souvent aussi les
redevances étaient le prix qu'ils stipulaient pour le rachat de certains
services.

[2] Les services et redevances étaient fixés par la loi de la terre. Il paraît, d'après les anciens actes, que les services dus par les hommes libres
étaient d'un ordre plus relevé que ceux qui étaient dus par les serfs. —
M. Guérard, *Polyptique d'Irminon*, passim.

mes libres qui représentaient la nation active; elles furent
régies par le droit public. Les secondes, au contraire,
n'existèrent qu'en vertu de conventions privées. Chaque
grande terre avait sa loi (*hofrecht*), établie ou interprétée
par le propriétaire domanial. C'est pour cela que les chartes
et les autres actes de toute nature des temps barbares sont si
explicites dans leurs clauses [1]. C'est pour cela aussi que
les coutumes locales du moyen âge présentent, en ce qui
concerne les tenures et leur mode de concession, une si
grande diversité. Il est facile de comprendre comment la
condition des censitaires, étant par là plus dépendante que
celle des bénéficiers, s'en distingua tout à fait, malgré les
analogies que présentaient les deux sortes de concessions.

Il s'établit aussi, à la longue, entre la condition des tenures et la condition personnelle des cultivateurs, un rapport naturel. Ce rapport n'existait pas à l'origine, puisque
dans les actes de l'époque carlovingienne, le manse, c'est-
à-dire la ferme du censitaire, était appelé *mansus ingenui-
lis*, *lidilis* ou *servilis*, suivant la nature des redevances et
des services dont il était grevé, jamais suivant la condition des personnes qui l'occupaient. Les concessions de
terres censives étaient faites indifféremment à des colons,
des lides ou des esclaves. Les bénéfices mêmes n'étaient
pas réservés exclusivement aux hommes libres, et plusieurs textes prouvent que de véritables esclaves pouvaient
en être détenteurs [2].

[1] M. Laboulaye a constaté combien ces clauses d'actes locaux et particuliers renfermaient d'indications précieuses sur l'amélioration des relations sociales et les progrès de la famille (*Histoire du droit de propriété
en Occident*).

[2] Il y eut même plus tard encore, après le treizième siècle, des fiefs
roturiers, c'est-à-dire, dont la qualité dégénéra, et dont les détenteurs
payèrent un cens. Mais les fiefs roturiers, appelés à tort de ce nom, n'é-
taient que des censives; leurs détenteurs firent partie de la roture et
non de la classe des vassaux nobles.

Mais il était naturel et inévitable que les détenteurs de tenures semblables eussent, à la longue, indépendamment des différences originaires de leur condition légale, le même sort et le même rang. M. Guérard a prouvé que les tenanciers, cités dans le *Polyptique de l'abbaye de Saint-Germain-des-Prés au neuvième siècle*, étaient traités à peu près tous de la même manière, quel que fût le degré de leur liberté légale. Les anciennes distinctions personnelles perdirent donc leur importance primitive, et finirent même par s'effacer. Au onzième siècle, la condition des tenures, bénéficiaires ou censives, se trouva sinon le seul, du moins le premier élément de la classification des personnes.

Depuis cette époque, les noms généraux de vassaux et de serfs désignent chacun une des deux grandes catégories de tenanciers. Mais si la vassalité et le servage continuent de présenter des caractères analogues, si le vassal et le serf sont également les hommes d'un seigneur, lui doivent de la même manière obéissance, fidélité, respect et service, et ont le même droit à sa justice et à sa protection, la distinction originaire des deux classes ne cesse pas pour cela de se creuser davantage.

Non-seulement il existait une grande différence entre les services que rendaient les bénéficiers et les censitaires, et entre les juridictions auxquelles ils étaient soumis; mais les occupations et le genre de vie établissaient encore entre eux une séparation mieux tranchée que ne pouvaient faire les conditions particulières de leurs tenures. Les bénéficiers, hommes d'armes ou compagnons du chef, formaient une aristocratie vis-à-vis de leurs domestiques ou de leurs censitaires qui cultivaient pour eux; ils étaient des maîtres, et se confondaient avec les propriétaires allodiaux. La distance qui les séparait de ces derniers n'était guère appréciable pour les populations rurales, et elle fut tout à fait comblée, lorsque des droits de seigneurie et de jus-

tice eurent été attachés à la plupart des tenures bénéficiaires. Durant la longue révolution qui affaiblit, puis
renversa le trône des Carlovingiens, les fiefs recueillirent
quelques-uns des débris de la souveraineté, et exercèrent
plusieurs de ses attributions. Dès lors, un bénéficier, vassal du roi ou de tout autre seigneur, eut un commande-
ment militaire, une cour de justice, et exerça souvent,
même avec plus d'étendue, les droits ordinaires des propriétaires allodiaux. Il se forma donc comme un mélange
des pouvoirs patrimoniaux que les Romains et les barbares avaient attachés à la propriété, et des pouvoirs
souverains que l'affaiblissement de la royauté abandonnait
aux grands feudataires. Telle fut l'origine des seigneuries [1].

Non-seulement les bénéficiers ou les vassaux formèrent,
au moyen âge, la classe supérieure, mais ils la formèrent
presque seuls; car il n'y avait plus, ou presque plus, de
propriétaires allodiaux. Les alleux avaient disparu pour la
plupart, et s'étaient changés en bénéfices. C'est une révolution qui a été trop bien exposée et suivie dans toutes ses
phases pour que je m'y arrête ici de nouveau [2]. On peut
d'ailleurs en ramener toutes les causes à une seule, à savoir que le système des bénéfices était plus favorable que
celui des alleux à l'établissement et au maintien d'un état
social et d'un gouvernement. Il avait l'avantage de créer
une hiérarchie, et entre les membres de cette hiérarchie,
des obligations rigoureuses. Or, ce fut par là seulement
que, pendant la chute de l'empire carlovingien, et en
l'absence d'un grand pouvoir public, la France retrouva
la force nécessaire pour chasser de son sol les nouveaux

[1] Voir plus bas, chap. v. — Je dois renvoyer aussi, pour la question de
la formation des seigneuries, que je ne puis traiter qu'en passant, à l'ouvrage de Championnière (2e partie, chap. iv).
[2] Voir les *Essais* de M. Guizot *sur l'Histoire de France.*

barbares qui l'envahissaient, et pour conserver des pouvoirs nationaux et des usages communs.

Constatons aussi la facilité d'une telle révolution ; car la grande différence des terres allodiales et des terres bénéficiaires était bien plus apparente que réelle. Le propriétaire des unes et le détenteur des autres devaient à peu-près les mêmes services, le premier au roi, et le second au roi ou au cédant dont il dépendait immédiatement. Ces services ou charges étaient pour chacun d'eux la présence à l'assemblée du canton, la fonction de juge de ses pairs et le service militaire. Seulement, les obligations du propriétaire allodial étaient indépendantes de sa propriété, tandis que celles du bénéficier, du vassal, étaient inhérentes à la concession qu'il avait reçue, et garanties en cas de non-exécution par une menace de confiscation et de forfaiture. Or, c'était là une pure différence de droit, destinée à s'affaiblir avec le temps, indépendamment des autres circonstances qui déterminèrent les propriétaires allodiaux à convertir leurs alleux en bénéfices. Il n'y eut donc rien de plus facile et en même temps de plus naturel que cette confusion des fiefs avec les anciennes propriétés [1].

Si, dans cette confusion, ce furent les fiefs qui absorbèrent les alleux, il en résulta encore que les fiefs, simples tenures à l'origine, se rapprochèrent davantage de la propriété complète. Les droits qu'ils conféraient au vassal, et qui composaient le domaine utile, s'augmentèrent et s'étendirent. Tandis que le bénéficier n'avait été qu'un tenancier sous les Mérovingiens, le vassal commença, sous la troisième race, à être considéré comme un propriétaire, dont la liberté d'action n'était presque plus limitée que par des règles d'ordre public.

---

[1] Les alleux primitifs ne disparurent pas entièrement du sol de la France, mais ils devinrent rares et finirent même par perdre leur ancienne souveraineté. (Voir d'ailleurs plus bas, au chap. IV.)

Une révolution analogue s'opéra pour les tenures de la seconde classe, pour les censives. Elles devinrent héréditaires avec le temps, comme les bénéfices l'étaient devenus: ensuite, les censitaires augmentèrent par degrés la somme de leurs droits et de leurs garanties, et leur détention finit par se convertir en une sorte de propriété. Le parallélisme de ces deux mouvements est frappant, et, de part et d'autre, les raisons et les moyens furent les mêmes. Mais cette transformation des censives, analogue à celle des bénéfices, n'eut lieu que beaucoup plus tard et à une époque plus rapprochée de nous.

Tels sont les faits les plus généraux de l'histoire de la propriété et des tenures avant le treizième siècle. Le lecteur excusera la brièveté comme la généralité des assertions d'un chapitre préliminaire, dans lequel je n'ai eu d'autre but que de déterminer le point de départ de cet ouvrage.

CHAPITRE II.

DES BOURGS ET DES VILLAGES. COMMENT ILS S'ÉTAIENT FORMÉS
ET COMMENT ILS FURENT ADMINISTRÉS JUSQU'AUX TEMPS FÉODAUX.

La plupart des bourgs et des villages se sont formés
naturellement par le besoin qu'éprouvaient les habitants
d'un même territoire de se rapprocher les uns des autres
et de grouper leurs chaumières autour d'un point central,
tel qu'une grande exploitation, la demeure d'un chef, un
lieu de réunion, et enfin, au moyen âge, une église ou
une maison forte.

Les plus anciennes de ces agglomérations remontaient
sans doute au temps des Gaulois. Mais ce n'est que sous
les Romains qu'elles paraissent avoir pris quelque fixité
et quelque importance, quand l'établissement d'un gouvernement régulier et l'introduction ou la propagation de
la culture du froment rendirent les populations sédentaires. On trouve alors épars çà et là sur la carte, quoique
souvent à de grandes distances les uns des autres, de véritables villages, désignés sous les noms divers de *vici,
villæ, castra, castella, mansiones*. L'autorité publique y était
exercée par l'Etat ou par les propriétaires, d'où la distinction que l'on faisait des *vici publici*, et des *vici privati*. Il
est probable que les *vici publici*, administrés par l'Etat,
étaient aussi ceux qui lui appartenaient; car on sait que
le fisc impérial était propriétaire de terres considérables.
S'il en était ainsi, les pouvoirs publics étaient attachés à

la propriété même. Les propriétaires administraient les
circonscriptions rurales ainsi que les villes; ils en composaient les conseils municipaux, et y levaient les contributions publiques.

J'ai déjà observé que la propriété du sol était alors concentrée entre les mains d'un petit nombre de familles,
dont les domaines étaient immenses. Les *possessores* romains formaient une aristocratie des plus puissantes, dans
les rangs de laquelle les chefs indigènes de la population
gauloise avaient trouvé place, et qui, à la richesse et à la
supériorité sociale, joignait encore une autorité religieuse.
Ce fut elle qui servit d'intermédiaire au gouvernement
impérial pour toute l'administration des campagnes.

Lorsque les lois de Dioclétien et de ses successeurs firent
peser sur cette aristocratie de fortes charges qui la ruinè-
rent, les campagnes romaines furent livrées, en même
temps que les villes, à une désorganisation dont les révoltes des Bagaudes paraissent le premier symptôme historique. La dépopulation y fit de si grands progrès, qu'il
fallut y offrir de nombreux cantonnements à des tribus
barbares, pour rendre à la culture des cantons devenus
déserts. Ce fut le temps des misères étranges décrites par
Salvien. Enfin, quand la main des empereurs, affaiblie à
son tour, se retira, le pays devint la proie des invasions.

Les invasions ayant achevé la ruine de l'administration
romaine, l'aspect des campagnes subit d'inévitables changements. La France était divisée, depuis le quatrième siècle, en autant de pays (*pagi*) qu'il y avait de cantons en-
tourant chaque cité épiscopale. Chaque pays, ou *pagus*,
fut subdivisé en vicairies ou centaines, et chaque centaine
le fut à son tour en villages ou *villæ* renfermant un certain
nombre de manses ou de fermes. Les pouvoirs publics
furent délégués par le roi dans le pays ou le canton à un
comte, qui eut au-dessous de lui des vicomtes ou vicaires

dans les vicairies, et quelquefois des officiers inférieurs désignés sous différents noms dans les villages. Le comte et ses officiers perçurent l'impôt; firent la police, exercèrent l'autorité judiciaire; leur principale attribution était de commander la force armée, et de convoquer, en cas de besoin, les hommes libres et les vassaux du roi dans leur circonscription.

Mais on sait que les deux premières races, après des tentatives plus ou moins heureuses pour fonder un gouvernement puissant et régulier, échouèrent et laissèrent une nouvelle aristocratie reprendre, à titre de propriétaire, l'exercice des pouvoirs publics. L'administration des comtes ne tarda donc pas, après avoir passé par des alternatives de force ou de faiblesse, à disparaître elle-même ou à changer de forme.

Bien que la classe des anciens *possessores* fût très-réduite, et qu'elle eût perdu toute existence, toute autorité légale, les héritiers de ceux qui avaient échappé à la ruine et à la destruction de l'empire se relevèrent de leur premier abaissement; ils se confondirent à la longue avec les hommes libres de la nation des Goths, de celle des Bourguignons ou de celle des Saliens, devenus propriétaires à leur tour; et les uns et les autres, propriétaires anciens ou nouveaux, Romains ou barbares, finirent par exercer dans les campagnes des pouvoirs étendus, plus considérables même que ceux de leurs prédécesseurs. Car ils ne les exercèrent pas à titre de délégation du gouvernement, mais à titre patrimonial. Ils s'emparèrent en quelque sorte d'une autorité qu'un gouvernement barbare et irrégulier laissait vacante, sauf à obtenir de lui qu'il confirmât cette usurpation, si c'en était une. Les populations inférieures l'acceptèrent de leur côté, parce que c'était pour elles le seul système d'administration qui fût alors possible.

Il semble que ce soit l'Église qui ait reçu la première de

la libéralité des rois mérovingiens des immunités, c'est-
à-dire la consécration d'une juridiction indépendante, avec
les pouvoirs qui y étaient attachés, sur les terres qui lui
appartenaient. Les propriétaires de terres allodiales considérables, les détenteurs de grands bénéfices, obtinrent
aussi le don ou la confirmation d'immunités du même
genre. Les comtes et leurs subordonnés suivirent alors
cet exemple, et changèrent leurs pouvoirs délégués en
pouvoirs patrimoniaux, à la faveur des événements qui
précipitèrent les deux premières races. Ainsi, le gouvernement des campagnes passa de nouveau tout entier entre
les mains des églises, des propriétaires seigneurs, et des
anciens comtes devenus seigneurs à leur tour. Il me suffit
d'indiquer ici le résultat général d'une révolution trop
étrangère à mon sujet pour que je puisse en exposer les
causes ou en apprécier les diverses circonstances [1].

Entre autres différences que présentent les pouvoirs de
l'aristocratie des *possessores* romains et ceux des propriétaires seigneurs, clercs ou laïques, munis d'immunités accordées par les rois mérovingiens ou carlovingiens, il faut
constater celle-ci, que les premiers étaient associés pour
l'administration commune d'un territoire étendu, d'un
pagus par exemple, tandis que les seconds furent maîtres
chacun chez eux. Aussi, quoique les juridictions de ces
derniers fussent encore d'une étendue souvent considérable, les divisions territoriales aspirèrent, dans les siècles
qui ouvrent le moyen âge, à se fractionner et à se multiplier. La même époque vit également augmenter le nombre des *villæ*, ou associations agricoles élémentaires, que
nous appellerions les communes rurales, s'il n'y avait un
inconvénient grave à appliquer les termes actuels au passé.

Beaucoup de villages et de bourgs de la France actuelle

[1] Voir sur ce point les remarquables articles publiés par M. Beugnot,
dans *la Revue française*.

datent donc des deux premières races. Les uns doivent leur origine à l'établissement de quelque propriétaire barbare, autour duquel se groupèrent les tenanciers; d'autres à la construction d'une église, d'un monastère, d'une abbaye. Ce fut surtout dans le Nord, dans l'Est et dans les parties montagneuses de la France, que la fondation de maisons de bénédictins, qui étaient des colonies agricoles, peupla les campagnes de nouveaux habitants.

L'érection des paroisses est un des éléments qui ont le plus contribué à former et à limiter l'association agricole, le village. L'église paroissiale était le centre du gouvernement spirituel, et quelque chose de plus encore, parce que les attributions du gouvernement spirituel étaient bien plus étendues au moyen âge qu'elles ne le sont de nos jours. Une grande partie de l'autorité civile appartenait aux paroisses, même sur les terres des laïques. Ainsi, le christianisme, en étendant durant les premiers siècles de la monarchie ses prédications et ses édifices jusque dans les campagnes les plus reculées, fractionna l'association politique en même temps que l'association religieuse élémentaire [1]. On sait que la division administrative de la France en paroisses a été employée, jusqu'au dernier siècle, par le gouvernement, concurremment avec la division en seigneuries, et qu'elle a même laissé des traces plus longues et plus durables [2].

[1] Le travail long et difficile de la formation des paroisses était encore incertain au neuvième siècle, et préoccupait beaucoup les prélats du temps. Amolon, archevêque de Lyon, écrivait en 844 à Albéric, évêque de Langres : « Que chacun demeure dans sa paroisse où il reçoit le « baptême et les autres sacrements, où il entend la messe, où il est vi- « sité durant la maladie et enterré après la mort, où il lui est ordonné « de porter ses dîmes et ses prémices, où il fait baptiser ses enfants et « où il entend la parole de Dieu. C'est là, dis-je, qu'il doit porter ses « vœux et ses offrandes, faire ses prières à Dieu et chercher les suffrages « des saints. »

[2] Il est difficile de rendre compte de l'usage qui a fait conserver plus

D'autres causes exercèrent encore, à la même époque, une remarquable influence sur la distribution géographique des populations rurales.

Il y avait eu déjà des châteaux ou des lieux forts, *castra*, sous les Romains; plusieurs villes avaient été garnies par eux d'enceintes et de murailles, pour résister aux invasions des troisième et quatrième siècles. Mais le nombre s'en multiplia sous les deux premières races, et principalement sous la seconde. Aux neuvième et dixième siècles, l'usage de fortifier les diverses agglomérations d'habitations devint général, et ce ne fut qu'en établissant ce système de défense sur presque toute l'étendue du territoire que la féodalité opposa aux courses des Normands, des Hongrois, et des autres nations barbares, la barrière qui les arrêta. La plupart des anciens bourgs ouverts se transformèrent alors en châteaux, et les châteaux de récente construction devinrent à leur tour le centre de bourgs et de villages nouveaux. Il n'y a guère de pays en France où l'on ne reconnaisse aujourd'hui encore la trace évidente de la direction que cette nécessité de la défense a imprimée à l'assiette et à la construction des villages. On doit assimiler d'ailleurs aux châteaux les monastères, les abbayes, qui furent entourés de fortifications ou munis de divers moyens de défense, et qui devinrent des chefs-lieux de seigneurie.

Sans doute, il n'a pas toujours été facile de faire exactement correspondre la division religieuse avec la division politique. On comprend cependant que cet accord a dû être recherché presque partout, et l'on voit encore, dans beaucoup de villages bâtis au moyen âge, le château et l'église, l'édifice féodal et l'édifice religieux, s'élever face à face, comme pour annoncer à la fois la séparation des

lard, de préférence, dans telle province la division en paroisses, et dans telle autre la division en seigneuries.

deux pouvoirs, temporel et spirituel, distingués par le christianisme, et la nécessité de leur alliance.

Si même cette disposition ne se rencontre pas plus souvent, c'est que tous les villages n'étaient pas des chefs-lieux de seigneurie, et que dans ceux où résidait le seigneur, il n'exerçait pas toujours non plus son autorité temporelle directement. Sur une grande quantité de terres, sur celles des rois, des seigneurs puissants, de l'église, l'administration temporelle était confiée à des intendants; soit à des intendants généraux investis d'une sorte de magistrature [1], soit à des officiers subalternes, astreints à la résidence, et appartenant à une classe inférieure, qui portaient le nom de *villici*, et quelquefois aussi ceux de *decani, judices, majores*, empruntés à la nature et à la diversité de leurs attributions. Déjà les capitulaires, entre autres le fameux capitulaire *De villis*, les représentent sur les domaines du prince comme de petits magistrats, investis de pouvoirs judiciaires et d'une autorité de police étendue. Les cartulaires des terres ecclésiastiques nous les montrent avec des attributions analogues, et réunissant le caractère de maires et d'officiers ou administrateurs seigneuriaux.

Les *villici* ou *majores* paraissent avoir été, dans l'origine, de la même condition que leurs administrés, au besoin même, serfs comme eux. Il est certain que des offices de maires étaient remplis par des serfs au onzième siècle [2]. Cependant, le temps et le progrès général de la liberté dans les campagnes devaient faire de ces fonctions l'apanage naturel des hommes libres ou de ceux dont la condition approchait le plus de la liberté. Le privilége de conférer à leurs titulaires un affranchissement finit donc par être attaché, avec le temps, à un grand nombre

---

[1] Tels étaient les prévôts des églises et des chapitres.

[2] *Cartulaire de Saint-Père de Chartres*, préface.

de mairies. Les maires cherchèrent aussi à se distinguer
des autres tenanciers, et ils rendirent souvent leurs offices
héréditaires dans leurs propres familles [1].

S'il est vrai, comme M. Guizot l'a observé, que la faculté qu'obtinrent les bourgeois des villes de remplir les
fonctions municipales ou de posséder les offices de l'administration royale ou seigneuriale, ait contribué à élever
leur condition, il en faut dire autant de l'admissibilité des
hommes de la campagne aux offices d'intendants ou de
maires. Ces offices furent les degrés de l'échelle par laquelle des familles de paysans montèrent vers la liberté,
vers une considération et une importance supérieure, et
s'élevèrent même parfois jusqu'à la noblesse.

Les historiens et les publicistes se sont demandé souvent
quelles avaient été les conséquences de l'établissement du
régime féodal pour les campagnes, et si le sort de leurs
habitants avait été amélioré ou aggravé. Je crois qu'il fut
aggravé. Quoique l'établissement du régime féodal ait
rendu à la France le service de fermer à jamais son territoire aux invasions, et que les seigneurs aient recueilli le
pouvoir plutôt qu'ils ne l'ont usurpé, la révolution qui
détruisait pour un temps le gouvernement central ne pouvait pas ne pas avoir les plus funestes effets. Les dixième
et onzième siècles ont été des époques malheureuses; tout
ce qui s'y est fait de grand a eu précisément pour but
le rétablissement du gouvernement central dans l'Eglise
et dans l'Etat, c'est-à-dire la création d'un contre-poids
opposé à la féodalité.

Il importe donc de rechercher en quoi la condition des
populations rurales a été aggravée. On a dit que le régime
féodal avait abaissé les petits en élevant les grands. Ce ne
serait là qu'une accusation vague et difficile à définir. Des

---

[1] *Cartulaire de Saint-Père de Chartres*, préface.

auteurs considérables, entre autres M. Beugnot, ont encore observé que la féodalité avait nui aux campagnes en multipliant les juridictions, en fractionnant quelquefois outre mesure, et surtout en isolant les associations agricoles, les villages, en élevant entre elles une infinité de barrières, en arrêtant les communications, en créant de nouvelles servitudes. Ce furent là en effet autant de plaies du moyen âge; la multiplicité des juridictions entraînait des conséquences fâcheuses de toute nature. Un tel système n'était, à aucun point de vue, favorable au développement de la liberté, du travail et du bien-être dans les campagnes.

Mais à ces vices, déjà si considérables, la féodalité en joignit un autre plus considérable encore; comme elle transférait au propriétaire seigneur des pouvoirs qui, dans une société bien ordonnée, n'appartiennent qu'à l'Etat, et dont l'exercice peut être une source abusive de vexations pour les sujets, elle privait les campagnes de tout recours possible contre l'administration seigneuriale et ses abus. Le tenancier, le cultivateur, ne vit plus au-dessus de lui que la seigneurie, qui représentait l'Etat, et le propriétaire, qui représentait le souverain. Sa liberté, ses droits, ses usages, manquèrent de garanties suffisantes, et surtout de garanties judiciaires. Les institutions féodales eurent le malheur de ne pouvoir jamais établir de justice sérieuse, et c'est à l'impuissance de leurs établissements judiciaires que M. Guizot a dû attribuer avec raison l'obligation qu'elles subirent de faire de la guerre un moyen légal de réparer les injustices commises. C'est encore cette impuissance, et la nécessité d'offrir aux populations un recours plus puissant contre les abus des pouvoirs dont elles dépendaient d'une manière trop absolue, qui ont permis à l'Eglise d'étendre, comme elle le fit, au onzième siècle, la juridiction de ses tribunaux.

Les populations sujettes furent donc livrées sans défense aux tristes effets des luttes de l'ambition ou de l'avidité des seigneurs, comme aux exactions et à la tyrannie de leurs agents. Pour s'en délivrer, elles recoururent plus d'une fois à l'emploi de la force, à la guerre, et telle est la raison des fréquentes révoltes de paysans qu'on vit éclater contre les seigneurs, dans les temps de la féodalité. On peut citer comme les plus célèbres celles qui eurent lieu en 997 dans la Bretagne, et en 1024 dans la Normandie[1]. Les capitulaires de Louis le Débonnaire parlaient déjà de ligues, d'associations formées en Flandre par les serfs et les gens de campagne, conjurés pour leur défense commune[2]. Les trêves de Dieu du onzième siècle furent la première garantie du rétablissement de la paix publique et de la sécurité des cultivateurs.

Les révoltes des paysans ne pouvaient, non plus que celles des bourgeois des villes, apporter aux misères du temps aucun remède sérieux. Elles n'avaient d'autres résultats qu'un nouveau brigandage et des dévastations souvent plus terribles. Elles occupent à coup sûr les plus tristes pages et forment le tableau le plus barbare des histoires contemporaines d'Orderic Vital et de Guibert de Nogent. C'est donc à tort que plusieurs historiens leur ont fait honneur de l'affranchissement des campagnes ou des communes.

Mais il importe d'observer que les campagnes et les villes résistèrent au système féodal en même temps et de la même manière Il n'y eut qu'un seul et même mouvement de résistance, parce que la situation des unes était celle des autres. Les villes du moyen âge étaient, à bien

---

[1] Guillaume de Jumièges. — Orderic Vital.

[2] Anségise, au liv. IV des *Capitulaires*, renfermant ceux de Louis le Pieux et de Lothaire son fils. — « De conjurationibus servorum in Flan- « dris, in Mempisco et ceteris maritimis locis. »

peu d'exceptions près, trop faibles et trop petites pour qu'on les distinguât aisément d'avec les bourgs et les villages. Ainsi les populations urbaines ou rurales eurent alors des intérêts et des destins communs. On ne voit dans leur histoire qu'une seule différence : c'est que les bourgeois des villes, outre la supériorité naturelle qu'ils avaient sur les paysans, jouissaient déja d'une liberté personnelle plus complète, et trouvaient souvent dans les institutions municipales une protection plus ou moins puissante de leur travail ou de leur propriété. Ils furent donc les premiers à obtenir les garanties que les gens des campagnes, qui les suivaient à quelque distance, n'acquirent que plus tardivement.

Vers la fin du onzième siècle commencent à paraître les chartes accordées par les seigneurs aux villes, aux bourgs, aux communes ou aux paroisses, et qui devinrent la loi de leur gouvernement. Ces chartes constatent et confirment les usages qui régissaient les populations et les droits dont elles avaient la jouissance ; elles règlent leurs obligations. Au douzième et surtout au treizième siècle, elles se multiplient comme à l'infini. Beaucoup d'entre elles étaient données à de simples villages ; d'autres comprenaient avec les villes leur banlieue, c'est-à-dire la campagne qui les environnait dans un certain rayon, ordinairement dans le rayon cultivé [1].

Si quelques-unes de ces chartes furent octroyées à la suite d'une guerre, les luttes qui les ont précédées ne sont qu'un signe de la misère qui pesait alors sur les campagnes et qu'un accident de la conquête de leurs libertés. Les

[1] L'analogie frappante qui existe entre les chartes des communes et celles des villages, ou plutôt l'impossibilité d'établir de distinction entre elles, a été déjà constatée plusieurs fois, entre autres par MM. Guérard et Beugnot. Les actes qui règlent les droits seigneuriaux, comme les droits d'octroi, de pâture, de poursuite, de justice, etc..., doivent être assimilés aux chartes communales.

traités entre les seigneurs et les paysans doivent être re-
gardés surtout comme l'effet de ce besoin de fixité et de
règle auquel il est impossible que les sociétés n'obéissent
pas. Dans toutes les seigneuries, il y avait des usages anciens qui subsistaient, respectés ou non. Il était inévitable
que ces usages fussent fixés, garantis et changés en lois.
En veut-on un exemple? Le cens et les rentes que payaient
les tenanciers se réglaient sous la première race devant le
juge, *judex;* en cas de doute ils étaient déterminés par le
serment des intéressés et ne variaient plus[1]. Cette invariabilité du cens était d'autant plus générale et d'autant plus
nécessaire que le cens représentait l'impôt actuel aussi
bien que la rente du propriétaire, et que les contrats étaient
formés la plupart pour une longue durée. Or, la première
stipulation des chartes du douzième siècle fut précisément
celle de l'invariabilité du cens et des redevances.

Les chartes sont donc l'effet de cette révolution lente,
mais assurée, qui depuis plusieurs siècles, et surtout
depuis le christianisme, poussait les populations inférieures vers le progrès de la liberté, de la propriété et de
tous les droits civils. Le christianisme hâta cette révolution
en y préparant les esprits, et l'Eglise en prit l'initiative
dans la législation canonique. Elle fut la première à reconnaître ou à garantir les droits de la partie de ces populations qui lui était sujette, et les seigneurs laïques ne
firent guère qu'imiter le modèle qu'ils eurent sous les
yeux.

Les chartes ne se bornèrent pas là. Elles donnèrent
quelquefois aux campagnes une organisation municipale
particulière. Des villages reçurent la faculté de se gou-
verner avec des conseils électifs de pairs, de jurés. Sou-

[1] C'est ce qu'a prouvé **M. Naudet.** *Mémoires sur l'état des personnes sous
les deux premières races.* — Tome VIII des *Nouveaux mémoires de l'Académie des inscriptions.*

vent, dans les actes postérieurs au douzième siècle, les expressions de commune et de *commun peuple* sont appliquées aux habitants d'un village, et si l'on aurait tort d'y voir, dans tous les cas, la preuve de l'existence d'un gouvernement communal, elles n'en montrent pas moins qu'il existait une solidarité réelle entre les habitants qui, ayant des intérêts communs, les défendaient en commun, même contre leurs seigneurs.

Enfin les chartes, qui renfermaient une première sanction des droits et des usages, avaient besoin d'être sanctionnées à leur tour. La royauté fut la puissance tierce qui les confirma, et assura leur validité. La reconstitution du gouvernement central au temps de Philippe Auguste et de saint Louis, le rétablissement d'un système judiciaire efficace au treizième siècle, enlevèrent à l'administration seigneuriale son indépendance et son irresponsabilité, et présentèrent aux gens des campagnes un recours contre ses abus.

On vit alors les caractères, ou plutôt les vices attachés à la féodalité s'effacer peu à peu; les juridictions particulières diminuer de nombre ou d'importance, la sécurité renaître, les barrières qui séparaient les provinces ou les seigneuries s'abaisser, et les populations rurales rentrer par degrés dans un plus libre développement de leur travail et de leur bien-être. Toutefois cette révolution, dont les premiers effets sont clairement attestés déjà vers la fin du treizième siècle par Philippe de Beaumanoir, devait être fort longue. Ce n'étaient encore que des germes que le temps seul devait mûrir.

CHAPITRE III.

CONDITION PERSONNELLE DES POPULATIONS RURALES
DEPUIS LE TREIZIÈME SIÈCLE.

J'ai déjà constaté, dans le premier chapitre de cet ouvrage, la formation de la classe nombreuse des mainmortables ou hommes de *liberté limitée*, à laquelle appartint,
dans les siècles de la féodalité. la plus grande partie de la
population des campagnes. Ces mainmortables étaient désignés aussi sous les noms de *gens de corps* et de *gens de
condition*. Dumoulin et les jurisconsultes qui le suivirent
s'efforcèrent de substituer cette dernière désignation à
celle de *serfs*, qui continua cependant, et à tort, de leur être
souvent appliquée.

En dehors de cette condition, la plus générale sans
contredit, les campagnes renfermaient aussi, au treizième
siècle : 1° de véritables serfs, portant encore la marque
moins effacée de l'esclavage antique; 2° des tenanciers
libres, auxquels les noms de vilains et de *gens de poste*
(*gentes potestatis*) étaient communément réservés [1].

La première partie de ce chapitre sera consacrée à mieux
établir cette distinction, et à déterminer plus particulièrement l'état légal de ces différentes classes.

---

[1] Les gens de poste sont à proprement parler des hommes libres sur
lesquels un seigneur exerce sa puissance publique ou ses droits de justice.
(Voir le chap. VI.)

4

SECTION II. — État légal des serfs proprement dits, des mainmortables et des tenanciers libres.

Serfs proprement dits. — L'existence de ces serfs, qui appartenaient à leurs maîtres corps et biens, est encore attestée au treizième siècle d'une manière formelle par les écrits des jurisconsultes et les textes des lois.

« Li uns des sers, dit Beaumanoir, sunt si souget à lor
« seignor, que lor sires por penre quanques que il ont à
« mort et à vie, et les cors tenir en prison, toutes les fois
« qu'il lor plest, soit à tort, soit à droit, qu'il n'en est
« tenus à respondre fors à Dieu [1] ».

Un coutumier anglais du même siècle, intitulé *The myrror of justice*, donne dans les termes suivants le commentaire de la phrase de Beaumanoir : — « Ceux-ci, dit-il
« en parlant des serfs, ne peuvent rien purchasser fors
« qu'à l'œps (*ad opus*) de leur seigneur; ceux-ci ne savent
« le vêpre de quoi il serviront le matin, ni (il n'y a) nul
« certaineté de servise. Ceux peuvent les seigneurs firger
« (fustiger), emprisonner, battre et châtier à volonté;
« sauve à eux la vie et les membres entiers. Ceux-ci ne
« peuvent suivre ni dédire leur seigneur; tant comme il
« trouvent de quoi vivre; ni à nul ne loist les recevoir
« sans le gré de leur seigneur; ceux-ci ne peuvent avoir
« nule manière d'action sans leur seigneur, fors qu'en
« félonie; et si ces serfs tiennent fief de leur seigneur, est
« à entendre qu'ils le tiennent de jour en jour à la volonté
« des seigneurs, ni par nule certaineté de servises. »

Ainsi le pouvoir absolu des maîtres sur cette première classe de serfs n'avait de limites que celles de l'humanité et de la charité chrétienne. Mais il faut ajouter que cet esclavage véritable était devenu rare au treizième siècle, qu'il avait déjà disparu dans plusieurs provinces, et qu'il ne tarda

---

[1] Beaumanoir, édit. Beugnot, t. II, p. 233.

pas à disparaître aussi dans les autres. M. Delisle a même démontré qu'en remontant cent et deux cents ans plus haut, on n'en retrouvait pas de traces dans la Normandie [1]. Les documents des époques plus récentes où n'en font point mention, ou s'accordent à signaler sa disparition totale [2]. Loisel, dans ses *Institutes coutumières,* établit cette règle que toutes personnes sont franches dans le royaume, et que, sitôt qu'un esclave y est entré, il lui suffit, pour être affranchi, de recevoir le baptême.

Si le terme de serf se trouve encore employé par Loisel lui-même, en opposition à celui de personne franche, si celui d'hommes de corps se rencontre dans la coutume de Bourgogne et d'autres du même genre dans divers documents ou actes des trois derniers siècles, ils ne s'y appliquent jamais qu'à des *mainmortables.*

Mainmortables. — Cette classe était, au treizième siècle, la plus nombreuse dans les campagnes, et commençait seulement à diminuer au profit de celle des tenanciers libres. Voici comment Beaumanoir définit les mainmortables :

« Li autre (sers) sont demené plus débonnerement, car,
« tant comme il vivent, li seignor si ne leur pueent riens
« demander se il ne mesfont, fors lor cens et lor rentes et
« lor redevances qu'il ont acoustumées à paier por lor ser-
« vitutes. Et quant il se muerent, ou quant il se marient
« en franques femes, quanques il ont esquiet à lor se-

<hr>

[1] Peut-être faut-il attribuer ce fait à la supériorité qu'eut la Normandie sur les autres provinces: C'était elle dont les lois féodales avaient été rédigées les premières, dès le temps de Guillaume le Conquérant. M. Guérard cite aussi quelques exemples.d'où l'on pourrait tirer la même conclusion pour le pays chartrain au onzième siècle (*Cartulaire de Saint-Père*).

[2] Perreciot (*Histoire de l'état des personnes*) a donné une bonne analyse des derniers documents où il est question de la servitude personnelle. C'est d'ailleurs un des rares passages où son livre ne soit pas tout à fait au-dessous de la science moderne.

« gneur, muebles et héritages ; car cil qui se formarient,
« il convient qu'il finent à la volonté de lor signeur. Et
« s'il muert, il n'a nul hoir fors que son seigneur, ne li
« enfant du serf n'i ont riens, s'il ne le racatent au segneur,
« aussi comme feroient estrange. Et cette derraine coutume
« que nos avons dite quort entre les sers de Biavoisis, des
« mortemains et des formariages tout communément[1]. »

Les mainmortables étaient donc libres, et ne devaient
que leurs cens et leurs rentes. Toutefois leur liberté subissait encore des restrictions, et entre autres les deux
suivantes. Il leur était interdit de quitter la seigneurie ou
de se marier avec une personne qui ne lui appartînt pas,
sans indemniser le seigneur ; et ils n'avaient pas le droit
de disposer de leurs biens, dont à leur mort le seigneur
héritait ou pouvait hériter. Aussi disait-on d'eux, comme
des aubains, qu'ils vivaient en hommes libres et mouraient
en esclaves.

La distinction que présente le moyen âge entre la servitude complète, absolue, et la servitude de mainmorte,
s'est retrouvée dans tous les pays qui ont eu une organisation féodale, et peut-être est-elle inhérente à un certain
état de la société. Elle existe aujourd'hui encore dans les
pays slaves, avec des caractères assez analogues à ceux
qu'elle avait en France autrefois.

Le caractère essentiel de la mainmorte, c'est que le seigneur hérite de son serf. On comprend d'ailleurs que les
usages ou les coutumes suivant lesquels ce droit s'exerçait
offraient une variété infinie, que la mainmorte était sus-
ceptible de plus ou de moins, qu'elle pouvait s'appliquer
dans tous les cas possibles ou seulement dans quelques cas
particuliers[2].

[1] Beaumanoir, *loco citato*.

[2] Il faudrait un traité spécial pour analyser la variété de ces dispositions, qui n'a elle-même qu'un intérêt juridique.

Salvaing, au dernier siècle, définissait la mainmorte l'état des hommes

Une telle institution s'expliquerait mal si l'on ne voyait en elle le premier effet sensible de la révolution qui permit à l'esclave d'avoir une propriété. Cette propriété était d'abord incomplète; le serf la partageait avec le maître. Les exemples de ce partage sont nombreux, les preuves incontestables. La loi des Frisons et les constitutions impériales de Lothaire Ier font deux parts du wehrgeld d'un lide ou d'un colon, l'une pour la famille même du lide et du colon, l'autre pour le maître [1]. Il est clair que le partage de la succession et la concurrence du seigneur avec les héritiers naturels s'expliquent de la même façon. L'état de mainmorte se confond donc pour les serfs avec la naissance et le premier exercice des droits de la propriété, qui furent longtemps imparfaits et restreints [2].

Dans le cours du moyen âge, quand la liberté personnelle des cultivateurs prit l'essor, ils étendirent aussi leurs droits de propriété; alors la mainmorte alla pour eux en s'adoucissant; elle prit même quelques caractères nouveaux et remarquables.

Elle eut, par exemple, un but politique, qui fut de maintenir l'intégrité de la seigneurie. La Coutume du Bourbonnais ne semble avoir mis de limites à la libre disposi-

---

sujets de corps envers leur seigneur, qui leur succédait en tous biens, meubles ou immeubles, ou en meubles seulement, ou en immeubles seuls, quand ils mouraient sans hoirs procréés de leur corps.

L'étymologie du mot mainmorte est très-incertaine. Salvaing la fait dériver de ce que la possession meurt avec le mainmortable, *cùm revera manus, id est, possessio mortua est.* Un certain nombre d'anciens actes opposent au terme de mainmorte celui de mainferme, *manus firma,* pour désigner la faculté de disposer de ses biens.

[1] *Lotharii constitutiones Papienses,* 832, c. 34 : « Si servus noster occi- « sus fuerit, duas partes de ipsâ compositione tollat curtis nostra, et « tertia pars parentis servi ipsius defuncti. » Pertz, *Monumenta historica Germaniæ.*

[2] C'est ainsi que, d'après les lois romaines antérieures à Justinien, le patron avait un droit plus ou moins absolu sur tout ou partie des biens de l'affranchi.

tion des biens des mainmortables que dans ce seul motif. Ainsi elle leur permettait de transmettre à leurs enfants leurs biens meubles ou immeubles, pourvu que ces enfants fussent mainmortables[1]. Elle leur permettait encore de faire entre eux tous les contrats réels, tels que ventes ou donations, sans autorisation aucune, pourvu qu'ils appartinssent au même seigneur[2]; d'acheter le fonds d'un homme libre, mais non de lui vendre le leur[3]. Nul héritage mainmortable ne pouvait être obligé, acensé ou grevé d'une charge quelconque, au préjudice de la mainmorte. D'après la même Coutume, les serfs mainmortables succédaient à leurs agnats quand ils étaient en communauté de biens avec eux[4], ces agnats fussent-ils des hommes libres[5], et réciproquement. On voit par ces exemples, qu'il serait facile de multiplier, qu'à l'époque de la rédaction des coutumes la limitation de la propriété des mainmortables était essentiellement de droit public. Elle n'allait guère au delà des exigences de ce droit public; elle ne s'appliquait pas aux biens que l'on pouvait considérer comme placés en dehors de la seigneurie. Les seigneurs n'avaient aucun droit sur les gains que les mainmortables faisaient par le commerce ou par une industrie qu'alimentaient des fonds étrangers.

Il s'en faut d'ailleurs que l'ancienne législation, et surtout la législation coutumière, fût exempte, en ce qui touchait la mainmorte, de contradictions et d'anomalies. Tan-

---

[1] *Coutumes du Bourbonnais*, art. 208. C'était d'ailleurs là une règle établie partout.

[2] *Id.*, art. 202. La loi salique accordait déjà cette faculté, du moins pour les échanges, aux serfs du roi ou *fiscalini*.

[3] *Id.*, art. 201. Le seigneur avait en effet un droit de suite sur le fonds vendu par le mainmortable.

[4] Art. 207.

[5] Art. 200. La Coutume du Nivernais ne reconnaissait pas au serf le droit de succéder à un homme franc.

tôt elle l'adoucissait : elle permettait au fils d'acheter pour
une somme modique la faculté de succéder à son père;
elle engageait le seigneur à affranchir de la mainmorte celui de ses serfs qui entrait dans les ordres [1]. Tantôt, au contraire, elle tirait de son principe même des conséquences
aussi bizarres que logiques. Ainsi c'était encore au dix-
septième siècle l'usage de la Normandie et de plusieurs
autres provinces que les biens des suicidés appartinssent
au souverain ; car, disait-on, l'homme qui se mettait à
mort par désespoir confisquait envers son seigneur [2].

Un autre caractère de la mainmorte au moyen âge,
caractère beaucoup moins général sans doute, mais non
moins important à constater, c'est que ses clauses furent
plus d'une fois soumises à l'acceptation des intéressés. On
les regardait alors comme des conditions de la concession
primitive. Nous avons encore des actes de concessions qui
prouvent que ces conditions étaient réglées souvent de gré
à gré par les parties [3]. Elles étaient donc, comme les conditions des fiefs, l'effet d'un contrat réel ou supposé; seulement dans ce dernier cas, au lieu d'être déterminées par
les actes mêmes, elles l'étaient par des usages.

Il est certain que la mainmorte attachée aux héritages
a été une conséquence du système des concessions. L'auteur de la concession ayait intérêt, pour prévenir un morcellement indéfini, pour perpétuer la fortune de sa famille
ou pour tout autre motif, à régler lui-même et d'avance
le mode de transmission de la terre concédée. Mais il est

---

[1] C'était du moins la jurisprudence nouvelle. L'ancienne était plus rigoureuse ; car on voit dans les *Olim* (tome Ier, p. 529, arrêt de 1261),
saint Louis réclamer la mainmorte d'un de ses serfs entré moine au monastère de Compiègne. L'abbé s'y refusait ; le roi se fit adjuger par la
Cour un tiers des biens.

[2] Loisel, *Institutes*, 11,363.—*Grand coutumier*, c. 31.

[3] Voir surtout un diplôme d'Osnabruck, cité par Mœser et par M. Laboulaye, dans son *Histoire du droit de propriété en Occident*, p. 458.

certain aussi que l'intérêt particulier aurait cédé à l'équité naturelle, sans les considérations politiques qui ont dicté presque seules, au moyen âge, toutes les règles de succession[1]. Ce n'est pas seulement la transmission des biens des mainmortables qui fut soumise à des entraves politiques ; celle des terres nobles ou ecclésiastiques le fut aussi. La mainmorte était donc une des nécessités du moyen âge ; elle ne pouvait entièrement disparaître que le jour où la propriété territoriale, quelle qu'elle fût, serait affranchie entre les mains du clergé et des nobles, comme des roturiers, de toutes les conditions et de toutes les gênes que lui imposaient un ordre social vicieux et un ordre politique imparfait.

Toutes les conséquences de la mainmorte n'étaient pas également fâcheuses. Elle établissait une véritable solidarité d'intérêts entre le seigneur et ses hommes. Beaumanoir l'atteste d'une manière formelle ; il prétend que les mainmortables du Beauvaisis étaient traités assez *débonnerement*, parce que les seigneurs s'enrichissaient en les enrichissant, et percevaient sur eux des droits plus élevés quand ils les faisaient jouir d'usages plus favorables[2].

Mais cette identité d'intérêts, qui se retrouve au fond de tous les contrats territoriaux, ne doit, pas plus que le but politique de la mainmorte, faire illusion sur la valeur

---

[1] On le voit clairement dans Beaumanoir. C'est aussi ce que M. Guérard a démontré d'une manière irréfragable dans son introduction au *Cartulaire de S.-Père de Chartres*.

[2] « Et li segneur meisme n'i font se gagner non, car il en acquièrent « plus volentiers, par quoi les mortemains et les formariages sont plus « grand quant il esquiéent. Et si dist-on un proverbe, que cil qui à une « fois escorche, deus ne trois ne tont ; dont il apert, es pais où on prend « çascun jor le lor, qu'il ne voelent gaaignier fors tant come il con- « vient çascun jor à la soustenance d'aus et de lor mesnie » (Beaumanoir, tome II, page 237).

réelle de l'institution. Ses effets économiques étaient dé-
plorables. Elle nuisait aux transactions et empêchait le
crédit. Un exemple suffira pour le démontrer. Les Coutumes de Champagne et de Bourgogne donnaient au seigneur qui exerçait son droit à la mort d'un mainmortable
l'option entre deux partis, l'un de renoncer aux meubles et
de retenir seulement les immeubles, ce qui excluait toute
dette, même hypothécaire; l'autre de tout recueillir, mais
dans ce cas les dettes n'étaient regardées que comme une
charge de la succession mobilière[1]. Les immeubles de
mainmorte restaient francs de toute hypothèque générale
établie sur une succession, et ce ne fut que fort tard que les
jurisconsultes débattirent la question de savoir si les hypothèques spéciales dont ces immeubles étaient grevés
engageaient les seigneurs qui les recueillaient. C'était donc,
au point de vue économique et indépendamment de toute
autre considération, un déplorable système. Il est vrai,
comme l'observe justement le président Bouhier, que les
règles de la succession des mainmortables dans la Bourgogne étaient les mêmes que celles de la succession des
vassaux, quand la dévolution s'exerçait au profit des seigneurs. La même loi était commune à tous les biens substitués.

La liberté des mainmortables, déjà restreinte par la
mainmorte proprement dite qui réglait les transmissions
de biens, l'était encore par les droits de poursuite et de
formariage.

La poursuite était une sorte de contrainte par corps,
exercée personnellement contre le mainmortable qui abandonnait le lieu où il était obligé de résider ; elle n'excluait
d'ailleurs pas la saisie opérée sur les biens. La faculté de
poursuivre ainsi, partout où ils se retiraient, les serfs qui
quittaient la seigneurie, avait pour but principal d'assurer

____

[1] *Coutumes de Champagne,* art. 9 ; — *de Bourgogne,* art. 107.

les seigneurs du payement des droits qu'ils pouvaient prétendre sur eux[1].

Quoique abandonné souvent ou modifié dans son exercice[2], ce droit mit beaucoup de temps à disparaître. On le justifiait par des raisons de politique et de police; les paysans, disait-on, devaient être attachés à leurs seigneuries comme les bourgeois à leurs villes et les ouvriers à leurs corporations. Le président Bouhier et les légistes du dix-huitième siècle y voyaient aussi une règle tutélaire de l'agriculture.

Le formariage était le droit que payait un serf pour épouser une femme franche ou appartenant à un autre maître, et réciproquement une femme serve pour épouser un homme franc. J'ai déjà observé plus haut que le pape Adrien IV, en déclarant valides les mariages conclus sans l'autorisation des seigneurs, avait réduit cette autorisation au simple exercice d'un droit pécuniaire. La plupart des coutumes firent d'ailleurs une distinction entre le droit qui était perçu comme prix de l'autorisation seigneuriale, et l'amende qui était payée indépendamment du droit, quand le mariage avait lieu sans autorisation. Le formariage fut restreint successivement dans son application. Ainsi, au seizième siècle, le grand coutumier le limita aux mariages contractés entre personnes qui n'étaient ni de la même condition, ni de la même seigneurie.

Le principal motif de la prohibition de ces mariages, ou plutôt de l'usage qui les soumettait à l'autorisation des seigneurs, était le besoin de fixer l'état des enfants[3]. Les

[1] Elle s'exerçait différemment, suivant que la mainmorte était attachée aux personnes ou aux héritages. V. Loisel, liv. Ier, règle 82.

[2] Ainsi les *Etablissements de saint Louis* autorisaient les mainmortables à prescrire la franchise par vingt ans (L. 2, c. 31). Sur ce droit et les raisons que les serfs pouvaient invoquer pour s'y soustraire, voyez Beaumanoir (t. II, p. 221, édition Beugnot).

[3] On peut aussi rapporter l'origine de l'usage qui exigeait le consente-

règles variaient beaucoup à cet égard. La plus générale était que les enfants fussent partagés également entre les deux seigneurs; s'il n'y en avait qu'un seul, il appartenait au seigneur de la mère, sauf indemnité payée à celui du père. Souvent les seigneurs faisaient des conventions entre eux au sujet de ces partages. Souvent aussi, quand le mariage avait été contracté sans autorisation, le seigneur de la femme recevait du seigneur du mari une autre femme en échange. Enfin, la liberté du mariage pouvait être établie entre les serfs de deux ou de plusieurs seigneuries; on en a des exemples célèbres pour les serfs appartenant aux monastères d'un même ordre, comme les monastères de Cîteaux. Mais ce dernier usage, qui atteste un adoucissement apporté à la rigueur ancienne de la règle, ne paraît pas remonter au delà du quatorzième et du quinzième siècle.

La mainmorte ou limitation de la faculté de disposer de ses biens, la poursuite, le formariage, telles étaient les trois entraves principales apportées à la liberté des hommes mainmortables, leurs trois servitudes caractéristiques, bien que susceptibles elles-mêmes de plus ou de moins. Ce n'étaient pourtant pas les seules. Ainsi, sans parler des droits seigneuriaux établis par la coutume, ni des services ou des redevances stipulés dans les contrats, ils pouvaient encore être vendus avec la terre ou la seigneurie sur laquelle ils étaient établis. Toutefois, ce n'était pas là une vente complète et dans le sens absolu du mot, puisque l'acquéreur n'avait d'autres droits sur la personne de ses tenanciers que ceux de l'ancien propriétaire. C'était une simple substitution de la propriété ou de la seigneurie qui changeait de main [1].

ment du seigneur pour le mariage des serfs au *mundium*, ou pouvoir de tutelle qu'il exerçait sur les habitants de sa seigneurie. Le consentement était quelquefois obligatoire à ce titre pour le mariage même des femmes libres.

[1] M. Guérard, *Cartulaire de S.-Père*, tome Ier, *passim*. — M. Delisle a

De ce tableau de la condition des mainmortables ; il résulte : 1° qu'elle fut loin d'être immobile et invariable : je donnerai plus bas un aperçu des modifications qu'elle subit ; — 2° qu'elle ne fut pas non plus homogène, et qu'on pourrait établir dans son sein un assez grand nombre de catégories. Mais je me bornerai à cet exposé de ses caractères généraux, sans prétendre entrer dans le détail infini de ses variétés, variétés que Dumoulin disait échapper à toute classification [1].

Hommes libres. — La classe des tenanciers libres, dont l'essor avait été vivement comprimé par l'organisation sociale des temps barbares, prit au contraire de grands

---

d'ailleurs démontré (chap. 1ᵉʳ, p. 23) qu'en Normandie, au moyen âge, des écuyers et des chevaliers étaient vendus ainsi avec la terre dont leurs fiefs dépendaient.

[1] « Servitus manûs mortuæ diversimodè pluribus juribus consistit pro more cujusque regionis » (Dumoulin, *Commentaire sur la coutume de Paris*, § 3). — Il peut toutefois y avoir quelque intérêt à rappeler ici les distinctions établies par Pasquier et Loisel.

Pasquier, dans les *Recherches de la France*, distingue quatre classes de mainmortables :

1° Les taillables, soit abonnés, soit à volonté (V. plus bas, c. VII). Taillable et mainmortable étaient synonymes dans un grand nombre de provinces, entre autres dans la Bresse, la Savoie, le Dauphiné, le Bourbonnais ;

2° Les serfs de formariage ;

3° Les mainmortables, soit en meubles et immeubles, soit en immeubles seulement.

4° Les serfs de poursuite.

Il faut observer, au sujet de cette division, qu'elle ne repose que sur une décomposition des droits constitutifs de la mainmorte. Or, cette décomposition pouvait déjà répondre à une réalité au seizième siècle, époque où Pasquier écrivait et où les populations mainmortables s'étaient partiellement libérées de leurs obligations primitives.

Quant à Loisel, il se contente d'établir une distinction juridique entre les mainmortables, selon que la mainmorte s'exerce sur leurs biens meubles et immeubles, ou sur les meubles seulement. Il y ajoute une troisième catégorie des mainmortables de corps, dont les personnes étaient serves et sur le corps desquelles la taille s'imposait. Peut-être entend-il

développements pendant les temps féodaux. Certains contrats favorisèrent son extension. Celui d'*hostise*, très-commun aux onzième et douzième siècles, en est un exemple frappant. Les seigneurs, pour peupler leurs terres et les rendre productives, faisaient des concessions à des hommes étrangers à leur seigneurie, et qu'on appelait hôtes, *hospites*; ils y mettaient nécessairement des conditions assez avantageuses pour les faire prospérer. Tout en soumettant leurs nouveaux sujets à leur souveraineté et à leurs lois, ils devaient les attirer par quelques-uns des appâts que l'on offre aujourd'hui encore aux colons fondateurs d'établissements nouveaux.

Mais ce fut à partir du treizième siècle surtout que la liberté fit de grands progrès dans les campagnes. La révolution communale était alors terminée; les chartes, les lois écrites, réglaient partout l'état des personnes, leurs devoirs et leurs droits. Enfin les idées d'affranchissement et de liberté individuelle imprimaient à l'esprit public une direction et un élan irrésistibles.

Alors s'étendit et se multiplia la classe des *vilains*, tenanciers libres, ou *francs hommes de poste*, désignés encore par des noms divers dans les différentes provinces, et entre autres, en Normandie, par celui de *vavasseurs*[1].

Le tenancier libre avait la pleine et entière disposition de ses biens, et c'était là le signe caractéristique qui le distinguait du mainmortable; car il n'était pas nécessairement affranchi des obligations de poursuite et de forma

par là les serfs proprement dits; peut-être, et cela est plus probable, désigne-t-il simplement les taillables et emploie-t-il le mot de personnes serves par abus (liv. I, règle 71).

[1] En donnant aux termes de *serfs*, de *vilains*, etc., un sens spécial et déterminé, que je crois être le véritable, je dois cependant rappeler que les anciens auteurs s'en sont servis très-indistinctement, et que cette confusion perpétuelle est une des plus grandes difficultés du sujet que j'entreprends d'éclaircir.

riage, considérées souvent comme mesures de police imposées à tous les habitants d'une seigneurie. Il était assujetti également, comme le mainmortable, aux droits seigneuriaux, aux redevances et services attachés à sa tenure [1]. Sa liberté pouvait encore éprouver d'autres restrictions de nature assez diverse. Il avait besoin de l'autorisation du seigneur pour acheter des terres dans l'étendue de la seigneurie à laquelle il appartenait, ou pour entrer dans l'Eglise, ou pour aller s'établir dans une ville de commune ou de bourgeoisie.

Toutefois, ces prohibitions originaires, qui établissaient elles-mêmes d'innombrables nuances au sein de la classe des tenanciers libres, furent successivement adoucies ou supprimées à partir du treizième siècle. Déjà, par exemple, au temps de Beaumanoir, quand un tenancier libre ou même un mainmortable quittait une seigneurie pour aller s'établir dans une ville de franchise, le seigneur ne pouvait l'y réclamer que dans le délai d'un an et un jour. C'était la règle des coutumes du Beauvaisis, mais elle ne leur était pas particulière et se retrouvait dans toutes les chartes municipales.

La condition des tenanciers libres ou vilains offrait avec celle des bourgeois des villes les plus grandes analogies. Les uns et les autres étaient désignés, dans les actes des derniers siècles, sous les noms communs de *rôturiers*, *cottiers*, ou *coutumiers*. J'ai montré, dans le chapitre précédent, quels liens intimes unissaient l'histoire des villes et celle des campagnes. Les vilains et les bourgeois étaient gouvernés par les mêmes règles de droit civil, et ces règles étaient différentes de celles qui étaient faites pour les nobles. On sait que les traits les plus particuliers des lois concernant

[1] Un arrêt de 1271 (Recueil des *Olim*) décide qu'une simple charte d'affranchissement ne dispense pas les hommes de Récuil de payer la redevance d'avoine et de blé à laquelle ils sont tenus.

la roture, lois dont l'étude sortirait du cadre que je me suis
tracé, étaient l'égalité des partages entre les enfants, sans
distinction de rang ou de sexe, la communauté des acquêts
entre le mari et la femme, la fixation du douaire de la
femme à la moitié des immeubles et des acquêts du mari[1].
C'est-à-dire que le droit privé qui régissait la famille roturière fut débarrassé de la plupart des règles exceptionnelles auxquelles des raisons politiques soumettaient celui
des familles nobles.

Les lois roturières s'appliquaient d'ailleurs aux mainmortables comme aux tenanciers libres, mais avec les
modifications que rendaient nécessaires les conditions
particulières de la mainmorte.

Les tenanciers libres de plusieurs provinces exerçaient
quelquefois des droits qui appartenaient à la noblesse, et l'on
en trouve des exemples dès le treizième siècle. Ainsi les vavasseurs de plusieurs fiefs de la Normandie présentaient le
curé de leur église, venaient assister aux plaids du seigneur, etc.[2]. On serait tenté de conclure de cette considération que les distinctions légales qui concernaient l'état des
personne savaient déjà perdu, à cette époque du moyen âge,
une partie de leur importance. D'autres faits viendraient encore à l'appui de cette conclusion. On voyait souvent, dans
une même famille, les frères être de condition différente, ou
le père être libre et les fils mainmortables. Un arrêt des
Olim, de l'an 1254, décida que le droit accordé par le roi à
un père de famille d'être membre de la bourgeoisie de
Chaulny, droit qui affranchissait de la mainmorte, ne
s'étendait pas aux enfants nés avant la concession et dont
il n'avait pas été fait mention dans l'acte[3]. Faut-il ajouter

---

[1] *Etablissements de saint Louis*, liv. Ier. Voir surtout les chapitres 132,
133 et 136.

[2] M. Delisle, chap. 1er, p. 6 et 7. Il donne des preuves à l'appui. On sait
aussi que les tenures en villainage étaient souvent appelées *fiefs vilains*.

[3] *Olim*, t. Ier, p. 431.

que la constatation de l'état des personnes soulevait de grandes difficultés, et que les actes de l'état civil, plus nécessaires encore que de nos jours, étaient loin cependant de présenter une régularité et une authenticité suffisantes[1] ?

En distinguant, comme je l'ai fait, les trois grandes classes de la population agricole, celles des anciens serfs, des mainmortables et des tenanciers libres, je laisse entièrement de côté les nobles et les ecclésiastiques, dont je me réserve d'examiner plus loin la condition et l'influence, en qualité de propriétaires ruraux.

Quoique j'aie envisagé, dans le tableau qui précède, l'état personnel des cultivateurs par les côtés qui frappent le plus, il y aurait encore, à leur sujet, plus d'une question intéressante à poser, sinon à résoudre.

Ainsi le témoignage des serfs proprement dits ou celui des mainmortables était-il admis en justice, ou plutôt à quelle époque le fut-il ? Était-il admis contre celui des hommes libres ? Il semble que cette conquête des populations rurales ait été accomplie vers la fin du onzième siècle ou le commencement du douzième[2]. Nous avons du moins des diplômes particuliers d'Henri Ier et de Louis le Gros qui reconnaissent ce droit aux serfs de quelques abbayes. Le *Cartulaire de S.-Père de Chartres* renferme aussi des actes du douzième siècle que des serfs ont signés comme témoins[3].

[1] On trouve dans les *Olim* un arrêt de l'an 1263, qui attribue aux magistrats municipaux de Pont-Audemer le pouvoir de faire ces actes, parce qu'ils ont été jusqu'alors dénués d'une authenticité certaine. Dans les campagnes, l'état civil n'était guère constaté que par les cartulaires et les pouillés des établissements religieux, ou par les terriers et les reconnaissances des seigneuries.

[2] Tout ce que l'on sait des temps antérieurs, c'est que les capitulaires du neuvième siècle n'admettaient les affranchis à témoigner en justice qu'après la troisième génération. Voir les preuves qu'en donne Pérreciot, *Etat civil des personnes*, liv. Ier, c. **VII**.

[3] Un diplôme de Henri Ier, de l'an 1058, accorde à tous les serfs de

Comment et à quelle époque les anciens serfs, les main-mortables et même les vilains ont-ils reçu le droit de porter les armes ? C'est là une question très-obscure et qu'on ne peut malheureusement éclaircir par des textes ni par des faits précis. On sait seulement que jusqu'au neuvième siècle le port d'armes et le service militaire avaient été réservés aux hommes libres, au nombre desquels on comptait les anciens colons et les lides. Jusque-là, si l'on arma des serfs, ce ne fut que dans des temps de crise et des circonstances tout exceptionnelles. On sait aussi qu'au douzième siècle il y avait des milices urbaines et des mi-lices communales toutes formées, et que ces milices, célè-bres par le rôle qu'elles ont joué, ont été incorporées plus tard et sous des formes diverses à la force militaire du pays centralisé. Il faut donc placer le grand changement qui nous occupe dans l'intervalle de ces deux époques. Ne doit-on pas le rapporter au temps des invasions normandes, temps où les hommes libres ne suffisaient plus à la défense de la France, et où il fallut, sur beaucoup de points du territoire, armer les populations entières ? Les guerres privées qui suivirent dans toutes les provinces la chute du gouverne-ment des Carlovingiens perpétuèrent ensuite ce système, et plus tard, quand la féodalité se disciplina, on régla le genre de service que feraient les milices des communes. Le progrès des affranchissements dans les campagnes dut alors em-pêcher de rétablir la prohibition qui pesait sur les anciens

Saint-Germain-des-Prés le droit de témoigner en justice contre les hom-mes libres dans toute espèce de causes. Ce diplôme a été cité par **M. Gué-rard**, *Polyptique d'Irminon*. — **Cf.** dans le *Recueil des ordonnances,* les lettres de Louis le Gros, de 1118 et de 1128, pour les serfs de l'abbaye de Saint-Maur-des-Fossés et de l'église de Chartres. — Un arrêt des *Olim,* de l'an 1287, tome II, page 263, montre que les hommes de corps de l'abbaye de Saint-Denis furent admis à porter témoignage en justice en faveur de l'abbaye ; mais la partie adverse contestait, et le droit des hommes de corps fut établi en vertu du privilége royal de l'abbaye.

cultivateurs. Enfin, les hommes qui avaient été aux croisades entrèrent naturellement, à leur retour, au service des chevaliers ou dans les cadres des compagnies d'aventure.

Cependant, il faut observer qu'en dehors des milices communales de quelques villes, les habitants des campagnes ne furent presque jamais tenus, durant le moyen âge, qu'à l'obligation de faire le guet dans les châteaux et de contribuer à leur défense en cas d'attaque. Le service militaire ne devint pour eux une charge plus régulière et plus complète que lorsqu'ils furent tout à fait libres.

Les lois pénales étaient-elles les mêmes avant le treizième siècle pour les tenanciers libres et les mainmortables ? Cela n'est pas probable. On sait du moins qu'elles avaient été différentes pendant les époques barbare et carlovingienne, et que les serfs proprement dits restèrent toujours soumis, comme le prouvent les textes que j'ai cités plus haut, à une pénalité spéciale, souvent même arbitraire. Mais je laisse à l'auteur de recherches plus longues et surtout plus heureuses à déterminer l'époque où les différences de pénalité ont disparu pour tous les habitants du territoire qui ne faisaient partie ni de la noblesse, ni de l'Église.

Telle était donc la condition personnelle des habitants des campagnes au treizième siècle. La rédaction des chartes, des coutumes, des lois, qui datent précisément de ce siècle, confirmait alors les progrès que cette condition avait accomplis déjà dans sa marche vers la liberté définitive, absolue, et lui donnait la facilité d'en accomplir de nouveaux

J'examine, dans la section suivante, comment ces progrès nouveaux furent obtenus : 1° par les affranchissements, qui multiplièrent le nombre des hommes libres ; 2° par les adoucissements successifs qu'apporta la législation à la servitude de mainmorte ; 3° par le système des communautés agricoles.

SECTION II.— Des causes qui ont favorisé dans les campagnes le progrès de la liberté personnelle depuis le treizième siècle.

§ 1. Des affranchissements généraux. Leurs causes, leurs caractères, leurs effets.

Les affranchissements n'ont guère commencé à devenir généraux qu'au treizième siècle. Jusque-là ils furent ou individuels, ou restreints dans leur application à un petit nombre de personnes ; ils ne donnèrent aussi qu'une liberté partielle et incomplète.

D'abord ils n'avaient lieu que dans les occasions extraordinaires et solennelles. Les seigneurs affranchissaient leurs paysans quand ils étaient au lit de mort ou qu'ils voulaient célébrer un événement heureux, comme la naissance ou le mariage de leurs enfants.

Les lois féodales étaient aussi un obstacle considérable. Un seigneur ne pouvait affranchir qu'avec l'autorisation du seigneur supérieur, parce qu'en le faisant il diminuait sa propriété et abrégeait son fief : « Nus vavassor, dit saint « Louis dans ses *Etablissements*, ne gentilhom ne puet « franchir son hons de cors en nule manière sans l'assen· « tement du baron ou du chief seigneur, selon l'usage de « la cort laie [1]. » Pasquier soutient, au seizième siècle, que de son temps un seigneur ne peut affranchir son serf sans payer de droit au roi et sans obtenir de lettres-patentes [2].

C'était encore pour la même raison, pour que la propriété du seigneur ne fût pas diminuée, qu'il était interdit à un serf d'entrer dans les ordres sans le consentement de son seigneur. S'il y entrait sans l'avoir obtenu, il restait soumis au droit de poursuite, tant qu'il n'avait pas reçu

---

[1] Liv. II, c. 34. Cf. Beaumanoir, t. II, p. 229.

[2] Pasquier assure avoir vu dans le registre de la Chambre des comptes beaucoup d'actes qui prouvent cet usage.

les ordres majeurs. « Serf ou homme de mainmorte, dit
« Loisel, ne peut être fait prêtre sans le consentement de
« son seigneur, et l'étant, n'est pour ce déchargé de rien,
« fors des corvées de son corps[1] » ; c'est-à-dire qu'il présentait au seigneur un homme pour faire à sa place ses corvées personnelles.

L'affranchissement, ainsi restreint par l'usage et par la
loi, ne donnait, dans la plupart des cas, qu'une liberté incomplète ; car il n'était qu'une renonciation du maître à
des droits déterminés. Telle était l'extrême variété de l'état
des personnes, que les affranchis ne montaient ordinairement qu'un seul degré de l'échelle sociale, et se contentaient de passer dans la classe immédiatement supérieure
à celle à laquelle ils avaient appartenu. Toute charte sti-
pulant pour les sujets d'une seigneurie un avantage quelconque, une suppression de chevauchée, de redevance, etc.,
pouvait être assimilée, sous ce rapport, à un acte d'affranchissement, et ce fut même, à partir du douzième siècle,
la forme la plus commune que ces actes revêtirent.

Faut-il prouver ces assertions? Les *Olim* renferment un
arrêt de l'an 1271, par lequel le Parlement condamne des
hommes que le roi vient d'affranchir à payer leurs redevances ordinaires de blé ou d'avoine, dont l'acte royal ne
les avait pas expressément libérés[2]. C'est là un exemple
entre mille du caractère partiel et spécial des affranchissements ; mais ce qui montre mieux leur véritable nature,
c'est qu'outre les serfs on affranchissait encore des mainmortables, des vilains, qui pourtant étaient réputés libres,
et même des nobles[3].

[1] Loisel, liv. I, règle 80.—Cf. Beaumanoir, t. II, p. 231.
[2] *Olim*, t. Ier, p. 868.
[3] Ducange cite une charte de l'an 1298 par laquelle Arnaud de la Tour
affranchit un *domicellus*, noble évidemment, nommé Pierre Ymbaudi,
son vassal, et renonce en sa faveur d'une manière expresse au bénéfice
de la loi par laquelle les affranchis pouvaient être déchus pour cause d'in-

Qu'on songe à la rareté des affranchissements et aux grandes difficultés qu'ils présentent dans nos colonies à esclaves, malgré les exigences toujours plus impérieuses de l'opinion publique et les ressources de notre civilisation moderne, on comprendra combien, dans l'Europe du moyen âge, ils ont dû être plus rares, plus difficiles encore, et surtout plus impuissants à changer l'état des populations [1].

Il faut enfin rappeler que, si la liberté gagnait d'un côté, elle perdait d'un autre. Des usages, des faits, favorables à l'extension de la servitude, balançaient l'effet des affranchissements. Beaumanoir indique les plus frappants. L'homme libre, sujet d'un seigneur, qui s'abstenait sans motif valable de répondre à une convocation pour l'ost ou la bataille, devenait serf, lui et ses hoirs. Il en était de même des vassaux nobles. Parmi les gens pauvres, les uns se vendaient pour subsister; d'autres, par motif de piété, se donnaient aux églises, eux et leurs hoirs. « Si que, « ajoute Beaumanoir, ce qui premièrement fut fet par cause « de bonne foi et par dévotion, est tourné ou domage ou « en la vilenie aux hoirs. » Les hommes libres, non gentilshommes de lignage, qui allaient demeurer sur la terre d'un seigneur, perdaient, après une résidence d'un an et un jour, une partie de leur liberté. On pourrait multiplier ces exemples. Les Assises de Jérusalem faisaient encore du débiteur insolvable, comme autrefois les lois barbares, le serf temporaire de son créancier; elles autorisaient ce der-

gratitude envers leurs patrons. — Cf. une charte de 1348, par laquelle Humbert II, dauphin de Viennois, affranchit de la mainmorte les barons, les bannerts, les vavasseurs et les nobles de ses Etats. Brussel, t. II, p. 905; Salvaing, c. XXXII, p. 133.—Dans le Dauphiné, les seigneurs exerçaient autrefois le droit de mainmorte, non-seulement sur leurs hommes taillables à volonté, mais encore sur les nobles qui s'étaient reconnus leurs hommes liges, *de corpore et personâ.*

[1] Voir surtout le livre de M. Wallon, *De l'esclavage dans les colonies*, § 8.

nier à le faire travailler et à percevoir le prix de son travail jusqu'à l'entier payement de la dette [1].

C'est aussi une question controversée que celle de savoir si les mariages mixtes, ou d'hommes et de femmes de condition différente, mariages très-communs au moyen âge, avaient pour effet de favoriser ou d'entraver le mouvement ascensionnel des populations rurales vers la liberté. La première opinion a été soutenue, et avec beaucoup de raison, ce semble, par M. Naudet et M. Guérard, qui se sont appuyés sur plusieurs textes du *Polyptique* de Saint-Germain-des-Prés [2]. Il est certain aussi que, sous les Carlovingiens, les serfs des fiscs ou domaines royaux avaient le privilége de s'unir à des personnes libres, sans que la condition de ces personnes libres en souffrît. Cependant, quelque naturelle et fondée que soit cette opinion, l'opinion contraire trouverait des arguments dans le même recueil. C'était un proverbe féodal « qu'en formariage le pire emporte le bon. » L'usage voulait aussi que les enfants nés de mariages mixtes fussent de la pire condition, sauf la stipulation contraire préalablement faite entre la personne libre qui épousait un serf et le maître de ce serf.

On est donc obligé de reconnaître que les affranchissements n'eurent longtemps qu'une importance secondaire, et combattue par des faits dont la tendance était opposée. Ce ne fut que quand le gouvernement royal eut repris sa force qu'ils devinrent plus communs, plus généraux, plus complets, qu'ils imprimèrent enfin à la classe des tenanciers libres ou des vilains un mouvement rapide d'accroissement.

Il est difficile de dire qui eut l'initiative de cette révolution; mais, au treizième siècle, elle était générale sur les

[1] Art. 191.

[2] V., par exemple, une charte du *Cartulaire de Saint-Père*, p. 423. Cf. *Lotharii I Constitutiones Olonnenses*, c. x, apud Pertz, *Monum. hist. Germaniæ.*

terres des églises et sur celles de la couronne. On vit alors tout à la fois la servitude antique, absolue, disparaître peu à peu, et les gens de mainmorte passer par grandes masses à l'état de vilains. La plupart d'entre eux reçurent la liberté personnelle et la faculté de disposer entièrement de leurs biens. Les actes d'affranchissement s'étendirent à des villages et des pays entiers. On y comprit l'abandon de tous les droits autres que les cens et les redevances, condition originaire des tenures, ou la taille, les dîmes, les corvées et les autres obligations imposées par l'administration seigneuriale, obligations politiques plutôt que civiles, et qui avaient besoin d'une autre révolution pour être modifiées et allégées. On ne doit pourtant pas oublier que dans ce même siècle beaucoup de chartes de priviléges réglèrent l'exercice des droits seigneuriaux, et en supprimèrent un plus ou moins grand nombre, soit que parmi les droits supprimés il y en eût de purement abusifs, soit qu'on trouvât un mode meilleur de pourvoir aux services locaux auxquels ils étaient consacrés [1].

Nous avons de nombreux actes d'affranchissements généraux émanés des rois, des églises, des seigneurs, et appartenant presque tous au treizième siècle et au commencement du quatorzième. Le recueil des ordonnances en est rempli [2]. D'abord ils s'appliquaient au territoire

[1] On peut citer, comme offrant un des exemples les plus complets et les plus intéressants, la charte par laquelle Bertrand Bérenger, seigneur dauphinois, affranchit en 1322 Guillaume Régis et ses descendants à perpétuité. Salvaing, *Usage des fiefs*, la donne en entier. Elle comprend :

1º La renonciation à la mainmorte, *licentiam testandi, emendi, contrahendi, judicio sistendi, alienandi et omnia faciendi quæ aliquis liber homo nulli obligationi vel conditioni suppositus facere potest ;*

2º La renonciation à certains droits seigneuriaux;

3º La fixation et la limitation des droits seigneuriaux conservés.

[2] En 1180, Louis VII affranchit tous les hommes de corps d'Orléans et de ses environs, dans un rayon de cinq lieues. — En 1197, le comte de Blois et de Clermont affranchit les hommes de Creil. — En 1223, Phi-

d'une ville ou d'un village; ils s'étendirent ensuite à des provinces entières. Ainsi le comte de Toulouse, Alphonse, frère de saint Louis, donna la liberté par testament à tous ses serfs du Languedoc, moyennant un cens annuel, en indemnité des droits dont il les affranchissait. Deux actes de Philippe le Bel, en date de 1298 et de 1304, abolirent complétement la servitude sur les terres de la même province qui appartenaient au roi : on engagea les seigneurs à imiter cet exemple; les serfs et les mainmortables affranchis furent assimilés aux bourgeois. Enfin, l'acte le plus général fut l'ordonnance célèbre, rendue le 3 juillet 1315 par Louis le Hutin [1], qui déclara la liberté de droit naturel, et l'étendit d'une manière uniforme à tous les habitants du domaine royal, aux serfs d'origine, à ceux qui l'étaient devenus par prescription, par mariage ou par résidence, enfin aux mainmortables; car il portait une renonciation formelle à tous droits de mainmorte et de formariage.

Beaucoup d'historiens ont regardé l'ordonnance de Louis le Hutin comme une mesure fiscale. En effet, le roi, renonçant à l'exercice de droits qui lui appartenaient sur les serfs et les mainmortables de ses domaines, en faisait fixer le prix de rachat par ses officiers [2]. Ce n'était donc pas une pure libéralité; les intérêts du trésor du prince, qui était

lippe Auguste affranchit ceux de Beaumont-sur-Oise et de Chambly. — En 1223, la comtesse de Nevers affranchit les hommes de condition servile habitant Auxerre. — En 1250, l'abbé de Saint-Germain affranchit ceux du bourg de Saint-Germain, d'Antony, de Verrières, de Villeneuve-Saint-Georges, de Valenton et de Crosne, de Thiais, de Choisy, de Grignon et de Paray. Tous s'engagent à lui payer une rente comme prix de leur liberté.— La même année, la reine Blanche affranchit plus de mille serfs dans sa châtellenie de Pierrefonds. — Le chapitre de Notre-Dame de Paris affranchit les hommes de Chevilly et de Lhay, en 1258, d'Orly, en 1263, de Vitry, en 1269.

[1] Et renouvelée par Philippe le Long, en janvier 1318.

[2] Le roi veut que ses officiers traitent « de certaines compositions par «lesquelles suffisante récompensation nous soit faite des émolumens qui « desdites servitudes poaient venir à nous et à nos successeurs. »

aussi le trésor public, se trouvaient réservés. On faisait plus ; on ne se contentait pas de vendre la liberté aux serfs, on les forçait à l'acheter, et on taxait d'office ceux qui s'y refusaient, comme le prouve une ordonnance de Philippe le Long [1].

Le caractère fiscal de ces mesures n'est donc pas contestable. Cependant il reste à savoir si le prix du rachat de la servitude était pour le fisc royal une indemnité équivalente aux droits qu'il abandonnait, et il fallait que ce prix fût payé sur-le-champ ou à bref délai pour que la mesure eût l'utilité d'un expédient [2]. J'attribuerais, pour ma part, aux affranchissements généraux de cette époque, et surtout à l'ordonnance de Louis le Hutin, des causes très-diverses. Si ce furent des expédients de finance d'un emploi immédiat et facile, je leur assignerai encore une raison politique, une raison économique et une autre qui fut la principale, si je ne me trompe, une raison d'opinion.

La raison politique consiste dans la facilité qui fut offerte aux tenanciers des seigneurs, devenus par l'affranchissement sujets libres de ces mêmes seigneurs, de se placer sous la sauvegarde royale. Les bourgeoisies des villes, qui sous Charles V furent déclarées dépendre toutes du roi, exerçaient par leurs priviléges une attraction irrésistible sur beaucoup d'hommes qui devinrent ainsi sujets du roi [3].

---

[1] Ce n'est pas le seul exemple que l'on trouve de serfs refusant la liberté. Un arrêt de 1276 (*Olim*, t. II, p. 274) autorise les affranchis de Pierrepont à rester en servitude, sur leur demande, pour ne plus payer la taxe d'exemption du formariage.

[2] Il est certain qu'il y eut des chartes d'affranchissement gratuites ou accordées pour une somme modique et loin d'être équivalente aux droits que les seigneurs abandonnaient. On en trouve de telles dans le Recueil des ordonnances. Cf. Perreciot, liv. V, partie v, c. iii.

[3] Perreciot, t. III, p. 343, n. 143, donne une pièce de l'an 1424, qui contient un désaveu notifié au baron de Beauvoir, en Franche-Comté, par des hommes de sa seigneurie, qui *s'avouent* du duc de Bourgogne. — « Ils desadvouent mondit seigneur de Belvoir, prennent congier de lui

Ceux qui restaient, après avoir obtenu leur liberté, soumis aux juridictions seigneuriales, y gagnaient du moins l'avantage d'un recours plus facile, d'une garantie mieux assurée contre les abus de ces juridictions. De toutes manières l'autorité des seigneurs diminuait et celle du roi augmentait. Le gouvernement royal fut même assailli de plaintes à ce sujet pendant toute la durée du quatorzième siècle, et se vit obligé de faire aux seigneurs quelques concessions qui retardèrent, sans réussir à l'empêcher, le travail de la centralisation monarchique.

La raison économique n'est pas restée non plus étrangère à ce grand progrès de la liberté. Quand Beaumanoir dit que les seigneurs trouvaient avantage à reconnaître à leurs tenanciers des droits plus nombreux, il constate implicitement cette vérité, démontrée par les économistes, que le travail des hommes libres, à prendre les choses d'une manière absolue, vaut mieux que celui des esclaves[1]. Le quatorzième siècle en donne dans ses actes plus d'un remarquable témoignage. « Cil de mortemain, dit l'archevêque « de Besançon, Hugues de Vienne, dans une charte où il « affranchit ses serfs de la mainmorte, négligent de tra- « vailler en disant qu'il travaillent pour autruy, et pour « cette cause il gastent le lour, et ne leur chaut que leur « demouroit, et se il étoient certains que demouroit à leurs « prochains, ils le travailleroient et acquerroient de grand « cuer[2]. » Une autre charte de 1368, par laquelle Enguer-

---

« et le commandent à Dieu, et lui quittent et abandonnent tel droits et « tel actions comme il doit avoir sur leurs héritaiges, et se advouent par « monsieur le duc et conte de Bourgogne à cause de son châtel d'Or- « nans, onsemble leurs corps et leurs biens et comme bourgeois d'Or- « nans. » Les exemples de ce genre sont bien plus nombreux sur le domaine royal. — Pour le désaveu, voir le paragraphe suivant.

[1] Ad. Smith, *Wealth of nations*, liv. III, c. II.

[2] Cité par Perreciot, t. III, p. 251, n. 126. — Extrait de la charte d'affranchissement de la ville de Gy, en l'an 1347.

rand de Coucy affranchit les hommes de sa baronnie, en donne pour raison qu'ils la désertent, parce que la servitude y existe encore. Tout prouve donc que les avantages économiques des affranchissements étaient compris, vaguement au moins; car nous ne savons si l'on s'en rendait un compte exact, ce qu'il nous est à plus forte raison impossible de faire aujourd'hui. Quel intérêt n'y aurait-il pourtant pas à apprécier sous ce rapport tous leurs effets, et les mauvais comme les bons; à savoir, par exemple, si les mesures que les seigneurs ont dû prendre pour assurer le payement de leurs créances ne sont pas devenues plus rigoureuses, et n'ont pas aggravé à quelques égards la condition des tenanciers affranchis; si les cultivateurs n'ont pas été en mainte circonstance plus abandonnés à eux-mêmes et plus dénués de secours qu'autrefois? La liberté, de quelque manière qu'on l'envisage, a ses avantages et ses périls dont il serait curieux de refaire l'histoire, si la malheureuse imperfection des documents qui nous restent permettait de l'entreprendre avec quelque espoir de succès.

Mais la raison d'opinion me paraît avoir été la plus puissante de toutes celles qui ont déterminé cette grande révolution. Il vint un moment où les idées religieuses qui commandaient l'affranchissement, et qui n'avaient eu jusqu'alors qu'un empire très-partagé, prirent une irrésistible énergie, où l'abolition de la servitude fut réclamée aussi impérieusement par l'esprit public que l'a été de nos jours la suppression de la traite des noirs ou que l'est encore celle de l'esclavage aux colonies. Ce mouvement fut exclusivement religieux, comme l'étaient tous les mouvements de l'opinion au moyen âge. Le vœu du christianisme n'est exprimé nulle part d'une manière aussi formelle que dans la bulle célèbre d'Alexandre III. Mais il n'y a peut-être pas une seule charte d'affranchissement qui n'y fasse au moins allusion, et qui ne présente la servitude et les droits qui la constituaient comme des abus que la religion ordonnait de détruire [1].

Voilà quels motifs divers amenèrent aux treizième et quatorzième siècles ces affranchissements en masse, par l'effet desquels l'esclavage antique disparut, et la main-morte fut successivement restreinte à quelques provinces.

Mais quelle que fût la part de chacun d'eux à ce grand travail, l'unanimité des témoignages historiques en fait surtout honneur à l'esprit du christianisme. L'émancipation a été surtout prêchée, dirigée, par les papes Adrien IV et Alexandre III. Les gouvernements laïques n'ont fait que suivre l'exemple qui leur était donné par le gouvernement religieux, et obéir, comme ils obéissaient alors dans la plupart de leurs actes, et plus particulièrement de leurs réformes, à l'impulsion venue du Saint-Siége.

La liberté fut depuis lors dans les campagnes l'état le plus commun, en attendant qu'elle devînt l'état général; comme le dit M. Beugnot, il n'y eut plus en France que des serfs volontaires [2].

[1] Les allusions religieuses sont si ordinaires dans les actes de ce genre, que je puis me dispenser d'en citer des exemples et renvoyer au Recueil des ordonnances. Je ne rapporterai ici qu'une clause du testament d'Aymar Bérenger, seigneur de Pont en Royans, pour montrer combien on jugeait la conscience intéressée, non-seulement à la suppression, mais encore à la réparation des coutumes abusives. — « Item disposuit, voluit « et præcepit quòd bona et hæreditates hominum suorum decedentium « in futurum ex testamento vel ab intestato remaneant et liberè devol- « vantur ad illos quibus de jure competerent, non obstante usu *vel cor-* « *ruptelâ quæ hucusque duravit,* quam penitus vel exstirpari et de usur- « patis hucusque ex dictâ causâ satisfieri per suum hæredem infra scrip- « tum. » (Acte de l'an 1315.)

[2] Beugnot, Préface des *Olim,* t. III.

§ 2. Des adoucissements successifs qu'apporta la législation à la servitude
de mainmorte.

La législation et la jurisprudence coutumières eurent
pour premier mérite de donner à la condition des cultivateurs plus de fixité, d'assurer et souvent de réformer les
usages traditionnels de chaque pays, de dissiper enfin l'incertitude relative à l'état des choses ou des hommes. Elles
en eurent un second qui fut d'atténuer, quand elles ne les
détruisirent pas, les mauvais effets de la mainmorte.

Il faudrait une étude complète des coutumes et de leurs
commentaires pour réunir toutes les preuves de cette assertion. Comme ce n'est point ici un traité sur notre ancienne
jurisprudence, je n'en citerai qu'un petit nombre, mais de
concluantes, et qui feront comprendre l'esprit qui dirigeait
les législateurs et les jurisconsultes d'autrefois.

On sait que, d'après les lois romaines, l'enfant né dans le
mariage suivait la condition du père, et l'enfant né hors
du mariage, celle de la mère [1]. Quoique les coutumes va-
rient sur ce point, et que plusieurs restent fidèles à la tradition romaine, plusieurs d'entre elles empruntent cependant au droit canonique une disposition plus favorable à la
liberté ; elles reconnaissent à la femme libre qui épouse
un serf mainmortable la faculté de donner la liberté à ses
enfants. Saint Louis voulait déjà que si, dans une affaire
d'affranchissement, les jurés étaient partagés, le juge pro-
nonçât en faveur de la liberté [2]. Il décidait aussi que le mi-
neur poursuivi comme esclave demeurerait libre jusqu'à
sa majorité.

La coutume réformée de Bourgogne admettait les mainmortables à témoigner en justice, pourvu que ce ne fût ni

---

[1] Je parle ici des mariages légitimes, ou *justæ nuptiæ*, car les lois romaines admettaient des tempéraments pour les autres mariages.

[2] *Etablissements*, liv. II, c. **XXXVII**.

pour ni contre leurs seigneurs. La coutume du Nivernais les admettait au besoin à témoigner pour ou contre leurs seigneurs, hors quelques cas déterminés.

L'ancienne et la nouvelle coutume de Bourgogne donnent lieu à de curieux rapprochements. L'ancienne ne permettait au mainmortable d'acquérir que pour son seigneur; la nouvelle lui permit d'acquérir dans certains cas pour lui-même. L'ancienne lui défendait de vendre ou d'aliéner l'héritage de mainmorte; la nouvelle l'autorisa à le vendre aux hommes de la même seigneurie et de la même condition que lui, ou même à des étrangers, sauf, dans cette dernière circonstance, le droit de rachat que pouvait toujours exercer le seigneur. Elle autorisa également l'emprunt sur hypothèque et quelques autres contrats. Somme toute, les changements qu'elle apporta furent autant d'adoucissements à la rigueur primitive. La même sollicitude, favorable à la liberté, est facile à reconnaître dans les décisions des jurisconsultes touchant la validité des actes qui avaient des serfs ou plutôt des mainmortables pour auteurs [1].

Les coutumes réformées de Bourgogne et de Franche-Comté permirent de prescrire par dix ans le droit de poursuite; elles laissaient toutefois au seigneur la faculté de s'indemniser, en s'emparant de l'héritage du mainmortable qui avait quitté la seigneurie. Elles limitèrent aussi le droit de formariage, en mettant des conditions à son exercice, en le restreignant aux femmes seules, et en ne le laissant subsister que pour une partie de leurs biens, tandis qu'il s'exerçait auparavant sur le tout. Les femmes qui se formariaient n'eurent plus de droits à payer que pour leurs héritages propres.

Les mêmes coutumes admettaient qu'en plusieurs cas on devînt mainmortable par une espèce de convention,

---

[1] *Coutumes de Bourgogne,* du président Bouhier, *passim.*

telle qu'un séjour d'un an et jour sur un territoire de mainmorte [1]. En revanche, elles accordaient au mainmortable la faculté d'exercer un désaveu vis-à-vis de son seigneur. Il lui suffisait d'abandonner l'héritage de mainmorte, et de signifier le désaveu au seigneur, par le moyen d'un sergent autorisé par le bailli de la province [2]. Ce droit, accordé originairement à l'homme libre devenu mainmortable par convention, fut étendu, par la coutume réformée de Bourgogne, aux mainmortables qui l'étaient personnellement et d'origine, sauf toutefois le règlement de leurs intérêts et de ceux des seigneurs. Bien loin, d'ailleurs, d'appartenir à la Bourgogne seule, il s'étendit à une grande partie de la France. Il fut si général qu'il constitua aux yeux des jurisconsultes une analogie de plus entre l'héritage de mainmorte et le fief [3].

Dès que la mainmorte pouvait être désavouée ou rachetée, il était naturel que le seigneur qui abusait de ses droits pût en être privé par autorité de justice. C'est ce que soutenaient les jurisconsultes du dix-huitième siècle, et entre autres le président Bouhier [4]. Il semble que tout l'effort de la jurisprudence consistât alors à restreindre, à éluder, à faire même disparaître des usages qu'une nouvelle législation devait bientôt déclarer incompatibles avec ses principes.

[1] Art. 92 de la Coutume de Bourgogne. — « L'homme franc qui va de-
« meurer en lieu de mainmorte et tient feu et lieu par an et jour conti-
« nuellement, et paye en son chef au seigneur dudit lieu les devoirs
« tels que font les autres hommes dudit lieu, demeure, pour lui et sa
« postérité à naître, de la condition dudit lieu de mainmorte. » Mais le
seigneur pouvait l'expulser dans un délai fixé.

[2] V. plus haut la note 3 de la page 73. — Beaucoup de villes jouissaient de l'ancien privilége de conférer la franchise aux gens de mainmorte qui avaient résidé quelque temps dans leurs murs.

[3] Dans le Dauphiné et la Savoie, il n'était pas rare que des mainmortables fissent hommage à leurs seigneurs et leur prêtassent le serment de fidélité.

[4] Bouhier, c. LXV.

Au reste, la mainmorte ne subsistait plus à cette dernière époque que dans quelques provinces, dont les unes étaient des provinces reculées, qui ne furent réunies que tard à la couronne, comme la Bretagne, la Franche-Comté et la Lorraine; et les autres, placées au centre, étaient en général les plus pauvres de la France. Les coutumes de ces dernières étaient désignées sous le nom de coutumes serves, parce qu'elles admettaient précisément la servitude de mainmorte, ou qu'elles étaient moins favorables à sa libération. Telles étaient les coutumes de Meaux, de Troyes, de Chaumont en Bassigny, de Sens, de la Marche, du Bourbonnais, du Nivernais et de la Bourgogne.

Dans les autres provinces, l'abolition de la mainmorte datait de l'ordonnance de Louis le Hutin, ou d'ordonnances analogues rendues par les grands feudataires pour leurs domaines. Ainsi, dans le Dauphiné, l'abolition générale, qui avait été elle-même précédée par des affranchissements partiels, fut prononcée par Humbert II, lorsqu'il céda, en 1349, son fief patrimonial au roi de France [1]. Toutefois, les difficultés d'exécution ne permirent pas que ces actes fissent disparaître toute trace de servitude dans les pays auxquels ils furent appliqués. Deux siècles après la charte d'Humbert, un édit de Henri II renouvelait l'abolition de la mainmorte pour tous ses sujets de Dauphiné, de Bresse, de Savoie, de Bugey et de Valromey [2].

Les anciens auteurs qui ont parlé de la mainmorte ont cité presque tous un fait remarquable et que rapporte Dumoulin [3], c'est qu'en 1556, une nombreuse émigration de

---

[1] Art. 50 de la charte de 1349. — Chorier cite déjà (t. II) un exemple d'affranchissement des hommes du pays de corps, par Henri, évêque de Metz, gouverneur du Dauphiné, en 1325.

[2] Édit de novembre 1552. Un autre édit du même règne (sept. 1554) affranchit tous les mainmortables immédiats du domaine du roi dans la Bourgogne.

[3] *Commentaires sur la coutume de Paris*, § 3.

paysans normands ou picards se dirigea vers la Franche-Comté, alors soumise à l'Espagne, pour échapper aux tailles aggravées depuis François Ier, et préféra vivre dans un pays de mainmorte. Cela tendrait à prouver que la servitude de mainmorte, d'ailleurs fort adoucie au quatorzième siècle, n'était pas un épouvantail pour les populations rurales. Ce n'est pourtant là qu'un fait accidentel et sans véritable portée [1].

La mainmorte, avec le droit de poursuite qui y était attaché, n'a disparu complétement du sol de la France qu'au dernier siècle. Elle ne fut abolie dans la Lorraine qu'en 1771, moyennant un prix annuel de rachat [2]. Ce fut un édit de Necker, enregistré le 10 août 1779, qui en supprima les derniers vestiges dans les domaines royaux. Enfin, l'Assemblée constituante confirma, en 1790, à tout jamais, ce long travail d'affranchissement.

§ 3. Des communautés agricoles et de leurs effets sur l'affranchissement des populations.

C'est surtout dans l'histoire des communautés agricoles et dans les dispositions législatives qui les régirent, qu'il est facile de reconnaître la tendance de la législation et de la jurisprudence à combattre et à éluder les mauvais effets de la mainmorte.

La communauté juridique entre roturiers, soit main-

---

[1] Voltaire a composé pour les mainmortables de Saint-Claude plaidant contre leurs seigneurs les chanoines, un plaidoyer qui a eu un grand retentissement au dernier siècle, et auquel le nom de son auteur a laissé quelque célébrité. La cause que Voltaire défendait fut pourtant perdue et devait l'être. Car, si peu de faveur que méritât la mainmorte, il était impossible d'entasser plus d'erreurs sur son compte que n'en renfermait ce plaidoyer, rempli de maximes creuses et de plaisanteries de mauvais aloi.

[2] Moyennant le payement annuel d'un bichet de seigle, fait, par les paysans affranchis, à leurs anciens seigneurs.

mortables, soit tenanciers affranchis, était fréquente au
temps de Beaumanoir, qui la désigne du nom de Compagnie (*compani*, gens vivant du même pain). « Compa-
« gnie se fet par notre coutume par solement manoir en-
« sanlle, à un pain et à un pot un an et un jor, puis que
« li mueble de l'un et de l'autre sont mellé ensanle [1]. »
Elle se rencontrait alors indifféremment dans les villes
comme dans les campagnes, chez les bourgeois comme
chez les vilains ou les mainmortables.

Son existence paraît remonter à une époque antérieure;
on en trouve, en effet, de très-anciens exemples [2]. Peut-
être fut-elle l'état le plus ordinaire dans lequel vécurent primitivement les serfs ou les mainmortables qui dépendaient
d'un même seigneur. J'y verrais même volontiers le signe
d'une tenure collective qui a dû précéder les tenures indi-
viduelles, comme la propriété des familles a précédé presque
partout la propriété des individus isolés [3]. Le progrès de la
liberté était nécessaire pour multiplier les tenures indivi
duelles. Aussi, quoiqu'on rencontre au moyen âge des communautés, des compagnies, parmi les hommes libres [4], le
nombre en a-t-il été plus considérable parmi les populations
encore asservies; c'est dans les pays de coutumes serves
qu'elles ont duré le plus longtemps. La célèbre association
des Jault dans le Morvan existait encore au temps de la
Révolution. L'Auvergne, le Bourbonnais, le Nivernais, le
Berry, la Marche et les autres provinces du centre en avaient

[1] Beaumanoir, t. Ier, p. 305.

[2] Voir les preuves de l'*Histoire de Nîmes*, t. Ier, p. 17, un plaid tenu
par l'évêque de Nîmes, en 920.

[3] Il y avait quelque chose d'analogue dans la tenure en parage chez
les familles nobles.

[4] Il existait des associations de ce genre, au douzième siècle, entre les
vavasseurs qui pourtant étaient libres dès cette époque. Dans chacune de
ces associations, un seul membre, qui portait à cause de cela le titre
d'aîné, était en relation avec le seigneur. —Delisle, chap. II, p. 33.

aussi, qui ont disparu, de nos jours, avec les débris des anciennes institutions. Et pourtant on pourrait encore signaler nombre d'usages qui se sont conservés jusqu'à nous et dont il faut leur attribuer l'origine.

Il existait aux quinzième et seizième siècles, dans quelques villages, de vastes bâtiments où vivaient en commun plusieurs familles associées pour une exploitation commune [1].

Ces sociétés étaient avantageuses tout à la fois aux seigneurs et aux paysans. Les premiers aimaient mieux faire des concessions de terres à des associations qu'à des individus, parce qu'ils avaient recours contre l'association entière pour le payement de leurs redevances. Ils y cherchaient donc une garantie contre l'insolvabilité et la misère, malheureusement trop ordinaire, de leurs tenanciers. D'un autre côté, les parsonniers (on appelait ainsi les membres de ces communautés) y trouvaient, quand ils étaient mainmortables, l'avantage de s'assurer, indirectement au moins, des droits de successibilité que les coutumes leur refusaient autrement [2].

En effet, les mainmortables qui vivaient en commun pouvaient tester et se succéder les uns aux autres. Les an-

[1] Le témoignage le plus remarquable de ce fait est tiré du *Journal des États généraux* de 1484, par Masselin. — « Et optimè quidem novistis « passim apud eos sic familias compositas ut in iisdem laribus eodemque « tecto simul morentur parentes, et cum uxoribus filii, filiæ quoque cum « maritis et totâ liberorum propagine, in eâdemque mensâ communibus- « que bonis, saltem specie tenus victitant, ubi non infrequenter reperire « licet magnum aliquem patremfamilias quatuor vel plures filios et nu- « rus, totidem filias et generos, et plerumquè etiam socrus et nepotes « unâ commorari. Et nominatim ego ipse apud Chuc. Cadomensis bail- « livatûs vicum, domum unam ita institutam vidi, ut essent illic decem « matrimonia et septuaginta animæ. »

[2] M. Troplong, *Commentaire sur le contrat de société*. Cette opinion est du reste appuyée sur divers articles des Coutumes de la Marche, de la Bourgogne, du Nivernais, du Bourbonnais, de l'Auvergne, de Vitry, de Troyes, de Chaumont en Bassigny, etc.

ciens jurisconsultes, Coquille, Loisel, assignaient deux
raisons à cet usage : l'une politique et économique, qui
était d'engager les parsonniers à vivre ensemble pour
exercer ensemble le ménage des champs; et l'autre juridique, qui consistait à reconnaître un droit d'accroissement aux parsonniers survivants, parce que les biens de la
communauté étaient possédés solidairement. Sans contester
la valeur de ces raisons, il faut reconnaître qu'il y en avait
une plus forte, plus générale, qui était précisément la nécessité de garantir la propriété des mainmortables, et de
développer chez eux l'esprit de famille, quand les institutions du temps y apportaient des entraves. Ce fut surtout
dans ce but que la législation favorisa les communautés.
Elle y vit un moyen de remédier aux abus de la mainmorte, ou, plutôt, elle supprima la mainmorte dans un cas
donné, en présentant une compensation aux seigneurs.

On ne peut nier que l'esprit de famille n'ait été déve-
loppé chez les tenanciers par l'indivisibilité des tenures
collectives et héréditaires, comme il l'a été chez les propriétaires nobles par celle des seigneuries. On doit même
remarquer que la plupart des coutumes, et les coutumes
serves surtout, ont pris à tâche de favoriser la communauté de biens sous toutes les formes entre les membres
d'une même famille, que cette communauté fût spéciale
ou générale, restreinte ou étendue, soumise à un plus ou
moins grand nombre de chances de dissolution. La coutume du Nivernais, par exemple, traçait les mêmes règles
pour la communauté entre frères et la communauté entre
époux [1].

Telle est, à mon sens, indépendamment de toute autre
explication, la raison principale, et tel est le véritable caractère de l'institution des compagnies.

---

[1] M. Laboulaye, *Du droit de succession des femmes*, p. 336.

Voici maintenant comment elles étaient organisées. Chacune d'elles exploitait une terre en commun. Les hommes nommaient eux-mêmes leurs maîtres ou monistres, les femmes choisissaient leurs maîtresses, puis maîtres et maîtresses distribuaient les travaux, et faisaient le partage des bénéfices. Le maître tenait à table la première place, et administrait les affaires de la compagnie. « Le maître, dit Coquille, va aux affaires qui se présentent « ès villes ou ès foires et ailleurs, a pouvoir d'obliger ses « parsonniers en choses mobilières qui concernent le fait « de la communauté, et lui seul est nommé ès rôles des « tailles et autres subsides [1]. » Les communautés étaient comme des sociétés universelles de gains; les profits des biens et du travail commun formaient une masse qui appartenait à l'association; d'ailleurs, les associés étaient libres de ne pas mettre au nombre de ces biens communs ceux dont ils acquéraient la propriété personnelle à titre lucratif [2].

En général, la communauté était réputée exister entre les paysans qui avaient le même domicile et mangeaient le même pain. Elle était dissoute quand ils avaient fait entre eux un partage par effet. « J'entends, dit Coquille, « partage par effet, quand ils tiennent chacun ménage « à part, et ont leur pain et leur sel à part, par an et « jour [3]. »

La communauté se perpétuait toute seule, par la subrogation des nouveaux entrants qui avait lieu de soi, sans aucunes déclarations ou conventions particulières, comme dans les communautés des villes et des chapitres. Un certain nombre de coutumes allaient plus loin, et reconnaissaient

---

[1] Coquille, *Questions et réponses*, 58.

[2] M. Troplong, *Commentaire sur le contrat de société*, d'après Dunod.

[3] Cf. Loisel, *Institutes coutumières*. — « Le chanteau part le vilain. » Ou encore : « Le feu, le sel et le pain partent l'homme mortemain. »

des communautés *taisibles*, c'est-à-dire, qui s'établissaient toutes seules, *ipso facto*, faute d'inventaire, et se continuaient ainsi entre les survivants et les héritiers de leurs fondateurs, jusqu'à ce qu'il y eût inventaire ou partage effectif.

Tant que les parsonniers habitaient ensemble, ils étaient tenus solidairement au payement du cens et des rentes seigneuriales. L'usage ancien paraît avoir été que le départ d'un seul membre, retirant la portion qui lui était afférente, détruisît la communauté avec tous ses effets favorables ou défavorables, et par conséquent rétablît l'exercice de la mainmorte [1]. Mais comme cet usage semblait trop rigoureux, il fut réglé qu'un parsonnier ne pourrait abandonner la communauté qu'en la faisant dissoudre par un partage. La nouvelle règle ne tarda pas à être jugée aussi trop rigoureuse, et admit à son tour plusieurs tempéraments. D'après la coutume de Troyes, il suffit de la présence d'un seul enfant restant dans la communauté pour empêcher le seigneur d'exercer la mainmorte sur la succession de son père, et pour conserver à ses frères et sœurs sortis de la communauté le droit de concourir avec lui à cette succession [2].

Les coutumes étaient naturellement divisées sur ces questions et sur d'autres qui s'y rattachaient. C'est ici le lieu d'observer, avec M. Troplong, que les rigueurs légales de l'état de communauté, après avoir été favorisées dans le principe comme moyen d'adoucir la mainmorte, furent ensuite adoucies elles-mêmes par les jurisconsultes, qui admirent de préférence les décisions les plus favorables à la liberté des personnes et à l'équité naturelle.

[1] « Un parti, tout est parti. » Loisel, *Inst. coutumières*.

[2] « S'il y a plusieurs enfants mariés ou à marier hors de leur *celle*, un « seul enfant étant en celle rescout la mainmorte pour tous les autres « qui sont hors de celle, et y ont pareil droit que lui. » *Coutumes de Troyes*, art. 5. — *Celle* est synonyme de *compagnie, communauté*.

Ainsi, plusieurs coutumes reconnurent que les enfants des parsonniers ne faisaient pas, de plein droit, partie de la communauté de leurs parents, et les déclarèrent indépendants dès qu'ils étaient sortis de *vourie*, c'est-à-dire dès qu'ils étaient échappés à l'action de la puissance paternelle par la majorité, le mariage ou un établissement séparé[1].

Ce fut de la même manière que le mariage par échange s'établit, là où les tenanciers étaient de la même servitude, c'est-à-dire soumis aux mêmes obligations et au même maître. Un mariage par échange était un mariage double, contracté réciproquement entre deux hommes et deux femmes de communautés différentes. Il y avait alors un véritable échange des femmes qui se trouvaient comme subrogées l'une à l'autre, chacune d'elles tenant dans la communauté de son mari la place qu'elle aurait tenue dans la sienne propre.

Enfin, les règles de succession auxquelles étaient soumis les roturiers libres furent étendues par la réformation des coutumes aux mainmortables d'une même communauté.

Après cet exposé succinct de l'organisation de ces associations agricoles, de leur origine, de leurs caractères et des modifications légales qu'elles subirent, on doit se demander quels avantages et quels inconvénients elles présentaient. On vient de voir quelle avait été leur raison d'être ; il reste à les juger en elles-mêmes, question aussi pleine de difficulté que d'intérêt. Est-il vrai qu'au dix-huitième siècle, comme on l'a prétendu, les pays où elles existaient encore fussent ceux où la condition des paysans semblait la meilleure? Il est permis d'en douter quand on songe que ces pays étaient ceux de la France centrale, les moins industrieux et les plus pauvres aujour-

[1] Exemple : Vitry et Châlons.

d'hui. N'oublions pas non plus que le système des communautés, premier adoucissement de la servitude de mainmorte, ne fut jamais qu'un acheminement à la liberté. Aussi avait-il déjà disparu, ou était-il en voie de tout à fait disparaître, à l'époque de la promulgation du Code civil. On comprend que si ce système avait présenté des avantages à la population des campagnes, quand elle était voisine encore de la servitude, l'amélioration générale et successive de son sort devait, plus tard, les lui rendre moins sensibles et moins nécessaires.

Alors on ne manqua pas de trouver aux communautés de grands défauts. Elles avaient le tort de faire naître une foule de difficultés juridiques. La situation des enfants, la nature des obligations que les maîtres contractaient, et bien d'autres sujets encore, étaient pour les jurisconsultes un inextricable labyrinthe [1]. Elles multipliaient outre mesure les chances de procès, en compliquant les relations des tenanciers avec les seigneurs.

Mais c'est surtout au point de vue économique qu'elles avaient de mauvais effets incontestables. Un rapport adressé à l'assemblée provinciale du Berry, de 1783, expose ces mauvais effets d'une manière curieuse et avec beaucoup d'apparence de vérité.

Le rapporteur se plaignait principalement de la disposition des associés à se tromper les uns les autres et à travailler chacun pour son compte, au détriment de la communauté. « On voit, disait-il, un des associés acheter pour « son compte, et placer du bétail, pendant que le maître « de la communauté n'a pas d'argent pour remplacer un « bœuf mort ou estropié. » Les communiers avaient de l'argent, mais « à l'insu les uns des autres. Aucun des « communs, ajoute le rapporteur, ne met en évidence « les profits particuliers qu'il fait, aucun n'achète d'im-

[1] Coquille, *Questions et réponses*, passim.

« meubles, et où ils ont des ruches et des bêtes à laine,
« il suffit qu'ils voient les affaires communes dans le
« délabrement pour qu'ils cachent leurs effets mobiliers.
« Le propriétaire cependant n'exerce de contrainte per-
« sonnelle que contre le maître ; et quand il y aurait dans
« la bourse des communs deux fois plus d'argent qu'il
« n'en faudrait pour le payer, aucun n'en aiderait le maî-
« tre, et lui-même ne s'aiderait pas de sa bourse particu-
« lière, quand elle serait suffisante pour l'acquitter, parce
« qu'il serait bien sûr de n'être pas indemnisé par ses
« communs. L'action du propriétaire ne s'éteint cependant
« qu'au bout d'un long temps contre le maître et ses com-
« muns. Ainsi ce sont plusieurs personnes qui, pendant
« tout ce temps, cachent ce qu'elles peuvent avoir, n'a-
« chètent aucuns fonds et prennent l'habitude de ne rien
« posséder. »

Chacun voulant profiter des avantages offerts par ces
associations, sans prendre sa part des charges qu'elles imposaient, « avec beaucoup de bras, il se faisait très-peu
d'ouvrage », comme dit toujours le même rapport. Mais
ce vice fondamental n'était pas le seul, et il s'y en joignait
d'autres. Le maître d'une communauté administrait et ne
travaillait pas ; il ne produisait donc rien et n'en consommait pas moins. Les autres parsonniers, n'ayant ni calcul
à faire, ni combinaison d'intérêt, restaient plongés dans
le plus complet abrutissement.

Faut-il ajouter que les communautés étaient mauvaises
au point de vue sanitaire, que l'agglomération de plusieurs
familles dans une même habitation les exposait davantage
aux épidémies et aux maladies de tout genre ; qu'il en
était de même au point de vue moral, que ce système dis-
pensait de la prévoyance, introduisait l'usage des mariages
prématurés, anéantissait l'autorité paternelle et favorisait
l'indiscipline domestique?

Aussi l'assemblée du Berry demanda-t-elle , en fin de compte, à Louis XVI la suppression de toutes les communautés taisibles et de fortes limitations pour les autres,

Quelques réserves que l'on fasse contre ce rapport et ses conclusions, les observations qu'il renferme n'en sont pas moins d'un vif intérêt. Elles peuvent nous édifier sur le caractère et la valeur absolue des associations agricoles d'autrefois. Elles nous font aussi comprendre comment et pourquoi ces associations ont disparu, malgré quelques avantages dont les uns étaient éphémères et tenaient simplement à l'existence de la mainmorte , et les autres, tels que l'esprit de famille, de solidarité, d'assistance, et le culte des traditions, avaient , ce semble, dans la réalité, beaucoup moins de force que nous ne sommes disposés à leur en attribuer aujourd'hui.

CHAPITRE IV.

DE LA CONDITION TERRITORIALE DES POPULATIONS AGRICOLES DEPUIS
LE TREIZIÈME SIÈCLE. DES DIFFÉRENTS MODES DE TENURES ET DE
BAUX.

L'histoire des populations agricoles doit renfermer, après
le tableau de leur condition personnelle, celui de leur condition territoriale. Mais, comme les cultivateurs propriétaires ont été longtemps une exception, et que leur nombre ne
s'est accru sensiblement que durant les deux derniers siècles,
comme, en outre, avant de devenir propriétaires, ils ont
passé en général par l'état de tenanciers, j'examinerai d'a-
bord ce que furent les tenures roturières ou les censives.
La première section de ce chapitre sera consacrée à cet
examen. La seconde comprendra l'histoire des différents
modes de contrats ou de baux que les paysans faisaient
avec les propriétaires. L'étude de la propriété et des lois
qui la régirent fera l'objet du chapitre suivant.

SECTION I. — Des tenures roturières ou censives.

L'origine des censives a été exposée déjà dans le chapitre premier. J'ai montré que la plupart des propriétés
rurales avaient été anciennement divisées en deux parties,
le domaine cultivé par le propriétaire lui-même ou par
ses domestiques, et les tenures ou concessions, parmi lesquelles on distinguait les tenures bénéficiaires, appelées
ensuite féodales, et les censives.

Ces tenures étaient, pour leurs détenteurs, comme des propriétés conditionnelles dont ils jouissaient moyennant certaines obligations contractées envers les auteurs des concessions. Parmi ces obligations, il y en avait de communes aux fiefs et aux censives, telles que le payement de droits de mutation, et d'autres particulières à chacune de ces deux catégories, le service militaire, par exemple, et le cens, qui étaient les marques distinctives de l'une et de l'autre.

Le travail du temps a consisté à dégager ces tenures des conditions auxquelles elles étaient soumises, à les libérer successivement des charges différentes qui pesaient sur elles, enfin à les transformer de propriétés conditionnelles en propriétés absolues. Les clauses qui n'étaient pas de l'essence même du contrat, ou qui pouvaient gêner le développement économique de l'industrie rurale, disparurent les premières; puis les clauses essentielles finirent à leur tour par s'altérer et par être abandonnées.

Ce point de vue, le seul qui puisse faire comprendre aujourd'hui la nature et l'histoire des concessions territoriales du moyen âge, était déjà celui de Dumoulin, le plus clairvoyant de nos anciens jurisconsultes. Mais Dumoulin ne s'y plaçait que dans un but juridique, pour simplifier ou trancher les mille questions que faisait naître cette propriété imparfaite, pour la soumettre plus aisément à des règles générales, pour favoriser aussi la transmission de biens placés hors du commerce; ce n'était pour lui qu'un principe de législation. Ce doit être pour nous quelque chose de plus, l'expression d'un des faits politiques et économiques les plus considérables de notre histoire [1].

[1] Voici une définition du fief, empruntée littéralement au *Commentaire sur la coutume de Paris.* — Epitome tituli primi. — « Feuda esse patrimo-
« nalia et patrimoniorum seu alaudiorum jure censeri, hoc est in plenâ

Les fiefs et les censives devinrent donc, à la longue, de véritables propriétés, soumises à des servitudes qui furent les droits seigneuriaux ou féodaux.

Après avoir montré plus haut les grandes analogies qui existaient entre les tenures nobles et roturières, j'ai constaté aussi les différences essentielles qui les séparaient. Le fief était assimilé à la propriété noble et ne pouvait passer entre les mains d'un roturier, à moins d'un anoblissement; or, les anoblissements ne devinrent fréquents qu'à partir du seizième siècle. Les services qui grevaient le fief, quoiqu'ils fussent une conséquence de la concession, exerçaient peu d'influence sur l'exploitation et sur la culture. La censive était, au contraire, terre roturière, et presque l'unique propriété des roturiers[1]. Son acquisition fit longtemps déroger à la noblesse. Le cens et les redevances dont elle était grevée exerçaient l'action la plus manifeste sur le système d'exploitation.

Comme il est nécessaire de séparer l'étude de tenures aussi différentes, et que ce chapitre est plus particulièrement consacré aux paysans, aux cultivateurs, je ne m'occuperai ici que de la tenure roturière, et je reporterai au chapitre suivant ce que j'ai à dire des fiefs.

Le contrat, sinon le nom d'emphytéose, est d'origine romaine. Le fisc ou l'Etat s'emparait des terres désertes, les affranchissait par là des charges qui auraient pesé sur

« et liberâ facultate et dispositione clientum... Ita quod in omnibus
« secundùm jus commune vel locale regulantur et disponuntur sicut
« bona reliqui patrimonii, exceptis tantùm conditionibus vel oneribus
« appositis ex pacto, vel tenore investituræ, aut consuetudine vel statuto
« speciali loci. » Dumoulin regarde le fief comme une propriété pour le vassal, à la différence des feudistes, ses devanciers. Ceux qui le suivirent, tels que Chantereau, Hévin, Hervé, attribuèrent aussi au vassal la propriété du fief et assimilèrent la directe à une simple servitude qui la limitait. Ainsi la révolution dont je parle était à peu près accomplie. — Cf. Championnière, *Exposé des Institutions seigneuriales*, nos 79-82.

[1] Voir au chapitre suivant pour le franc-alleu roturier.

elles, si elles avaient appartenu à des particuliers, et en
tirait ensuite parti en les cédant, pour une longue durée,
à des emphytéotes qui lui payaient un cens annuel, d'ailleurs modique. Ce genre de contrat était favorable aux
améliorations, parce que le détenteur qui améliorait le
fonds profitait de l'accroissement du revenu et ne payait
jamais que le même cens. Comme il y eut longtemps une
grande quantité de terres incultes ou mal cultivées et susceptibles d'améliorations, comme, après la chute de l'empire romain, le fisc des rois ou des chefs barbares et celui
des églises ou des abbayes eurent intérêt à utiliser ainsi
de vastes propriétés territoriales qui n'auraient été autrement d'aucun rapport, on comprend que l'emphytéose ait
reçu une grande extension.

Elle s'est modifiée, il est vrai, avec le temps et avec les
circonstances politiques. Le moyen âge l'a principalement
connue sous la forme du contrat de cens, ou bail à cens,
acensement. Les jurisconsultes ont longuement discuté la
question de savoir si l'emphytéose simple avait continué
d'être alors en usage comme sous les Romains; ils se sont
aussi préoccupés de déterminer les différences juridiques
qui peuvent distinguer les deux contrats[1]. C'est aux auteurs qui écrivent sur l'histoire du droit qu'il appartient
d'éclaircir ces questions obscures. Bornons-nous à rappeler ici celles de ces différences qui montrent le mieux com-

[1] Les anciens auteurs ont sans cesse confondu le contrat d'emphytéose
simple, *emphyteusis*, celui d'emphytéose perpétuelle, *contractus perpetuarius*, et l'acensement ou bail à cens, *contractus censualis*. Quand ils
les ont distingués, ils n'ont guère réussi à signaler entre eux que des
différences juridiques subtiles et sans importance (Dumoulin, *Commentaire sur la coutume de Paris;* Salvaing, *Usage des fiefs.*) Je ne verrais
dans cet embarras qu'une preuve de plus de l'identité qu'ont au fond
tous ces contrats. Leur désignation par des noms divers, réservés spécialement à chacune de leurs formes et de leurs époques, ne remonte
guère plus haut que la renaissance.

Ajoutons que l'abus des mots a été porté très-loin au seizième siècle

ment, dans le bail à cens, forme nouvelle de l'emphytéose, les droits de la propriété furent successivement, et d'une manière plus complète, attribuées au preneur.

Un premier exemple est relatif à la déchéance du preneur. Cette déchéance, au temps des Romains, était de droit, quand le preneur était resté trois ans sans payer de cens; deux ans de non-payement suffisaient même pour la lui faire encourir, si l'emphytéose avait été constituée par une église. Au moyen âge, cette rigueur primitive s'adoucit. La déchéance cessa d'avoir lieu de plein droit; elle devint l'exception au lieu de la règle, et l'opinion commune des jurisconsultes du seizième siècle attribua aux juges seuls le pouvoir de la prononcer [1]. La jurisprudence ne cessa pas non plus de restreindre les motifs d'expulsion du preneur, motifs de plus en plus controversés. Ainsi, le droit de l'emphytéote ou du censitaire, sur le fonds qu'il cultivait, acquit successivement une plus grande étendue.

Un fait plus convaincant est l'attribution faite au preneur, par les feudistes, de la plupart des droits constitutifs de la propriété; ils lui donnent la libre disposition du fonds emphytéotique, de quelque manière que ce soit [2].

---

et au dix-septième, dans la science surtout; qu'il y était une perpétuelle source d'erreurs, et que l'habitude, alors invétérée chez la plupart des jurisconsultes, de transporter les termes du droit romain dans l'étude du moyen âge, a mêlé beaucoup d'ombres aux lumières qu'ils ont répandues sur certaines questions.

[1] M. Troplong, *Préface du contrat de louage.*—Dumoulin, *Commentaire;* voir ce qu'il dit du *Contractus perpetuarius.* M. Pepin Leballeur, *Histoire de l'emphytéose,* 4ᵉ partie, § 3 et § 10.

[2] Dumoulin affirme « quòd bona emphyteutica, recepta pro se et liberis, « postquam per antiqua pacta possunt vendi, relinqui et ab intestato deferri, verè et propriè possunt dici patrimonialia, sicut quæcunque alia, « et veniunt in petitione hæreditatis. »

Censius, auteur d'un traité *De censibus,* Turin, 1621, définit le *contractus censualis,* « cùm quis tradit rem suam alicui, transferendo in acci-

L'exemple est même d'autant plus frappant que le preneur d'une tenure féodale, le vassal noble, ne jouissait pas du même avantage. Tandis que l'emphytéote romain n'avait pu changer l'état des choses, qu'à la condition de ne pas les détériorer; le preneur à cens du moyen âge eut une liberté d'action illimitée, ou du moins soumise à une seule condition, celle de ne pas mettre le fonds hors d'état de fournir le cens[1]. La directe du bailleur, ainsi réduite au cens, fut très-amoindrie.

Elle finit par ne comprendre, outre le cens, que l'exercice de quelques droits particuliers, et le plus souvent, de simples prérogatives honorifiques et seigneuriales.

Parmi les droits particuliers, d'ailleurs peu importants, dont jouissait le bailleur, étaient ceux de lods et ventes, de prélation et de retrait.

Le premier, droit de lods, ou *laudemium*, était un prix d'investiture payé en argent au bailleur, à l'origine du contrat et à chaque mutation de l'emphytéote par succession ou autrement; on sait d'ailleurs que les tenures féodales payaient au seigneur direct, dans les mêmes cas, un droit de relief tout à fait analogue.

Le droit de prélation, qui s'appliquait aussi aux tenures féodales, consistait dans la faculté attribuée au bailleur d'être préféré à tout autre acheteur, quand l'emphytéote vendait son fonds, ou plutôt de racheter au prix coûtant,

---

« pientem omne jus quod ipse tradens habet, nullo jure sibi reservato, « præterquam recipiendi annuum censum. »

Le fonds emphytéotique ou la censive pouvait passer en succession, ou être légué, même aux femmes, à la différence du fief. — Julius Clarus Alexandrinus, *Tractatus de censibus*, 1575. — Cf. Laboulaye, *Histoire du droit de succession des femmes*.

[1] Pepin Lehalleur, 4ᵉ partie, § 3. — Dans quelques provinces, dans le Dauphiné par exemple, les droits du seigneur direct étaient plus nombreux. Il pouvait surveiller certaines parties de l'exploitation, comme la coupe des bois, probablement afin d'assurer le payement régulier du cens.

en toute circonstance, le fonds que l'emphytéote avait vendu.

Le retrait était la faculté dont jouissait le bailleur d'annuler l'aliénation du fonds emphytéotique, faite sans son autorisation, mais seulement lorsque le preneur était mainmortable .

Les jurisconsultes font ordinairement remonter l'origine de ces droits aux lois romaines. Si cela est, le moyen âge ne changea pas moins leur caractère ; il leur donna un caractère politique, et les transforma en droits seigneuriaux. Le *laudemium*, de simple redevance ajoutée au cens, devint impôt sur les mutations, payé au chef politique de la seigneurie. Le droit de prélation servit, de son côté, à empêcher le démembrement de la seigneurie. Les obligations du preneur à cens allèrent donc en diminuant pour tout ce qui n'était pas d'ordre public. Le cens lui-même devint généralement modique dans les temps les plus rapprochés de nous, lorsqu'il cessa d'être regardé comme le prix d'une ancienne concession, et qu'on n'y vit plus que le signe de la sujétion du censitaire au seigneur [2].

Je ne parle ici que pour mémoire des droits seigneuriaux, non plus que des prérogatives honorifiques attachées à la qualité des seigneurs, et considérées comme faisant partie de la puissance publique dont ils étaient investis. Ces droits n'appartenaient d'ailleurs qu'aux nobles, et nullement aux roturiers qui constituaient des censives [3].

Il serait encore aisé de donner d'autres preuves de la tendance de la législation à libérer les censives.

Ainsi, la faculté fut accordée à l'emphytéote ou au preneur à cens de prescrire la propriété absolue contre son seigneur direct par cent ans dans le Dauphiné, par trente

---

[1] Pepin Leballeur, 3ᵉ partie, § 9.

[2] Les redevances et les services des preneurs à cens étaient analogues à ceux que j'énumère au chapitre VI, *Des droits seigneuriaux*.

[3] Salvaing, *Usage des fiefs*.

ans dans le Bourbonnais, l'Auvergne et la Marche [1].

Comme l'emphytéote, à l'expiration de son bail, n'avait point de droit absolu pour le renouveler, il en résultait que sa situation était moins bonne à cet égard que celle du serf attaché inséparablement à la terre qu'il cultivait. La jurisprudence admit donc, comme règle ordinaire, que si le bailleur reconstituait une nouvelle emphytéose, il devait préférer le preneur sortant à tout autre. Elle donna par là aux censives une garantie de leur perpétuité et de leur hérédité.

La tenure en censive dut être généralement celle des hommes libres qui n'étaient pas nobles, et qui se trouvaient exclus de la possession des fiefs. Quant aux propriétés complètes ou franc-alleus, rares hors de quelques provinces, il n'y en avait qu'un fort petit nombre qui fût entre des mains roturières. Il a donc existé un rapport nécessaire entre le progrès de la tenure en censive et celui de la liberté individuelle au sein de la population des campagnes.

Ce genre de contrat était celui qui offrait au preneur le plus d'avantages, car il l'assimilait au propriétaire, et l'affranchissait vis-à-vis du bailleur de la plupart des obligations auxquelles d'autres contrats l'auraient soumis. On a prétendu, avec raison, que la facilité des acensements avait été une des causes de la rareté des baux à ferme à longue échéance jusque dans une époque relativement récente.

J'ajouterai même que la tenure censive des roturiers pouvait être plus avantageuse que la tenure féodale des nobles. L'obligation de payer un cens et de se soumettre à quelques redevances ou services, souvent de peu d'importance, pouvait être moins onéreuse que le service militaire avec les autres obligations imposées aux fiefs.

C'est sur des censives et principalement sur celles qu'a-

[1] V. les coutumes de ces provinces et le chapitre VI.

vaient constituées des églises que paraissent avoir été entrepris, au moyen âge, la plupart des travaux d'amélioration du sol, tels qu'assainissements et défrichements ; et c'est à la faveur de ce genre de contrat que les landes désertes, *eremi*, ont en grande partie disparu [1].

Le cens ou la rente annuelle se payait en argent ou en fruits, et, dans ce dernier cas, il était rare qu'il s'élevât au delà du tiers ou même du quart des fruits [2]. Un certain nombre de questions soulevées au sujet de sa quotité et de son payement, comme celle de savoir si le cens était divisible ou indivisible, portable ou requérable, etc..., étaient résolues différemment par les coutumes [3].

Quand le cens était constitué par un vassal, au lieu de l'être par un suzerain, sa constitution était soumise à quelques autres conditions, et entre autres au consentement du suzerain. Des conditions analogues existaient encore pour celui qui était constitué par un emphytéote ou un censitaire, à moins que cet emphytéote ou ce censitaire n'eût, par son contrat primitif, le droit de constituer lui-même un nouveau cens sans autorisation [4].

---

[1] Quelquefois la terre était donnée avec un capital d'exploitation. Le seigneur percevait alors le cens comme loyer de la première et intérêt du second.

[2] Quand le cens était payable en fruits, on lui donnait souvent le nom de *champart*, terme d'ailleurs impropre et qu'on employait plus ordinairement dans un autre sens.

[3] Le cens territorial dont il s'agit ici ne doit pas être confondu avec le cens personnel que les mainmortables et souvent même les hommes libres d'une seigneurie payaient au seigneur. Ce cens personnel se confondait souvent à son tour avec la taille. (V. le chap. vi.)

Je renvoie à Loisel, *Institutes*, liv. IV, tit. II, pour l'examen des diverses questions juridiques qui concernent le cens. J'ajouterai seulement que le chef-cens était distingué du cens. Le chef-cens était une sorte de symbole signifiant que la propriété directe du fonds demeurait au bailleur. C'est pour cela que *census capitalis* et *fundus terræ* sont des expressions synonymes chez quelques auteurs.

[4] Ces contrats sont appelés par les anciens auteurs des noms particu-

La censive a porté en France beaucoup de noms différents, les uns généraux, comme celui de villenage, *villenagium*, *villanum feodum*, propriété ou tenure des vilains[1]; les autres locaux, comme ceux de *pagesia*[2], bourdelage, borde, vicairerie dans le Poitou, albergement dans le Dauphiné, etc... Au reste, les conditions des censives variaient beaucoup, et donnaient naissance à des usages ou même à des contrats particuliers, suivant les provinces ; le bail à complant, appliqué dans une partie de la France à la culture de la vigne, était un de ces contrats. Le bail à bourdelage, usité dans le Bourbonnais et le Nivernais, était une sorte d'emphytéose concédée au maître d'une communauté, et que cette communauté exploitait par indivis[3].

Si j'ai bien exposé la révolution qui transforma l'emphytéose en acensement, et assimila peu à peu le preneur à cens à un propriétaire, il est naturel d'en conclure que l'acensement a dû se transformer à son tour, et se rapprocher davantage de la propriété avec le temps. En effet, la constitution de cens fait souvent place, dans l'époque voisine de la nôtre, à la constitution d'une simple rente foncière, en dehors de laquelle le preneur ne doit rien et n'est

---

liers de *contractus libellarius*, *emphyteusis subalternata*. Dumoulin donne du *contractus libellarius* une autre définition, mais reconnaît lui-même la confusion dans laquelle sont tombés tous les auteurs qui ont fait l'histoire de ces contrats. V. aussi M. Pepin Lehalleur, *Histoire de l'emphytéose*, 3e partie.

[1] La propriété ou tenure des bourgeois des villes s'appelait de la même manière *bourgage*. *Villenage* désigne particulièrement les censives appartenant à des vilains. Mais les vilains n'étaient pas les seuls qui pussent en être détenteurs. Les bourgeois, les clercs, les mainmortables, avaient la même faculté : seulement ces derniers restaient soumis aux obligations spéciales de la mainmorte.

[2] Ou *tenementum pagensium*, terme employé dans les actes du treizième siècle de Brives, de Saint-Flour et de Rodez. Quelquefois il désigne une tenure collective. Ducange.

[3] Coquille, *Comment. sur la coutume du Nivernais*. Pepin Lehalleur, 4e partie, § 4.

soumis à aucune obligation. C'est, si l'on veut, un contrat nouveau, mais qui dérive de l'ancien, et qui marque un nouveau progrès de la libération du tenancier. Autrefois, tout cens constitué par un seigneur avait un caractère féodal, était comme tel privilégié, et soumettait le censitaire à des obligations dérivées de la seigneurie. La rente foncière, au contraire, n'avait de caractère féodal que quand on lui en donnait un ; dans les cas ordinaires, elle n'en avait pas, et le preneur de l'héritage arrenté n'était tenu que du payement de la rente. En d'autres termes, il n'y eut plus de directe pour le bailleur, il n'y eut qu'une créance [1]. On ne peut assigner l'époque précise où cette distinction s'est faite, mais il était tout à fait naturel qu'elle se fît.

La constitution de rente eut ceci de particulier qu'elle ne signala pas seulement un progrès nouveau de la libération des tenanciers, mais encore l'extension d'un système indirect de crédit agricole. Le propriétaire qui avait besoin d'argent empruntait une somme, pour l'intérêt de laquelle il arrentait, ou même il acensait une terre libre. L'arrentement ou l'acensement faisaient alors pour lui l'effet d'une hypothèque constituée sur sa terre [2].

Les rentes dont il s'agit ici étaient fondées sur la tradition effective d'un fonds, et appelées rentes légitimes.

[1] La constitution de rente est appelée souvent bail à rente, bail d'héritage, arrentement. Renauldon la définit (*Dictionnaire des droits seigneuriaux*) un contrat par lequel le propriétaire d'un héritage transmet la propriété de cet héritage à un autre pour en jouir, à la charge d'une certaine redevance annuelle en argent, grains ou autres espèces.

La rente foncière, constituée sur une censive par le censitaire, était appelée quelquefois *sur-cens* ou *gros cens.*

[2] Le créancier ou propriétaire de la rente avait une hypothèque sur le fonds sur lequel elle était constituée. Loisel, liv. IV, tit. I, XIV.

La constitution d'une emphytéose temporaire pouvait quelquefois remplacer un emprunt avec avantage. Quand, par exemple, un propriétaire voulait améliorer son fonds, il se déchargeait des travaux à faire sur un emphytéote auquel il le cédait pour un temps donné.

L'ancienne législation en distinguait celles qui étaient constituées à prix d'argent, et qu'on appelait rentes bâtardes ou volantes.

Cette nouvelle distinction était importante, surtout au point de vue du rachat. Les rentes volantes étaient, dès l'origine, considérées comme rachetables, tandis que les autres ne l'étaient pas. La constitution d'une rente volante n'étant au fond qu'un simple prêt, on n'admettait pas que le débiteur pût aliéner à perpétuité la faculté de se libérer. La plupart des coutumes, et entre autres celle de Paris, reconnurent ce principe [1] ; les arrêts des Parlements et ceux du Conseil s'y conformèrent [2]. La jurisprudence exigea le plus ordinairement qu'une rente, pour être soustraite au rachat, fût déclarée foncière et emphytéotique par un arrêt de plus de cent vingt ans [3].

Les rentes foncières ou emphytéotiques qui remontaient à plus de cent vingt ans n'étaient pas rachetables, non plus que le cens, à la seule volonté du preneur, parce qu'on les regardait comme émanant d'un contrat territorial qui ne pouvait être changé que par une convention nouvelle des deux parties, et que les contrats territoriaux, tels que ceux d'emphytéose, d'acensement, étaient considérés comme ayant un caractère perpétuel, et comme liant les généra-

---

[1] *Cout. de Paris*, art. 109.

[2] Ex. : Dans le Dauphiné, un arrêt de règlement, rendu par le Parlement de Grenoble (20 août 1601), autorisa le rachat de toutes ces rentes, soit au prix des constitutions, soit au denier vingt (Allard, *Dict. mss. du Dauphiné, Grenoble*). Deux arrêts du Conseil, de 1634 et 1636, autorisèrent le rachat des mêmes rentes, d'après l'estimation que le Parlement de Grenoble en aurait faite, en exceptant celles qui avaient été constituées par le domaine, les seigneurs haut-justiciers et le clergé. (*Idem.*)

[3] Arrêt de règlement, rendu par le Parlement de Grenoble, le 18 décembre 1648 (*Idem*). Les commentateurs donnaient encore à l'appui de ce principe la raison que les contrats de rente déguisaient souvent des prêts qui pouvaient être usuraires.

tions à venir. Le débiteur n'était pas libre de se soustraire de son plein gré aux conditions de l'inféodation ou de l'acensement.

Mais la nécessité de libérer le sol ne tarda pas à porter atteinte à cette perpétuité primitive. Ainsi la coutume de Paris accorda au preneur à cens ou à rente foncière la faculté de déguerpir, c'est-à-dire de se délivrer de son obligation, en abandonnant le fonds, moyennant l'accomplissement de quelques conditions préalables et une autorisation de justice. Les commentateurs, qui ont appuyé cette décision sur des motifs juridiques, ont négligé l'intérêt économique qui l'a principalement dictée[1].

On pourrait citer aussi des édits particuliers, tels que ceux de Henri II, de 1553 et 1554, qui autorisèrent le rachat des rentes emphytéotiques et foncières dans un grand nombre de cas, et furent rendus dans le même intérêt.

Cependant la lutte qui s'éleva entre les exigences de l'économie politique et les vieilles traditions de la féodalité dura longtemps, et, si l'on peut signaler çà et là quelques victoires de l'esprit nouveau[2], elle n'arriva à son terme que lorsque l'Assemblée constituante eut déclaré que la faculté de se libérer était universelle et générale pour tous les débiteurs, quelles que fussent l'origine et la nature de leurs dettes[3].

La libération définitive du sol ayant coïncidé avec le

[1] Ferrière dit que la rente ne peut avoir de perpétuité que par rapport à la terre, et qu'en aucun cas elle ne saurait être regardée comme attachée perpétuellement à la personne du preneur (*Comment. sur la Coutume de Paris*, art. 109). Cf. de Laurière, *id.* — C'étaient là, en effet, les principes de l'ancien droit ; mais ces principes reposent eux-mêmes sur une raison économique antérieure.

[2] Ex. : La coutume de Paris (art. 120) déclara prescriptible par trente ans la faculté que le vendeur pouvait avoir de plein droit, ou stipuler dans son contrat, de racheter la chose vendue, soit un héritage, soit une rente foncière.

[3] V. la loi du 18 décembre 1790.

triomphe également définitif de la liberté personnelle, c'est une nouvelle et éclatante preuve que ces deux progrès sont parallèles et que chacun d'eux peut être la mesure de l'autre.

Appendice. — Quoique mon plan ne me permette pas d'entrer dans l'examen des contrats particuliers qui dérivaient de l'acensement ou qui s'y rattachaient, je crois devoir ici en mentionner deux.

Le premier est le bail à domaine congéable, appelé aussi bail de covenant. Il n'était en usage que dans une partie de la Bretagne, dans les évêchés de Vannes, de Quimper, de Léon, de Tréguier et de Saint-Brieuc, mais y était très-commun. Il ressemblait au bail à cens, en ce que le bailleur livrait au preneur la superficie et lui laissait exercer les droits de la propriété, moyennant une redevance annuelle et une somme que ce dernier payait à son entrée en jouissance. Mais il y avait une importante différence. Le bailleur pouvait toujours résilier le bail, en signifiant au preneur qu'il était prêt à rembourser les édifices et autres impenses, après évaluation par experts. On a ingénieusement prétendu que ce genre de contrat avait été introduit par les marins, auxquels il était avantageux de faire ainsi cultiver leurs terres pendant leur absence. Quelle qu'en soit du reste l'origine, la menace perpétuelle de résiliation et de rachat, suspendue sur la tête des preneurs, maintenait la rente à un taux peu élevé et rendait la durée ordinaire d'un tel bail bien plus courte que celle du bail à cens. On peut croire que l'usage longtemps conservé du bail à domaine congéable est une des causes qui ont le plus contribué à la pauvreté de la Bretagne et à son infériorité économique vis-à-vis des autres provinces [1].

La seconde espèce de bail s'appelait colonge (en allemand *dinghoff*), et était en usage dans l'Alsace et une par-

---

[1] Boulainvilliers, *Mémoires des intendants.* — Cf. *Encyclopédie de 1787*, préface de la partie relative à l'agriculture, par l'abbé Tessier.

tie de l'Allemagne. C'était une emphytéose constituée
en faveur de plusieurs preneurs entre lesquels existait une
communauté, et dont aucun n'encourait de déchéance
sans être remplacé nécessairement par un nouveau preneur qui faisait partie de la communauté. Mais le caractère curieux et particulier de ce bail, c'est que les colon-
gers rendaient eux-mêmes la justice colongère sous la pré-
sidence du bailleur ou de son représentant, et formaient
ainsi un tribunal, une sorte de cour des pairs [1].

SECTION II.— Des différentes espèces de baux.

Les propriétaires ou les tenanciers pouvaient employer
divers systèmes pour l'exploitation des domaines ruraux.
Ils pouvaient les exploiter par eux-mêmes ou par des domestiques, par des métayers et par des fermiers. Ce sont
là du moins les trois systèmes généraux auxquels il est facile de ramener tous les autres.

Avant d'entrer dans l'examen de ces divers systèmes, il
est nécessaire de rappeler un fait économique qui a eu sur
eux la plus grande influence. Les villes étaient au moyen
âge moins nombreuses qu'aujourd'hui [2]; elles étaient
aussi plus pauvres, moins peuplées; il n'y avait pas autant de grands marchés, et la difficulté des communications
de toute espèce venait encore diminuer les débouchés que
les propriétaires trouvaient pour les produits de leurs terres. Une grande partie de ces produits était donc consom-

---

[1] *Ancien Statutaire d'Alsace*, publié à Colmar, en 1825, par M. d'Agon
de Lacontrie, avocat.

[2] Des villes, aujourd'hui considérables, n'existaient pas ou n'étaient
que de simples bourgs au moyen âge. Par exemple, Nancy, Épinal, Moulins, ne remontent pas au delà du onzième siècle. Quelques villes ont
pu avoir autrefois une population supérieure à celle qu'elles ont aujour-
d'hui, Bourges, par exemple; mais ce sont des exceptions. Il faut aussi
remarquer qu'on réunissait ordinairement les banlieues aux villes pour
donner les chiffres de population.

mée sur place ; une faible partie seulement était convertie
en argent. Le revenu principal des seigneurs consistait, à
son tour, en produits avec lesquels il leur était aisé d'entretenir un grand nombre de domestiques ou d'ouvriers,
au besoin même une armée de vassaux et de gentilshommes. Pour de l'argent, ils n'en avaient qu'une quantité
relative infiniment moindre.

On comprend quelles étaient les conséquences d'un tel
état de choses. La main-d'œuvre ne coûtait rien ou coûtait
peu, parce qu'on la payait en produits ; mais on manquait
de capitaux pour toutes les entreprises et surtout pour
fournir des avances au travail agricole. Grand obstacle à
l'amélioration des terres, aux progrès de la culture et, par
un résultat naturel, à l'élévation de la condition des paysans. C'est ainsi que l'absence de capitaux et la difficulté
d'en former arrêtèrent longtemps le développement du bail
à ferme, qui fut une exception jusqu'à la fin du seizième
siècle, c'est-à-dire jusqu'à ce que l'exploitation des mines
d'Amérique eût imprimé un mouvement rapide d'accroissement au numéraire qui circulait en Europe [1].

§ 1. — De la domesticité.

La domesticité, née de l'esclavage, lui a survécu. Elle a
été très-commune dans toutes les classes de la population
rurale ; d'anciens esclaves, des mainmortables de toute
nuance, des hommes libres lui ont appartenu. Il serait difficile de faire son histoire parce que ses conditions, réglées
de gré à gré, variaient à l'infini, suivant les circonstances
locales ou les besoins des propriétaires. Elle a dû être
d'ailleurs assez semblable de tout temps à ce qu'elle est
aujourd'hui [2].

[1] J'examine au chapitre VIII, § 2, les effets du manque d'argent pour
les campagnes.

[2] M. Delisle a cité plusieurs textes qui mentionnent l'existence des
domestiques dans la Normandie; chap. I, p. 25 et 26. — Quoique les

§ 2. — Du métayage.

Adam Smith a expliqué avec beaucoup de clarté et de précision les raisons qui firent que la culture par métayers fut la plus générale de toutes au moyen âge.

Tant que les paysans n'avaient pas joui d'une liberté suffisante, ils n'avaient guère pu que servir d'instruments de culture, ou travailler comme domestiques au compte de leurs maîtres. Quelle que fût la variété de leurs conditions ou celle des contrats qu'ils faisaient avec les propriétaires, leur part de travail indépendant et de spéculation individuelle était toujours demeurée faible. Quand, au contraire, la liberté fit des progrès et tendit à devenir l'état commun, ils cherchèrent à travailler pour leur propre compte, ou plutôt à avoir un intérêt dans les exploitations auxquelles ils concouraient. Dès lors un grand nombre de mainmortables affranchis devinrent des métayers ou colons partiaires. Le maître et le cultivateur s'associèrent. Le premier apporta la terre et le matériel d'exploitation, le second son industrie; et ils convinrent de la manière dont ils partageraient le produit du sol, après un prélèvement destiné à l'entretien du matériel.

Le métayage, répandu ainsi sur toute la face de la France, y devint et surtout y resta assez commun pour occuper au dernier siècle, suivant quelques auteurs, jus-

exemples du contrat de domesticité soient, en général, de peu d'intérêt, en voici un que rapporte Olivier de Serres et qui était assez commun dans le Languedoc. Quand un propriétaire ne voulait pas afferiner des domaines écartés, il les faisait cultiver par un *père*, ou maître serviteur qui avait d'autres serviteurs sous lui. Ce *père* recevait du seigneur le bétail, les outils et les semences, puis des gages pour lui et ses serviteurs, gages payables d'ordinaire, partie en nature et partie en argent, le tout d'après la convention ; moyennant quoi, il se chargeait de tous les travaux et rendait au seigneur tous les fruits (*Théâtre d'agriculture*, liv. Ier, chap. VIII).

qu'aux cinq sixièmes du sol. En effet, les paysans étaient pauvres et ne pouvaient faire de baux à ferme, surtout de baux dont la rente fût payable en argent. Non-seulement ils n'avaient pas le capital nécessaire pour être fermiers, mais ils n'offraient au propriétaire nulle garantie, nulle hypothèque de la rente. Cet état de choses, qui n'a pas encore disparu dans toutes les parties de la France, était bien plus ordinaire autrefois, quand l'argent était plus rare et circulait moins, que le paysan était moins industrieux, qu'il y avait moins de débouchés, et partant moins de stimulants pour la production.

L'habitude et la nécessité où se trouvaient les seigneurs de résider sur leurs terres rendaient cette association naturelle, et souvent même avantageuse. Bien que la valeur des différentes espèces de baux tienne à des circonstances trop variables pour qu'on la détermine d'une manière générale et abstraite, il faut reconnaître que les propriétaires avaient plus de chances de gain en intéressant les cultivateurs au succès de leurs exploitations, et que la condition de métayers, moins fixe et moins sûre que celle de domestiques, offrait cependant aux paysans l'appât d'un capital à acquérir. D'un autre côté, le métayage exigeait que la population agricole jouît déjà de quelques-uns des droits de la liberté. Le métayer avait besoin de plus de liberté que le domestique, puisque, intéressé à la culture, il avait part à sa direction [1].

Le métayage, ou louagé des terres et des bestiaux à moitié profit, devint donc le système de bail le plus commun dans la plus grande partie de la France, et surtout dans les provinces du centre. Il y porta des noms différents : on l'appelait *gagnage* en Lorraine, *grangeage* dans la Bresse,

____

[1] La préférence qu'ont encore les paysans pour l'état de métayer, comparé à celui de domestique, est constatée par M. de Gasparin. Mémoire sur le métayage.

le Lyonnais, le Forez, le Vivarais et le Dauphiné, *borderie* dans le Quercy, *locaterie* dans le Bourbonnais, *domaine* dans le Berry, etc... Ses conditions et ses clauses varièrent nécessairement beaucoup. Coquille cite un fait assez curieux, qui peut servir d'exemple de l'extension qu'il recevait. C'était autrefois la coutume dans le Nivernais, et probablement dans d'autres provinces, que tout laboureur pût labourer la terre d'autrui laissée en friche, sans y être autorisé par le propriétaire, et à la seule charge de lui payer une part des fruits. Coquille attribue l'introduction de cette coutume à la nécessité de favoriser le labourage. Le propriétaire n'avait qu'un droit d'opposition, suivant certaines formes et dans des délais fixés[1].

La redevance que payait le métayer, et qui portait dans chaque province un nom différent, était proportionnée aux récoltes. Mais le partage des avances et des charges, d'une part, et celui des récoltes et des profits, de l'autre, étaient susceptibles de plusieurs combinaisons. Les portions pouvaient être égales ou inégales ; les récoltes se partager en gerbes ou en grains. Olivier de Serres estimait que le meilleur système était celui du partage égal, quand le seigneur avait fourni la moitié du bétail, des outils de labourage et des semences, et laissait les pailles avec la quantité de blé nécessaire pour que le métayer nourrît ses animaux de labour sans bourse délier. C'était là, en effet, l'usage le plus commun. Cependant il y avait des pays, tels que le Languedoc, le Dauphiné ou la Provence, où le métayer était plus favorisé ; le seigneur y payait les gages d'un homme pour semer les grains, et faisait diverses fournitures, comme celles du sel pour les bêtes de labour, ou du fer pour les socs de charrue. Si un tiers était appelé pour fouler les blés dans l'aire, c'était aux frais communs du seigneur et du métayer. Olivier de Serres

[1] V. le chap. VI.

trouvait ces conditions trop désavantageuses aux propriétaires, malgré le contrôle que les tiers exerçaient dans leur intérêt.

Tous ces usages changeaient d'ailleurs suivant la diversité des cultures, puisqu'il en est quelques-unes pour lesquelles le travail du métayer est bien plus considérable que les avances du propriétaire, et d'autres, telles que celle de la vigne, où les avances du propriétaire surpassent, au contraire, de beaucoup, le travail du métayer.

Tout preneur de bail territorial s'engageait à payer, outre les redevances principales, des regards ou redevances particulières de volaille, de pain, de gibier, etc. Ces redevances, désignées dans chaque province par des noms différents, étaient déterminées, soit par les contrats de bail, soit par les coutumes, mais ne doivent être citées ici que pour mémoire.

Les métairies étaient souvent subdivisées, et leurs subdivisions sous-louées à des conditions analogues[1]. Il y aurait peu d'intérêt à entrer dans le détail de tous les contrats qui, de près ou de loin, se rattachaient au métayage. Le contrat de location de bestiaux se faisait, en général, à moitié profit; il ne présente aucun caractère particulier, et semble avoir été de tout temps ce qu'il est aujourd'hui[2]. Le louage au tiers franc, en usage dans la Champagne et dans une partie de la Franche-Comté, donnait au propriétaire un tiers de la récolte brute, et le reste au métayer qui payait tous les frais et l'impôt.

J'ai déjà constaté, dans le chapitre qui précède, la tendance remarquable des emphytéoses ou des censives, constituées pour un temps déterminé, à devenir héréditaires

---

1 Les portions de métairies sous-louées à d'autres métayers, et appelées *closeries* et *locatures*, étaient communes dans quelques provinces, dans la Sologne, l'Anjou.

2 Les coutumes lui donnent les noms différents de *gazaille, commande, bail, mégerie, brevet, croît* et *mi-croît*.

et le privilége de fait accordé aux héritiers des tenanciers pour recommencer une nouvelle tenure à l'expiration de la première. La même remarque s'applique au métayage, ou même au fermage. Les métairies, les fermes, étaient presque partout héréditaires de fait. L'usage de l'hérédité, d'origine servile, survivait à la servitude et garantissait les cultivateurs libres contre toute éviction. Il y avait des provinces, comme la Marche, où cet usage était si bien établi, que les métayers ne faisaient ni baux, ni conventions avec leurs propriétaires. Loisel, dans ses *Institutes coutumières*, emprunte aux coutumes du Bourbonnais, de Sens et de Lorris, la règle suivante, probablement plus générale encore : « Qui jouit et exploite un héritage, après le terme « fini, sans aucune dénonciation, peut jouir un an après « à pareil prix que devant [1]. » Le législateur ne se borne pas à donner au métayer un délai nécessaire pour trouver une autre métairie, il suppose et favorise la reconduction tacite de toutes les manières.

Faut-il maintenant exposer les effets du métayage? Il suffira de dire qu'à la fin du dernier siècle, époque où il était encore très-commun, les pays les plus riches de la France étaient précisément ceux qui l'avaient abandonné. C'était dans les provinces du centre, les plus pauvres de toutes, où le sol est souvent d'une qualité inférieure, où les débouchés sont rares, qu'il régnait sans partage. On remarquait que dans le Rouergue, province partagée entre des fermiers et des métayers, c'étaient les moins bonnes terres que les métayers cultivaient.

Un tel résultat n'avait rien que de naturel. En effet, le métayage, considéré indépendamment des circonstances locales ou particulières auxquelles il faut reconnaître la plus grande influence sur son mode d'action, est un sy-

---

[1] *Instit. coutumières*, liv. **III**, tit. **VI**, **x**. — Voir, pour l'hérédité des fermes, le paragraphe suivant.

stème de culture essentiellement transitoire. S'il est de longue durée, sa permanence ne s'explique guère que par la
pauvreté des paysans. Partout où les cultivateurs ont pu
consacrer directement des capitaux à l'agriculture, il a
cédé la place au fermage, et l'association du maître et du
laboureur pour exploiter le sol a disparu devant l'exploitation libre par un fermier qui n'a plus payé qu'un loyer
au propriétaire.

Le métayage, toujours envisagé au point de vue théorique absolu, n'a qu'un avantage sur le bail à ferme, celui
de maintenir mieux entre les paysans et le propriétaire
un lien de subordination pour les premiers et de supériorité pour le second. Il était donc en parfaite harmonie avec
le gouvernement seigneurial ; il sauvegardait la prépondérance de l'aristocratie dans les campagnes, mieux que le
fermage n'aurait pu faire. C'est au contraire un fait certain que l'augmentation du nombre des fermes, substituées aux métairies durant les deux derniers siècles, a contribué à diminuer l'influence des classes supérieures, du
clergé et de la noblesse, dans les provinces où elle a eu
lieu.

Mais, abstraction faite de cet avantage politique, qui
peut d'ailleurs être obtenu autrement, et qui n'est pas
lui-même sans compensation dans les pays de métairies,
l'infériorité absolue du métayage, relativement au bail à
ferme, est une vérité qui n'a plus besoin de démonstration. Dès le dix-huitième siècle, les économistes, comme
Letrosne et Turgot, les agriculteurs, comme Arthur Young,
signalaient à l'envi ses vices et son insuffisance. Suivant
Letrosne, les avances annuelles faites par les propriétaires
à leurs métayers n'allaient pas au tiers de ce qu'exigeait
une bonne culture, et il était rare qu'un propriétaire en fît
pour un terme qui dépassât une année[1]. Tous les docu-

---

[1] Letrosne, *De l'administration provinciale et de l'impôt.*

ments de cette époque constatent, avec une triste unanimité, l'impuissance du métayage, né de la misère, à chasser la misère dans les campagnes. Young raconte que dans
le Berry les métayers étaient obligés, presque tous les ans,
d'emprunter leur pain aux seigneurs avant la moisson. Souvent le maître avait la faculté de les renvoyer, comme il
aurait fait des domestiques; mais il les gardait parce qu'ils
étaient ses débiteurs pour des sommes plus ou moins fortes.
Que pouvaient gagner à un tel contrat le métayer ou le
maître? Où étaient les profits agricoles susceptibles d'être
convertis en avances pour l'agriculture elle-même? Toutes
ces observations furent présentées, en 1786, à l'assemblée provinciale du Berry par un comité qu'elle avait
nommé pour étudier la question, et elle les soumit à son
tour au gouvernément. Elle se plaignit aussi que les baux
des métairies fussent, comme ceux des fermes, de trop
courte durée, et elle demanda pour les métayers des garanties contre l'éviction, garanties analogues à celles qui
étaient réclamées en même temps pour les fermiers, et que
j'expose dans le paragraphe suivant.

§ 3. — Du bail à ferme.

Le bail à ferme n'a pu s'établir et se propager qu'après
que les progrès de la liberté, mais surtout de l'ordre public, de l'industrie et des travaux de tout genre ont permis
aux populations rurales de former quelques capitaux. Il a
dû commencer dans les pays qui ont joui d'une fertilité
plus grande et de débouchés exceptionnels, et dans ceux
où, la propriété étant plus divisée et les exploitations plus
petites, le fermier avait besoin, pour s'établir, d'avances
moins considérables. Le bail à ferme s'est ensuite étendu
aux dépens du métayage, soit par un effet naturel de sa
supériorité sur ce dernier genre de contrat, soit à la fa-

veur de la révolution économique qui rendait l'argent plus commun, et tendait à substituer les payements en espèces aux anciens payements en nature. Lorsque les propriétaires riches eurent la faculté de capitaliser ou de dépenser pour leur luxe personnel une partie de leurs revenus, ils cessèrent d'entretenir le même nombre de vassaux et de domestiques, et trouvèrent onéreuse l'obligation de faire des avances à leurs métayers. Comme les conditions de leur résidence se transformaient, ils cessèrent aussi de résider sur leurs domaines à perpétuité, et quelques-uns d'eux les abandonnèrent tout à fait. Pour ceux-là, le changement des métayers en fermiers offrit, toutes les fois qu'il fut possible, de grands avantages : moins de surveillance à exercer, un revenu plus fixe ; enfin, de meilleures chances d'amélioration du sol, le fermier y étant intéressé plus directement que le métayer.

Le bail à ferme paraît avoir fait ses premiers progrès à l'époque où les coutumes furent rédigées [1], et toutefois il ne prit de véritable développement que dans les deux derniers siècles. On comprend que les causes de son extension n'aient agi qu'avec lenteur et dans une époque relativement assez récente. Il était même moins commun au dix-huitième siècle qu'il n'est aujourd'hui ; il n'occupait alors qu'un sixième du territoire de la France, si le calcul d'Arthur Young est exact. Il était presque inconnu dans les provinces du Centre, quoique assez ordinaire dans celles du Nord, dans la Flandre, le Hainaut, le Calaisis, le Boulonnais, la Picardie, la Champagne, les Trois-Évêchés, la Lorraine, l'Alsace, l'Ile-de-France, la Normandie, l'Orléanais, la Bourgogne et la Franche-Comté. Ces derniers pays étaient précisément ceux où la population avait une ri-

[1] Les plus anciens baux à ferme que cite Ducange appartiennent aux années 1089 et 1100. M. Delisle en a cité quelques-uns du onzième et du douzième siècle, mais ils étaient rares à cette époque.

chesse relative plus grande. Il était aussi d'un usage commun, suivant Young, dans une partie du Béarn.

Malgré les raisons économiques qui l'appelaient à détrôner le métayage, le bail à ferme rencontra, jusqu'à la fin du dernier siècle, de nombreux obstacles, et manqua des garanties les plus nécessaires à son développement.

La première de ces garanties était celle de la durée. Sans doute, la durée des anciens baux était variable, et l'on en trouve, à peu près à toutes les époques, qui s'étendaient depuis un an jusqu'à quinze ans [1]. Mais il n'en existait pas moins un préjugé général en faveur des baux à courte échéance. Le bail de neuf ans n'était guère employé que pour les grandes exploitations; on se contentait de baux de trois et de six ans pour les petites. La coutume de Bretagne défendait d'en faire de plus de neuf ans. Pendant plusieurs siècles, il avait été interdit aux bénéficiers d'en conclure de plus de trois ans pour les biens ruraux qui appartenaient à leurs bénéfices; ce fut l'ordonnance de Blois, de 1499, qui les autorisa pour la première fois à les faire plus longs. La législation semble, en combattant la longueur des baux, n'avoir eu qu'un but, qui était de prévenir ou de diminuer les difficultés juridiques et les procès que des baux à long terme pouvaient entraîner. Elle n'était rien moins que préoccupée des intérêts de l'agriculture, qui veut que le fermier ait le temps de se rembourser de ses impenses. Elle ne se plia guère à ses exigences qu'au dix-huitième siècle, quand l'usage d'affermer les terres fut plus répandu. On sentit alors qu'il était bon d'intéresser les fermiers à l'amélioration du sol, et qu'il fallait un

---

[1] Une vigne à planter s'affermait d'ordinaire pour vingt-sept ans, un étang à pêcher pour trois ans. M. Delisle cite pour la Normandie des baux à ferme d'un, de deux, de trois, de cinq, de six, de sept, de neuf, de douze, de treize et de quinze ans, appartenant aux treizième, quatorzième et quinzième siècles, chap. II, p. 52-53.

milieu entre la durée illimitée des censives et les baux à terme de peu d'années. Ce fut sur les observations des Sociétés d'agriculture de Rouen et de Paris qu'un édit de 1762 exempta des droits de mutation les baux de neuf à vingt-sept ans[1]. Il s'était déjà opéré un grand changement en faveur des baux à long terme, quand le Comité d'agriculture de l'Assemblée nationale, et bientôt après le Code civil, assurèrent aux particuliers, pour les contrats de ce genre, la facilité et la latitude nécessaires.

Les fermes, comme les censives et les métairies, étaient ordinairement héréditaires. L'hérédité des fermes est encore aujourd'hui commune en Espagne. Dans certaines provinces de l'ancienne France, elle donnait naissance à des contrats spéciaux : ainsi il y avait en Alsace un *bail héréditaire*, qui n'était qu'un bail à ferme avec une clause légale d'hérédité. Quand l'hérédité n'était pas de droit, elle existait par le fait. M. Troplong[2] en cite un exemple curieux, particulier à un district de la Picardie. Les paysans du Santerre se font scrupule de faire concurrence aux héritiers d'un fermier et de prendre leurs fermes à leur préjudice. Le propriétaire était donc obligé, il y a peu de temps, s'il ne l'est encore, de se conformer à l'usage traditionnel du pays, et de garder ses fermiers de père en fils.

Le fait de l'hérédité des fermes semble peu compatible avec la courte durée des baux. Cependant cette anomalie était fréquente, et dans les pays mêmes où les fermiers se succédaient de père en fils, on ne faisait guère de baux qu'à

---

[1] Edit du 8 avril 1762. Voir les délibérations et mémoires de la Société d'agriculture de Rouen (Rouen et Paris, 1763, date de la publication). Voir aussi le marquis de Turbilly (*Mémoire sur les défrichements*). — L'édit exemptait les baux de neuf à vingt-sept ans de divers droits, tels que ceux d'insinuation, de centième denier, de demi-centième, de franc-fief.

[2] ... *ommentaire sur le contrat de louage.*

courte échéance. On préférait les renouveler souvent, ce qu'il faut attribuer à un autre vice de la législation, à savoir que le fermier manquait de garanties suffisantes pour la jouissance de ses droits, toutes les fois que la propriété changeait de main.

La défaveur de l'ancienne législation pour les baux à ferme est, sur ce point, des plus frappantes. Elle attachait une sorte de condition résolutoire tacite à chaque mutation de propriété. Ainsi, dans l'ancienne coutume de Paris, quand un seigneur saisissait le fief de son vassal, fief affermé par ce dernier, il était autorisé à prendre tous les fruits, au préjudice du fermier auquel il ne devait que les frais de labourage et les semences. Une telle disposition fut jugée, il est vrai, trop rigoureuse au seizième siècle, quand on réforma les coutumes; la même coutume réformée obligea le seigneur à respecter le bail fait par son vassal, pourvu que la durée n'en excédât pas neuf ans[1]. On essaya de faire admettre ailleurs cette nouvelle règle, qui pourtant ne mettait pas encore le droit des fermiers à l'abri de toute attaque[2].

La garantie du fermier était bien moindre encore, si le bail était constitué par un mainmortable, car le bail était annulé de plein droit quand le seigneur exerçait la mainmorte.

Coquille rapporte que les bénéficiers n'étaient pas tenu d'observer les baux à ferme de leurs prédécesseurs, que c'était là du moins « la vulgaire et commune opinion[3]. » A peine était-il d'avis d'admettre des exceptions à cette règle[4].

---

[1] Cl. de Ferrière, *Traité des fiefs,* chap. III, sect. III. — Les baux des métairies étaient assimilés sur ce point à ceux des fermes.

[2] Coquille, *Questions et réponses,* XXIII.

[3] *Id.,* loco citato.

[4] Les baux faits par les commandeurs de l'ordre de Malte étaient résolus de plein droit par la mort de ces commandeurs ou leur simple

Il en était à peu près de même quand le bail était constitué par un usufruitier ou par une douairière. La conclusion générale de Coquille était que, dans la plupart des circonstances, « il ne fallait ainsi à l'étroit ces « baux à ferme[1]. »

Voilà pour le seizième siècle. Durant les deux siècles suivants, la règle générale fut que tout acquéreur, donataire, légataire ou successeur à titre particulier, pût, de plein droit, déposséder le fermier, si le bien n'avait pas été donné, vendu ou légué à la charge d'entretenir le bail. Le fermier, ainsi évincé, n'avait d'action que contre le propriétaire ou ses successeurs à titre universel, et il ne pouvait réclamer pour indemnité qu'une somme équivalente au tiers de ce qu'il aurait payé pour le reste du bail, si le bail avait eu son entière exécution. Cette règle ne connut longtemps d'autre exception que celle que firent quelques arrêts de Parlements pour les acheteurs à réméré qui furent tenus d'observer les baux[2].

Smith remarque que les lois françaises sur la garantie des fermiers contre les chances d'éviction ont été beaucoup plus tardives et moins complètes que les lois anglaises[3]. Il est certain que cette garantie était encore sollicitée, en 1787, par l'assemblée provinciale du Soissonnais; ce ne fut que par la promulgation du Code civil qu'elle devint définitive.

D'où venait cette suspicion mal entendue des baux à ferme? Smith l'attribue à un faux calcul des propriétaires, auteurs de toutes les lois territoriales de l'Europe. Ils ne

changement de commanderie. Renauldon, *Dictionnaire des droits seigneuriaux*, v° *Bail à ferme.*

[1] Coquille, *Questions et réponses*, CLVI.

[2] Arrêts des Parlements de Bordeaux, 1662; de Paris, 1714. — Renauldon, *loco citato.*

[3] Smith, *Wealth of nations*, liv. II, chap. II.

voulaient pas gêner la liberté d'action de leurs enfants et de leurs héritiers, et ils se privaient par là d'un moyen sûr d'améliorer le sol, et d'accroître un jour le revenu de leurs familles.

Un troisième obstacle que rencontrait le bail à ferme, après la trop courte durée des contrats et le manque de garantie contre l'éviction, était le peu de liberté d'action laissé aux fermiers. Le bailleur leur imposait presque toujours un système d'exploitation déterminé et des conditions étroites qui entravaient leur travail et leurs succès; par exemple, une des clauses les plus communes des baux les obligeait à ne pas *désaisonner* les terres, c'est-à-dire à ne jamais les ensemencer pendant l'année de jachère. Ils étaient soumis à une foule de redevances et de services qui assimilaient plus ou moins leur condition à celle des domestiques ou des métayers. Les droits seigneuriaux étaient aussi pour eux, malgré leur caractère incontestable d'utilité publique, une source de gêne et d'abus. Adam Smith observe que des charges pesantes, comme le droit de pourvoirie, comme les corvées que les intendants ordonnaient dans les deux derniers siècles, ont subsisté longtemps en France; et ont empêché le bail à ferme de prospérer, parce qu'elles tombaient directement sur le fermier, tandis que l'Angleterre avait déjà fait disparaître, à la même époque, les vexations de ce genre.

C'était encore le fermier qui payait les impôts, les cens, les rentes dont la terre était grevée, et sa condition était, à cet égard, plus dure que celle du métayer, car ce dernier ne payait ordinairement qu'une moitié de la taille. La taille faisait pour les fermiers l'effet d'une loi somptuaire ou d'un impôt progressif; ils n'avaient intérêt ni à poursuivre un bénéfice qu'elle leur enlevait, ni à garnir leurs fermes d'une plus grande quantité de bétail ou d'instruments, la taille frappant les moyens mêmes d'exploitation.

Les plus riches d'entre eux ne plaçaient guère dans leurs fermes que les capitaux qu'ils voulaient être libres de reprendre au premier moment ou ceux dont ils ne pouvaient tirer ailleurs aucun profit. Ils préféraient faire de leur argent un autre emploi, parce qu'ils trouvaient alors dans cet autre emploi l'avantage que les métayers y ont trouvé de tout temps; ils renonçaient à l'espoir de plus grands bénéfices, de peur d'être frappés par un impôt plus lourd; de même que les métayers y renoncent à cause du partage qu'il leur faudrait faire avec les propriétaires. Young eut occasion de le constater formellement. Il rapporte que les fermiers du nord de la France élevaient pour eux-mêmes de bon bétail dans de bons pâturages, mais n'entretenaient qu'un bétail chétif sur leurs fermes. Il est hors de doute que le privilége financier de la noblesse et du clergé, en faisant retomber tout le poids de l'impôt sur les fermiers, a contribué à arrêter le progrès du bail à ferme, et a puissamment nui soit à l'agriculture, soit à l'élévation du sort des populations rurales.

Le discrédit attaché à l'état de cultivateur, le préjugé qui empêchait la plupart des personnes pourvues des capitaux nécessaires de se mettre à la tête d'une ferme, avaient aussi de mauvais effets. Il était sévèrement interdit, non-seulement par l'opinion publique, mais par la loi, qui se faisait par là l'interprète de l'opinion, il était, dis-je, interdit aux ecclésiastiques ou aux gentilshommes de tenir, d'une manière directe ou indirecte, aucune ferme ou censive [1]. Il faut descendre jusqu'à l'année 1720 pour trouver un arrêt du Conseil d'Etat autorisant les nobles à se faire

---

[1] Ordonnance royale de 1540. — Il est vrai qu'elle avait un côté fiscal, parce que les fermes et les censives étaient soumises à la taille, et qu'on ne voulait pas qu'un fermier ou un censitaire pût s'en exempter. Les ordonnances de Blois (art. 48) et de Melun (art. 31) défendent aussi aux gentilshommes de tenir une ferme ecclésiastique, sous peine d'être déclarés roturiers.

fermiers des princes ou des princesses du sang sans déroger [1].

Parmi les anciens usages, il n'y en avait guère qu'un
seul qui fût favorable aux fermiers, c'était la fixité du prix
de fermage, assez ordinaire même dans les pays où les
baux de courte durée se renouvelaient souvent. Un tel
usage, qui remontait probablement à la fixité du *canon* que
payaient les colons romains, ne fait d'ailleurs qu'attester
le peu de développement qu'avait reçu le bail à ferme.

Ce fut le dix-huitième siècle qui lui fit faire ses plus
grands progrès. La législation lui devint plus favorable.
Elle accorda une prime indirecte aux fermiers qui amélio-
raient le sol, en exemptant de divers droits les baux à
ferme passés pour une durée de neuf à vingt-sept ans,
toutes les fois qu'ils imposeraient aux fermiers la charge
de faire des défrichements, des marnages ou des plantations[2]. Dans les provinces exploitées par des fermiers, on
vit s'effacer le discrédit attaché autrefois à la condition des
cultivateurs. Un auteur, qui écrivait en 1788, observait
que l'état de laboureur était assez honoré dans la Brie, la
Beauce et la Picardie, tandis qu'il était méprisé dans les
provinces du Centre[3].

La plupart des communautés ou des grands propriétaires avaient alors des fermiers généraux qui leur payaient
un revenu annuel fixe et exploitaient à leur propre
compte. L'abbé Tessier rapporte que, sous Louis XVI, il se
formait dans le Midi, à Montpellier, par exemple, des sociétés pour l'entreprise de fermes générales. L'Assemblée
provinciale des Trois-Evêchés, en 1787, signala de son
côté la formation de compagnies semblables pour l'exploi-

---

[1] Arrêt du Conseil, du 25 février 1720.

[2] Edit de 1762.

[3] Rougier de la Bergerie, *Recherches sur les abus qui s'opposent aux
progrès de l'agriculture*, 1788.

tation des biens du clergé. Mais elle la signala pour s'en
plaindre ; en effet, les fermiers généraux ne cultivaient
pas eux-mêmes ; ils constituaient des sous-fermes, et le
gain qu'ils prélevaient sur les sous-fermiers ne pouvait que
diminuer les chances de réussite de ces derniers. Au reste,
la présence de ces *middlemen* n'était pas rare. Young dit
avoir rencontré dans la Marche, le Berry, le Poitou, l'Angoumois, des fermiers qui sous-louaient les dépendances
de leurs fermes à des métayers par petites portions, et il
explique ce système, encore en usage aujourd'hui dans les
mêmes provinces, par la difficulté qu'éprouvaient les propriétaires de domaines trop étendus à surveiller en personne tous leurs métayers.

Il est clair que le fermier pouvait d'ailleurs faire avec
ses ouvriers toutes les conventions qu'il jugeait à propos, les prendre à la journée, à la tâche, leur donner une
part d'intérêt dans ses bénéfices, leur assigner telle ou telle
nature de travail. La forme et le nombre de ces conventions n'avaient à peu près ni règle, ni limite ; chaque
province suivait ses usages. J'ai cité plus haut le contrat
bâtard que faisaient les cultivateurs du Languedoc et de
la Provence, propriétaires ou fermiers, avec les *pères* ou
maîtres-valets.

Les documents de la fin du dernier siècle, et entre autres
les comptes-rendus des Assemblées provinciales tenues
sous Louis XVI, se préoccupent de l'état des ouvriers ou
des domestiques des fermes, et se plaignent de ce qu'aucune mesure n'ait jamais été prise pour les former. L'Assemblée du Berry de 1786 constatait que, dans la province,
les valets de ferme, engagés pour un temps fort court et
sans qu'on leur garantît du travail, même pour une année,
n'étaient jamais bons.

La question de la supériorité du métayage ou du fermage a dû être anciennement débattue. Elle l'a été en

effet souvent, sinon d'une manière théorique absolue, du moins au point de vue de l'utilité pratique et des circonstances. Il est bon de rappeler que les anciens auteurs ont tenu grand compte, dans leurs jugements, de l'état économique et politique, comme de la législation de leur temps.

L'opinion du plus compétent de nos anciens agriculteurs mérite d'être citée. Olivier de Serres croit que ces deux formes du bail ont chacune leurs avantages et leurs inconvénients; qu'elles sont plus ou moins bonnes, suivant les personnes ou suivant les terres. « Ainsi, dit-il, le meil« leur sera de ne vous attacher du tout à une seule façon « de mesnage. Ains changeant quelquefois, tiendrez votre « domaine certain temps à vostre main, et ensuite l'affer« merez pour quelque petit nombre d'années, non longue« ment. Par ces changements, en vous délassant, passerez « les difficultés du mesnage, et de temps à autre prendrez « nouveau avis, suivant les occurrences : par ce moyen « conservant toujours votre liberté. Cela s'entend pour les « biens qu'on peut commodément tenir à sa main, non « pour les autres, lesquels la difficulté du maniement « rend pour jamais affermables. » Quelle que soit l'autorité d'Olivier de Serres et de cette conclusion, il ne faut pas perdre de vue qu'elle s'adresse exclusivement, ainsi que son livre, aux gentilshommes habitant la campagne, et qu'une partie des inconvénients qu'il signale comme attachés au fermage tenaient surtout aux lois et aux usages qui le régissaient, et à la courte durée des baux.

Les auteurs du dix-huitième siècle recommandaient, en général, d'affermer les terres à blé, les étangs, la pêche des rivières, les fours et les moulins, mais de se réserver la culture et l'exploitation des vignes et des bois[1]. Ainsi, le bail à ferme avait fait alors des progrès dans l'opinion.

[1] *Essai sur l'administration des terres*, sans nom d'auteur, 1759 (par Quesnai).

Et il en aurait fait de plus grands encore, si les propriétaires nobles n'en avaient été détournés par la crainte de payer la taille pour les biens qu'ils affermaient, tandis qu'ils ne la payaient pas pour leurs réserves.

Turgot a aussi approfondi la question du meilleur système de baux, quoiqu'il l'ait fait plutôt en économiste qu'en agriculteur. Ses conclusions sur la nécessité du bail à ferme, peut-être un peu absolues, sont pourtant confirmées par tous les économistes qui l'ont suivi. Comme administrateur, intendant ou ministre, il aurait voulu substituer, dans la plus grande partie de la France, des fermiers ayant des avances aux métayers qui n'en avaient pas. Il suffisait, pour cela, que les produits de la culture suivissent une progression naturelle; or, Turgot croyait que ce résultat serait obtenu le jour où l'industrie de la terre trouverait, dans le système et les actes du gouvernement, non plus des entraves, mais un encouragement et des faveurs.

Une dernière considération se présente, qui ne doit pas être négligée dans cette étude trop courte des anciens systèmes de baux. Ne seraient-ce pas la rareté du bail à ferme et les obstacles de toute nature apportés à son extension par les usages et les lois, qui auraient contribué surtout à développer dans les campagnes ce goût de la propriété qui est un caractère si remarquable et si particulier des paysans français? C'est ordinairement au Code civil qu'on renvoie l'honneur ou la responsabilité de ce résultat. Le Code civil peut y avoir largement contribué, mais le fait est plus ancien que lui. Le morcellement de la propriété est antérieur à la révolution de 1789. L'assemblée provinciale des Trois-Evêchés signalait déjà, en 1787, l'existence de compagnies qui achetaient des terrains en masse pour les revendre en détail. Young s'étonnait, à la même époque, de voir, en France, les paysans rechercher à tout prix l'acquisition de petites parcelles de terrain, spectacle que l'Angleterre ne lui avait jamais présenté. La question des avantages et des vices, soit de la grande ou de la petite propriété, soit de la grande ou de la petite culture, était longuement débattue au dernier siècle, vis-à-vis d'un fait qui frappait tous les yeux.

Ce que je veux constater ici, c'est que, dans les campagnes où les vieilles habitudes se conservent sans que l'on s'inquiète souvent de savoir si elles ont encore leur raison d'être, c'est aux anciens inconvénients du fermage qu'il faut attribuer l'origine du préjugé actuel qu'ont beaucoup de paysans en faveur de la propriété, quoique le bail à ferme leur offre un meilleur emploi de capitaux. Préjugé ruineux, dont les mauvais effets retombent non-seulement sur les petits propriétaires ruraux, mais sur les ouvriers et la plus grande partie des populations agricoles.

Ce n'est pas que l'on doive contester les avantages particuliers que présente la diffusion de la propriété. Ces avantages ont même été exposés et appréciés quelquefois au dernier siècle comme ils le sont aujourd'hui. On en trouve la démonstration la plus remarquable dans les procès-verbaux de l'Assemblée provinciale de la Lorraine, tenue en 1787. Le rapporteur de la Commission d'agriculture y prouve que le développement de la petite propriété avait été, en définitive, favorable à la province, où il avait réussi à ne plus laisser en friche que les terres communales.

CHAPITRE V.

DE LA PROPRIÉTÉ ET DE L'INFLUENCE EXERCÉE SUR LES CAMPAGNES PAR LES LOIS QUI LA RÉGIRENT.

Le chapitre précédent renferme un exposé de la condition territoriale des cultivateurs, dont les uns, détenteurs de censives, avaient une propriété, bien qu'une propriété imparfaite, tandis que les autres s'engageaient, comme domestiques, au service des propriétaires, ou faisaient avec eux des baux à métairie ou à ferme. Telle était la condition des cultivateurs roturiers, à une seule exception près, celle où un alleu leur appartenait, ce qui était fort rare.

Je passe maintenant à l'examen de la condition territoriale de la noblesse et de l'Église, qui, étant maîtresses de la plus grande partie du sol de la France, exerçaient nécessairement la plus grande influence sur l'état des campagnes.

SECTION I. — De la propriété noble et seigneuriale.

Les terres nobles se divisaient en alleux et en fiefs. La propriété des alleux était complète, absolue ; celle des fiefs, soumise à des restrictions et à des obligations particulières. J'ai déjà caractérisé la tendance que les fiefs, simples tenures à l'origine, avaient eue à se convertir en propriétés conditionnelles[1].

Les terres de franc alleu, les seules dont le propriétaire

[1] Voir à ce sujet le chap. Ier, sect. II.

pût exercer ses droits dans toute leur plénitude[1], étaient en petit nombre à l'époque où régnait le système féodal, excepté peut-être dans quelques provinces du Midi. Ce nombre alla encore en diminuant dans les siècles qui suivirent, et, si la propriété allodiale se conserva au nord de la Loire, ce ne fut que comme une exception.

En effet, pendant l'époque féodale, les propriétaires d'alleux furent sans cesse sollicités de les changer en fiefs pour entrer ainsi dans l'association hiérarchique qui liait entre eux les détenteurs du sol par des droits et des services réciproques. Et plus tard, la législation royale, embarrassée de la souveraineté et de l'indépendance que s'attribuaient les alleux qui subsistaient encore, prit à tâche de les diminuer ou de les détruire.

L'importance même que la propriété allodiale conserva dans plusieurs provinces du Midi paraît avoir été très-exagérée par une école de publicistes nobiliaires, qui, cherchant à rattacher ses traditions de libéralisme et ses prétentions d'indépendance au système primitif du franc alleu, éleva sur ce sujet, grâce à l'imperfection de la science historique et aux obscurités de l'ancienne langue du droit[2], des théories mal justifiées.

Le franc alleu était noble ou roturier. Il était noble, s'il

---

[1] « Les terres de franc alleu sont celles qui ne reconnaissent supérieur « en féodalité, et ne sont sujettes à payer aucuns droits seigneuriaux » (*Coutume de Normandie*, art. 102). Au dernier siècle, la meilleure définition de l'alleu et la plus générale était celle-ci : « La terre qui n'est sujette à aucune redevance féodale. »

[2] Le mot alleu a été pris dans des acceptions très-diverses et qui produisent souvent une grande confusion. Dans les anciennes lois barbares, il désigne tantôt la propriété absolue et inconditionnelle, par opposition à celle des fiefs, tantôt le patrimoine ou le propre, par opposition aux acquêts, distinction ignorée des lois romaines. On l'appliqua plus tard à des propriétés de nature très-différente ; souvent il a le sens de nue propriété (*Cartulaire de S.-Père de Chartres*, prolégomènes). — Aux dix-septième et dix-huitième siècles, on discutait beaucoup sur la nature du franc al-

avait une juridiction[1] et si des héritages tenus en fief ou en censive étaient placés sous sa dépendance. Quand il ne remplissait pas ces deux conditions, il était roturier[2]. Cette distinction était fort importante, parce que des pouvoirs publics étant attachés aux alleux nobles, les règles de succession, les droits d'aînesse, de substitution, et ceux qui avaient pour objet de garantir l'indivisibilité des seigneuries, leur étaient applicables.

La différence des alleux et des fiefs se réduisit à fort peu de chose. Elle consistait uniquement, durant les deux derniers siècles : 1° dans quelques distinctions juridiques, subtiles ou controversées[3] ; 2° en ce que les alleux étaient exempts de certains impôts qui pesaient sur les fiefs. Les alleux portent souvent dans les auteurs le nom de fiefs de franc alleu.

Si les jurisconsultes modernes reconnurent à la propriété allodiale sa souveraineté ou son indépendance primitive, ce ne fut que de nom. Car ils attribuaient en même temps au prince un droit de juridiction supérieure et de protection. La juridiction supérieure du prince ne laissa subsister celle des alleux, comme elle faisait celle des fiefs, qu'en première instance[4]. Le droit de protection serait, je crois, très-difficile à définir.

On peut donc assimiler sans danger l'alleu et le fief

leu. Les ordonnances royales s'efforçaient de convertir toutes les terres du royaume à l'état de fiefs. — Championnière, *Des droits seigneuriaux*, n° 192.

[1] Dans la coutume de Paris, il suffisait qu'il eût une juridiction quelconque ; la plupart des autres exigeaient la haute justice.

[2] Ferrière, *Traité des fiefs*, chap. IV. — On voit dans Marca, *Antiquités du Béarn*, que la propriété des paysans était allodiale dans quelques parties de la Navarre ; ils ne payaient ni cens ni rentes.

[3] Ex. : On pouvait constituer une hypothèque sur un alleu, pourvu qu'elle n'eût point de caractère féodal (Dumoulin, *Comment. sur la coutume de Paris*, § 68.) V. plus bas pour les lois des fiefs.

[4] Dumoulin, *ibid.*

dans la recherche des caractères et des conditions de la propriété noble ou seigneuriale.

Le mot de *seigneur* a été employé, comme tous les termes du moyen âge, dans des sens divers et qui ont entraîné une grande et malheureuse confusion d'idées. Pris dans le sens primitif et rigoureux, il désignait le propriétaire qui avait la directe. Mais comme, en fait, les droits de justice ont été presque toujours attachés à la directe, tout justicier a fini par être appelé seigneur. J'entends donc ici par propriété seigneuriale celle à laquelle étaient attachés des droits de justice ou de souveraineté. (V. le chap. suivant.)

La propriété seigneuriale, ainsi définie, présente des caractères remarquables, soit au point de vue politique, soit au point de vue économique.

Son caractère politique le plus frappant était d'être accompagnée du droit d'aînesse, des substitutions et d'autres usages du même genre. Ces usages n'avaient évidemment qu'une origine et qu'un principe, à savoir l'indivisibilité de la seigneurie et des pouvoirs publics qu'elle conférait, indivisibilité établie au profit des sujets de la famille seigneuriale. Les sujets d'un seigneur formaient un corps, une sorte de petit Etat, analogue à nos communes actuelles, et qui ne pouvait être arbitrairement dissous. C'est par cette raison que le droit d'aînesse existait pour la moindre seigneurie au même titre que pour la royauté.

Il y avait des coutumes, comme celle de Normandie, qui en faisaient la règle absolue des fiefs ; mais il y en avait aussi qui, pour mieux prouver, ce semble, l'objet de son institution, en exemptaient les fiefs simples, c'est-à-dire ceux auxquels ni dignités ni pouvoirs publics n'étaient attachés. Ainsi, la seigneurie se composant de la justice et de la tenure féodale, l'indivisibilité de la première entraînait celle de la seconde, hormis quelques cas assez rares où elles étaient séparables. La règle était si absolue, que la plupart des coutumes n'admettaient pas que la propriété seigneuriale pût s'en affranchir [1].

Les substitutions, annexes nécessaires du droit d'aînesse, avaient la même origine. Elles étaient d'un usage à peu près général dans les maisons nobles [2]. Chacune de ces maisons eut longtemps la prétention de faire ses lois de succession elle-même à son gré et sans contrôle. Ce n'est guère qu'au seizième siècle que les actes des rois et des parlements réussirent à faire triompher pour la succession des biens nobles l'uniformité des règles, mais en consacrant les principes qui étaient depuis longtemps adoptés et suivis [3].

D'autres droits, dont jouissaient aussi les seigneurs, portaient le même caractère. Tel était celui de prélation, dont j'ai déjà parlé à propos des censives, et en vertu duquel ils pouvaient, sans stipulation préalable, reprendre la chose dépendante de leur fief au moment où elle se vendait, pourvu qu'ils payassent le prix de vente. On doit remarquer que des arrêts ou des lettres-patentes accordèrent souvent la même faculté pour la même raison aux engagistes du domaine royal. Ce fut encore en vertu de considérations analogues que le gouvernement reconnut plusieurs fois aux nobles, après des réunions d'Etats généraux, la faculté de racheter dans certains délais leurs biens alié-

[1] Ferrière, *Traité des fiefs*, chap. v.—C'était une question controversée que celle de savoir si un père pouvait changer son fief en terre roturière. Parmi les auteurs, les uns, comme Dumoulin, la résolvaient affirmativement, afin de favoriser l'égalité des partages; les autres, comme Ferrière, étaient de l'avis opposé, pour qu'on n'éludât pas la règle du droit d'aînesse.

[2] Voir dans Salvaing, *Usage des fiefs*, l'histoire des substitutions dans le Dauphiné.

[3] Salvaing cite plusieurs arrêts rendus au seizième siècle par le Parlement de Paris contre les prétentions de ce genre qu'élevaient quelques grandes maisons; contre celles des Montmorency en 1519, des Dreux en 1551, des Laval en 1565.

nés, quelles que fussent d'ailleurs les clauses et les conditions des aliénations.

L'indivisibilité des seigneuries soumettait donc la noblesse à des règles de propriété particulières, et qui dérogeaient au droit commun. Elle avait encore d'autres effets.

Elle frappait la propriété noble d'une inaliénabilité presque absolue. Les fiefs étaient comme immobilisés entre les mains de leurs détenteurs et placés hors du commerce. Toutes les lois qui les régissaient aboutissaient à ce résultat commun: La distinction du domaine direct et du domaine utile avec les droits attachés à chacun d'eux, la saisie féodale et le retrait féodal, la commise dans les deux cas de désaveu et de félonie, les douaires, le retrait lignager et le retrait successoral, y concouraient également. Autant de règles, autant d'entraves mises à la liberté des transactions immobilières, de la vente, de la transmission, et quelquefois aussi de l'exploitation des domaines ruraux. Quand même ces transactions étaient possibles, elles présentaient de plus grandes difficultés que de nos jours, à cause des droits seigneuriaux, qui étaient ordinairement indivisibles. Il suffit d'ouvrir Coquille ou tout autre feudiste pour se représenter l'embarras des jurisconsultes devant la multitude des questions litigieuses qui s'élevaient en pareil cas. Sans doute la législation royale, la révision des coutumes et surtout la jurisprudence des trois derniers siècles, travaillèrent, par la seule force des choses, à simplifier ce chaos; mais elles n'y réussirent qu'à demi, et n'introduisirent guère que des améliorations de détail.

Les biens nobles n'étaient d'ailleurs pas les seuls dont la circulation fût très-entravée; c'était la propriété rurale tout entière qui se trouvait à peu près inaliénable de droit ou de fait. Ainsi, le retrait lignager s'exerçait à l'égard des baux de quatre-vingt-dix-neuf ans, qui étaient considérés comme emportant une sorte d'aliénation[1]. Le régime dotal frappait d'une inaliénabilité temporaire un assez grand nombre d'immeubles dans la partie de la France où il régnait sans contrôle. Voilà pour les lois. Le fait de l'institution des officialités ecclésiastiques et des notaires royaux au treizième siècle prouve, de son côté, que, les transmissions de biens n'ayant été constatées régulièrement que depuis cette époque, les transactions immobilières avaient dû être fort rares jusque-là. Anciennement on n'assurait l'authenticité et la validité des chartes qu'en y faisant apposer les signatures de personnes connues, et comme les biens, ainsi que l'a remarqué M. Guérard, étaient le patrimoine, non-seulement du chef de famille, mais de la famille entière, l'usage était de requérir pour leur transmission le consentement et la présence de tous les membres, même des absents et des mineurs[2]. Quoique modifié avec le temps, cet état de choses laissa de longues traces. J'ai déjà eu lieu de remarquer la force des liens qui attachaient les anciennes populations rurales au sol héréditaire. L'immutabilité des propriétés en est un signe aussi frappant et un résultat aussi naturel que la tendance des métairies ou des fermes à l'hérédité[3].

Quand on réforma les coutumes, on permit l'aliénation

[1] Art. 149 de la Coutume de Paris.

[2] *Cartulaire de S.-Père de Chartres*, prolégomènes, p. cviii.—M. Guérard cite plusieurs actes du douzième siècle, comme preuves de cet usage. La loi des Saxons le consacrait formellement, et n'exemptait de ces formalités que les transmissions faites au roi ou à l'Eglise. Mais l'Eglise faisait ordinairement signer la femme et les enfants de ceux avec qui elle traitait.

[3] Guy Pape, l'ancien jurisconsulte dauphinois, cite à ce sujet une coutume remarquable du Briançonnais (Question 257). Quand un fonds avait été vendu, les plus proches parents du vendeur avaient le droit de le racheter pour le même prix pendant dix jours, s'ils étaient présents, et pendant un an et un jour, s'ils étaient absents.

des fiefs dans certains cas, mais avec d'importantes restrictions. La coutume de Paris autorisa le vassal à aliéner les deux tiers du fief, en remplissant d'ailleurs toutes les conditions requises; mais elle l'obligea d'en garder un tiers s'il gardait la seigneurie, parce que la seigneurie étant indivisible, il aurait conservé autrement un titre et des droits sans domaine ni revenu certain [1].

Le vassal n'avait pas besoin du consentement du seigneur pour sous-inféoder ou acenser son fief, mais il ne pouvait le transformer en censive sans ce consentement.

Pour constituer une hypothèque, les coutumes exigeaient, en général, qu'il fût autorisé [2]. Elles le dispensaient de cette autorisation, s'il donnait son fief à antichrèse pour trois ans [3].

Si, par suite de la félonie du vassal, le fief tombait en commise, les hypothèques et les servitudes que le vassal avait constituées devenaient-elles obligatoires pour le seigneur? Les auteurs et les coutumes étaient très-divisés sur ces questions, mais les droits des tiers n'avaient pas de garanties plus certaines que n'en avaient dans les cas semblables ceux des fermiers. Tandis que Dumoulin et la coutume réformée de Paris répondaient affirmativement,

---

[1] Il aurait gardé, comme on disait alors, un fief en l'air (Ferrière, *Traité des fiefs*). Il y avait pourtant des coutumes, comme celle d'Orléans, qui permettaient l'aliénation entière.

[2] Dumoulin cite d'anciennes coutumes de Lombardie qui renferment la même défense ou des restrictions équivalentes. On trouve déjà dans les *Olim* un arrêt remarquable, de l'an 1267, qui prouve le peu de sûreté des créances hypothécaires sur les fiefs. Le sire Henri d'Avaugour avait hypothéqué sa terre de Mayenne à un bourgeois de Rouen appelé Robert Polet. Il la vendit ensuite à des moines, mais sans le consentement du roi, de qui elle ressortissait. Le roi la fit saisir. Robert Polet voulut faire valoir son gage. Les gens du roi décidèrent que la prétention du créancier hypothécaire n'était pas valable tant que la terre demeurerait saisie, parce que le droit du roi était toujours préférable. *Olim*, tome Ier, p. 691.

[3] Coutume de Bourgogne; coutumes de Meaux, art. 167; de Troyes, art. 34; Bouhier, *Commentaires*.

d'autres coutumes, comme celles de Troyes et de Chaumont[1], admettaient la décision contraire. Celle de Nevers autorisait le seigneur à rembourser sur-le-champ le capital de l'hypothèque. Le droit du seigneur était alors considéré comme primant celui de tous les autres créanciers, et l'on alléguait que, la propriété du vassal étant conditionnelle, tous ses engagements l'étaient aussi[2].

Au dix-huitième siècle, quand la transmission des propriétés rurales était devenue plus facile et plus fréquente, quand les droits féodaux, ayant perdu la plupart de leurs anciens caractères politiques, n'étaient plus que des avantages et des créances attachés aux biens et entrant pour une part dans leur évaluation, l'existence de ces droits demeurait comme une source intarissable de procès difficiles et ruineux, d'autant plus que la jurisprudence des Parlements à leur égard, loin d'être fixée, variait sans cesse, et que de nouveaux arrêts pouvaient venir modifier, pour un propriétaire, l'usage de tel ou droit qui faisait partie de son revenu[3].

Ce n'était pas seulement au sujet des engagements ou des transmissions de biens que le partage de la propriété entre un seigneur et un vassal, ou l'annexion des droits seigneuriaux à la propriété noble, faisaient naître des difficultés juridiques. D'autres difficultés naissaient à propos de l'exploitation. Les feudistes discutaient, par exemple, la question de savoir si le vassal pouvait extraire de la pierre ou de la marne de la terre de son fief. En général,

---

[1] Troyes, art. 39; Chaumont, art. 24.

[2] Ferrière, *Traité des fiefs*, chap. III, sect. III.

[3] En 1849, sir Robert Peel faisait à la Chambre des communes un curieux exposé des difficultés que la transmission des domaines éprouvait en Irlande dans la procédure de la Cour de chancellerie. La jurisprudence des Parlements y mettait en France autrefois des entraves du même genre.

ils inclinaient vers la négative, pour ne pas assimiler le vassal à un usufruitier. Cependant l'intérêt des exploitations entraîna presque partout l'usage contraire, auquel la législation et la jurisprudence finirent, à leur tour, par se conformer[1].

On voit par là combien le système féodal mettait d'obstacles au développement des intérêts économiques de la France, et combien ces intérêts étaient sacrifiés. J'ai déjà exposé les raisons qui expliquent l'absence de capitaux suffisants pour une bonne exploitation des biens ruraux, jusqu'à un temps assez rapproché du nôtre; il faut en ajouter une de plus, c'est que la formation de ces capitaux était loin d'être sollicitée comme elle l'est aujourd'hui, par la facilité de leur emploi, l'agriculture semblant les repousser au lieu de les attirer.

Passons maintenant à des considérations d'un autre ordre.

La France était, au moyen âge, un pays de grande propriété. L'étendue des terres d'une seigneurie était souvent fort considérable; si cette étendue se trouvait hors de proportion avec les moyens d'exploitation et la fortune des propriétaires, on comprend que l'amélioration de la culture y trouvât un obstacle sérieux. On comprend aussi qu'il existe un rapport nécessaire entre le degré de la culture d'un pays et le degré de la condition des populations qui l'habitent.

Or, tout porte à croire que les propriétaires avaient des moyens d'exploitation insuffisants. La preuve en est dans le système des accensements auquel ils étaient forcés d'avoir recours, et dans la grande quantité de terres laissées

---

[1] Un vassal pouvait-il couper une futaie sans autorisation? Coquille pensait qu'il devait, dans tous les cas, indemniser le seigneur (*Questions et réponses*, **xxx**).

L'exploitation d'une censive soulevait des questions du même genre. Elle pouvait être soumise à la surveillance du seigneur direct. (V. ch. IV.)

jusqu'au dix-septième siècle en friche et en marécages. Sans doute, il n'existe pas de relation absolue entre la dimension des propriétés et celle des exploitations, telles que les censives, les métairies ou les fermes, la première étant surtout l'effet des lois, et la seconde celle de l'économie agricole d'une époque. Les documents que nous avons sur l'économie agricole d'autrefois ne peuvent non plus devenir la base d'une induction bien légitime, et il serait téméraire d'appuyer une affirmation générale sur des faits isolés et d'une appréciation aussi difficile. Il semble pourtant qu'au moyen âge l'étendue des exploitations fût plus en rapport avec celle des propriétés qu'avec le nombre d'ouvriers et la quantité de capitaux qui leur étaient nécessaires. Ainsi, l'on voyait fréquemment, au seizième siècle, des fermes de douze et de quinze charrues, et quelques-unes en avaient jusqu'à vingt ou trente [1]. Une charrue était alors évaluée à soixante acres de Normandie, ou à cent vingt arpents de l'Ile-de-France. On sait aussi que les exploitations occupées par des communautés de paysans étaient quelquefois très-considérables. La grande culture était nécessairement contemporaine de l'association des cultivateurs.

Quand on douterait de cet état de choses et de ses conséquences fâcheuses, il suffirait de considérer que la législation et les progrès de l'économie agricole ont eu pour objet constant de le modifier. Ainsi, la législation des trois derniers siècles y contribua de plusieurs manières : tantôt par la libération des censives, dont elle diminua peu à peu la dépendance, et qui se transformèrent même, au moyen de la prescription ou de la perte des titres, en propriétés d'une indépendance absolue; tantôt par le partage égal dont elle avait fait la loi des terres roturières; tantôt enfin

---

[1] Monteil, *Histoire des Français des divers états*, seizième siècle, d'après Olivier de Serres, et la *Maison rustique* de Liébaut.

par les dérogations qu'elle admit à l'ancienne indivisibilité des terres nobles.

Les progrès de l'économie agricole, ou, si l'on aime mieux, ceux des lumières, de l'industrie et des capitaux, conduisirent aux mêmes résultats, et contribuèrent à diviser les propriétés et les exploitations. Les plus anciens exemples que l'on puisse citer d'exploitations réduites à une juste mesure appartiennent aux provinces les plus fertiles de la France et aux terres de l'Eglise, qui étaient ordinairement les mieux cultivées [1]. Quand les capitaux s'accrurent et circulèrent plus librement dans les campagnes, les paysans purent changer leurs métairies en fermes, et acheter des propriétés au lieu de prendre des censives. Ces changements furent avantageux à tous les points de vue et pour tout le monde, car les cultivateurs, à titre de fermiers ou de propriétaires, furent plus directement intéressés à un bon aménagement du sol et de ses produits. Le mouvement de division des fermes et de morcellement des propriétés rurales fut même si rapide, qu'au dix-huitième siècle, dans les provinces où les paysans devenaient ainsi fermiers ou propriétaires, l'opinion publique s'en préoccupait, et signalait ses avantages en même temps que les périls que son abus pouvait entraîner. Arthur Young constate cette tendance dans plusieurs provinces, d'ailleurs éloignées et différentes les unes des autres, en Flandre, par exemple, et sur les bords de la Garonne. Fidèle aux habitudes et même aux préjugés d'un cultivateur anglais, il se plaint en vingt endroits de voir cette division s'étendre et le sol se réduire en poussière. La plupart des économistes du dix-huitième siècle, qui écrivaient au point de

[1] Une charte du *Cartulaire du S.-Père de Chartres* (dixième siècle) cite plusieurs manses censuelles, qui comprenaient chacune une étendue de vingt bonniers de terres, c'est-à-dire d'environ vingt-cinq hectares e demi. On doit croire que les terres de l'église de S.-Père étaient les mieux cultivées de la Beauce.

vue de la noblesse et de l'aristocratie foncière, exprimaient
les mêmes plaintes sur les ravages exercés par la petite
culture, et entendaient par là le morcellement des exploitations comme celui des propriétés[1]. Mais, si le morcellement était funeste par son excès, et surtout contraire à
l'intérêt aristocratique, le fait de la propriété rendue accessible aux paysans n'en avait pas moins d'heureuses
conséquences. Young corrige lui-même ce que son blâme
avait de trop absolu, en convenant que les provinces où
les paysans étaient propriétaires offraient en général un
aspect plus florissant, et il cite comme exemples le Béarn,
le Querci, la Gascogne, la Guyenne, la Flandre, l'Alsace,
au moins dans quelques-unes de leurs parties. Dans le
temps même où il écrivait, les cahiers de plusieurs bailliages, rédigés pour les Etats généraux de 1789, exprimaient de la manière la plus formelle le vœu de la division
des terres et des cultures[2].

Les campagnes souffrirent, durant les deux derniers siècles, d'une autre plaie plus funeste à coup sûr que les abus
du morcellement du sol, je veux dire de l'absentéisme des
grands propriétaires. En effet, quand les propriétaires
jouirent de la faculté de toucher leurs revenus en argent
et de les consommer ailleurs que sur leurs terres, beaucoup d'entre eux, et surtout les chefs des familles nobles
et les dignitaires ecclésiastiques, quittèrent peu à peu leurs
châteaux et leurs bénéfices pour la proximité de la cour

---

[1] V. surtout le marquis de Mirabeau, *Philosophie rurale.* — J'hésite à le
citer, car il y a peu d'auteurs dont les opinions soient plus incohérentes
et les jugements plus suspects de partialité. Ses calculs sont extrêmement hypothétiques ; il prétend que la petite culture occupe en France
jusqu'aux sept huitièmes des terres cultivées. Ce n'est là qu'un chiffre
en l'air et une assertion vague ; mais cette exagération atteste la réalité
de la division du sol et les craintes qu'elle inspirait.

[2] Cahiers de Dourdan, de Crépy, d'Etampes, de Montereau, de Provins. Cf. Arthur Young, *Voyage en France,* t. III.

ou le séjour des grandes villes. Dès le quatorzième siècle, les princes du sang et les grands feudataires avaient des hôtels à Paris. Leur exemple descendit successivement dans les autres rangs de la noblesse. Depuis le règne de François Ier, la cour attira davantage; mais ce fut surtout après les guerres de religion que la noblesse, ayant perdu son indépendance féodale et vu diminuer la considération que jusqu'alors la propriété territoriale et le séjour des châteaux lui avaient donnée, se laissa plus vivement solliciter par l'attrait de la cour, le goût du luxe et des plaisirs, et de nouveaux besoins de convention. Ce fut alors que l'absentéisme prit de redoutables proportions.

Ses progrès étaient considérables et ses vices frappants au temps de Henri IV; car Sully s'en plaint dans ses Mémoires, et, suivant Péréfixe, Henri IV « déclara hautement aux « nobles qu'il voulait qu'ils s'accoutumassent à vivre cha- « cun de son bien, et, pour cet effet, qu'il serait bien aise, « puisqu'on jouissait de la paix, qu'ils allassent voir leurs « maisons et donner ordre à faire valoir leurs terres. »

Cependant les propriétaires avaient, en ce temps-là, un bien plus grand intérêt que du nôtre à ne pas quitter leurs biens de campagne. Olivier de Serres leur conseillait de fabriquer eux-mêmes leurs aliments et leurs vêtements avec les produits de leur exploitation, plutôt que de vendre ces produits et d'en consacrer le prix à l'achat d'objets fabriqués ailleurs. Ils devaient y trouver, selon lui, une grande économie. La division du travail, cette raison puissante de l'activité de notre temps et qui décuple ses forces productives, n'existait donc pas encore. Quoique Olivier de Serres eût trop de jugement pour établir sur ce sujet une règle absolue, il croyait qu'en général il était de l'intérêt du seigneur d'avoir dans chaque exploitation une boucherie, une boulangerie, une filature, etc. [1].

---

[1] *Théâtre d'agriculture*, liv. VIII.

Ainsi, les mœurs étaient alors plus fortes que les intérêts.

Avec un bon système de fermage, l'absentéisme aurait eu de moindres inconvénients ; mais, quoiqu'il ait pu contribuer au développement et à la propagation du bail à ferme, les propriétaires n'en abandonnaient pas moins la plus grande partie de leurs terres à des métayers qu'ils ne surveillaient plus, et auxquels ils ne faisaient que les avances indispensables, quelquefois même à contre-temps. Le revenu du sol n'était donc plus dépensé sur le sol même, ni consacré à son amélioration. Les campagnes furent déshéritées du mouvement et de l'aisance qui avaient entouré les demeures seigneuriales placées au milieu d'elles. Les seigneurs renoncèrent avec le temps à l'exercice de ces libéralités et de cette charité puissante, que ne remplacèrent pas toujours avec avantage le patronage de l'Etat et la charité officielle.

Au dix-huitième siècle, la désertion des campagnes, favorisée par les séductions de la cour, par les préjugés, par la politique du gouvernement, était devenue commune [1], et avait même entraîné la ruine de plusieurs grandes familles. Une partie de la propriété territoriale avait alors changé de mains, en dépit des lois qui la frappaient d'une sorte d'immutabilité. On vit des propriétaires, plus ou moins ruinés, abuser étrangement de l'exercice des droits seigneuriaux dont ils étaient réduits à tirer leur principal revenu. Le marquis de Mirabeau signalait la jouissance de ces droits comme un des grands avantages attachés à l'achat d'une terre. Il s'en servit même comme d'un argument pour ramener la noblesse à la vie des champs; aimant mieux, disait-il avec le dédaigneux laisser-aller de

---

[1] « Il y a en France plus de quatre-vingt mille châtellenies ou marqui-
« sats ; il n'y a pas trois cents seigneurs qui les habitent. Ainsi des au-
« tres terres titrées. » Rougier de la Bergerie, *Recherches sur les abus qui s'opposent aux progrès de l'agriculture*, 1788. Il est vrai que ces chiffres sont loin d'être officiels.

son langage, voir les seigneurs vexer leurs sujets en personne que par procureurs. Quels que soient le peu de valeur et l'incohérence de ses élucubrations, ce fut lui qui attaqua le premier l'absentéisme; qui se plaignit que, depuis les habitudes prises à la cour et la multiplication des parcs et des maisons de luxe, les noms de provincial et gentilhomme de campagne fussent devenus une sorte d'injure; qui offrit à ses contemporains l'exemple des gentilshommes anglais vivant la plupart dans leurs propriétés, qui exhorta les seigneurs à consommer sur les lieux mêmes le fruit de leurs extorsions, si extorsions il y avait, et à soutenir, à protéger, à encourager les métayers de leur présence, ne fût-ce que dans un intérêt d'égoïsme [1].

Ces considérations, tout incomplètes qu'elles sont, peuvent faire comprendre quelles étaient les conditions de la propriété seigneuriale. Reste à signaler encore un autre de ses caractères, qui n'est pas le moins considérable, c'est que les seigneurs ont longtemps servi d'intermédiaires au gouvernement vis-à-vis de leurs tenanciers, d'abord pour l'établissement de l'ordre et de la police à l'intérieur, pour l'administration proprement dite (V. le chapitre suivant); puis, après qu'ils eurent perdu leur souveraineté originaire, pour la direction des intérêts agricoles. Les intendants les consultèrent sur toutes les mesures qui intéressaient les campagnes. Ce qu'on appelait l'intérêt des campagnes n'était guère autrefois que celui des propriétaires nobles; Olivier de Serres lui-même ne se place jamais à un autre point de vue. Mais ce point de vue était bien moins exclusif dans la réalité qu'il ne nous le paraît. Les campagnes ont dû beaucoup à l'intervention des propriétaires dans la solution de questions importantes. Ce furent eux qui, durant les deux derniers siècles, entreprirent, en associant leurs capitaux et en formant des compagnies, sous la di-

---

[1] Marquis de Mirabeau, *Philosophie rurale.—L'Ami des hommes.*

rection et à la sollicitation des intendants, les plus grands travaux d'utilité publique, tels que les défrichements, les assainissements, les desséchements de marais, etc.[1]. Quand les économistes du règne de Louis XV sollicitèrent l'adoption de mesures favorables à l'agriculture, ils crurent qu'il fallait relever la noblesse pour faire refleurir les campagnes. Les uns songèrent donc à ressusciter les anciennes lois qui, comme celles des substitutions, avaient pour but d'assurer sa perpétuité; d'autres s'efforcèrent de ramener les propriétaires nobles sur leurs terres, principalement lorsque ces terres étaient cultivées par des métayers. Les assemblées provinciales réunies sous Louis XVI, et dont nous avons encore de remarquables procès-verbaux, donnèrent aussi à l'intervention des propriétaires, dans la gestion des intérêts matériels, une nouvelle forme et une nouvelle puissance[2].

A défaut d'autre succès, les économistes remirent quelque peu l'agriculture en honneur. Elle fut encouragée par l'opinion publique, qui ne fut même pas toujours exempte, à son sujet, d'excès et d'affectation.

Choiseul fut agricole et Voltaire fermier.

Quesnai démontra de la manière la plus évidente ce qu'on n'entrevoyait que vaguement avant lui, que les propriétaires du sol ne pouvaient être riches si leurs fermiers ou leurs métayers demeuraient pauvres, et qu'il existait une solidarité absolue d'intérêts entre les membres d'une même société. Toutefois, il y eut longtemps encore sur ce point plus d'engouement que de véritable intelligence des

---

[1] Par exemple, la compagnie formée en 1702 pour le desséchement des marais du Languedoc, et qui avait à sa tête le duc de Noailles, comprenait la plupart des grands propriétaires de la province, qui y entrèrent à la sollicitation de l'intendant, M. de Bàville.

[2] V. sur toutes ces questions le chap. VII.

besoins publics. On partait de trop loin ; l'agriculture avait
été plongée dans un discrédit trop général. Young se plaignait, à la veille même de 89, de son impopularité, regret-
tée autrefois si énergiquement par Vauban et Boisguillebert. C'est encore aux lois de l'Assemblée constituante et
au Code civil qu'ont été dues, en ce sens, les innovations les
plus heureuses; c'est alors que le travail de l'opinion, pré-
paré depuis quarante ou cinquante ans; est arrivé à sa
maturité, et que les idées ont pris décidément un autre
cours.

SECTION II. — De la propriété ecclésiastique.

L'étendue des propriétés ecclésiastiques a été très-considérable en France pendant toute la durée de l'ancienne
monarchie, et cela tient à plusieurs causes dont je ne ferai
qu'indiquer les principales.

En premier lieu, les établissements religieux reçurent
de tout temps de riches donations de la piété des princes
et des fidèles, et quoique leurs biens fussent exposés jusqu'au milieu du moyen âge et jusqu'à la renaissance de
l'ordre public à des pillages perpétuels, ils réparèrent toujours leurs pertes; ils le firent même le plus souvent d'une
manière avantageuse. Ils réunirent aussi, seuls ou presque seuls, bien que dans la mesure que chaque époque
comportait, des capitaux applicables à l'industrie agricole.
Enfin ils virent augmenter le nombre de leurs tenanciers,
parce qu'ils leur assuraient des droits plus étendus et mieux
garantis que ne le faisaient les seigneurs laïques.

Ce ne fut donc pas seulement par la force de l'esprit religieux, mais encore par les avantages qu'elle offrait à
ceux qui vivaient sous sa dépendance, que l'Eglise exerça
un immense ascendant sur la population des campagnes.
Il y eut des temps où le nombre de ses sujets s'accrut avec
une extrême rapidité. Par exemple, lorque le système féo-

dal vint à prévaloir, beaucoup de propriétaires, libres jusqu'alors, mais qui ne pouvaient plus garder leur liberté,
se placèrent, comme oblats, sous le patronage et la dépendance d'un établissement religieux. Les uns furent des
vassaux qui s'obligèrent à un service militaire ; les autres
des censitaires qui payèrent une redevance fixe, un cens,
en raison de la protection dont ils jouissaient. Il y eut
même des hommes libres qui se vouèrent au service d'une
église ou d'un couvent, comme serfs ou mainmortables[1].

Le clergé s'est donc trouvé, depuis l'époque féodale,
propriétaire, comme la noblesse, d'une très-grande partie
du sol de la France. Sa propriété présente, en général, les
mêmes caractères, soit politiques, soit économiques[2].

En effet, comme elle participait aux mêmes pouvoirs
publics, elle était soumise aux mêmes règles touchant l'indivisibilité et l'administration des seigneuries.

Elle était frappée d'une immutabilité qui fut encore plus
complète et, par conséquent, plus funeste. Les biens d'É-
glise furent placés presque entièrement hors du commerce,
par la durée perpétuelle des communautés, par le respect
absolu témoigné pour la volonté des donateurs, et par les
formalités qui entravèrent leur aliénation. La législation
royale finit par soumettre tous les corps qui étaient
considérés comme des personnes morales, les églises, les
communautés religieuses, les confréries, les chapitres, les
colléges, auxquels il faut joindre les villes et les établissements de bienfaisance, à une mainmorte particulière, c'est-

---

[1] *Ministeriales*. Quelques-uns se faisaient esclaves dans toute la rigueur
du mot, aimant mieux, d'après le langage des chartes, être les esclaves
de Dieu que les affranchis du siècle « Eligens magis esse servus Dei quàm
libertus seculi ». Potgiesser, *De statu servorum*. Cf. M. Guérard, *Polyptique de S.-Germain-des-Prés*.

[2] On sait que les usages féodaux s'étendirent quelquefois aux biens des
églises. Quelques-uns de ces biens étaient possédés, par exemple, à titre
de fiefs.

à-dire qu'elle les déclara incapables de faire des contrats ou des acquisitions et des aliénations réelles sans l'autorisation du roi, comme les anciens serfs ne pouvaient en faire sans l'autorisation des seigneurs. L'introduction de cette mainmorte s'explique par plusieurs raisons. Elle eut pour objet de consacrer le droit de surveillance de l'Etat sur l'administration des bénéfices et des biens de communauté; car les bénéficiers et les membres d'une communauté n'étaient que les administrateurs temporaires de fonds dont la nue propriété appartenait à l'Eglise ou à la communauté, c'est-à-dire à une personne morale perpétuelle. Elle mit aussi des conditions au développement de la richesse territoriale des églises. Enfin, elle indemnisa le Trésor public des pertes que la multiplication des terres ecclésiastiques lui faisait éprouver au point de vue financier[1].

Non-seulement les églises avaient besoin de l'autorisation royale pour aliéner ou même pour sous-inféoder leurs terres; mais, quand l'aliénation avait lieu, elles conservaient le droit de rentrer dans leurs biens pendant d'assez longs délais, en en restituant simplement le prix[2].

Si les caractères politiques de la propriété du clergé ne diffèrent pas sensiblement de ceux de la propriété noble, les caractères économiques sont aussi les mêmes. Nous retrouvons ici la grande étendue ordinaire des exploitations, l'absentéisme des bénéficiers, aux mêmes époques et pour les mêmes causes. Il est vrai qu'un certain nombre de communautés religieuses se sont vouées plus ou moins spécialement à l'agriculture, et ont exercé, à ce titre, sur

[1] Surtout pour les droits de mutation. C'était assez l'usage que les gens de mainmorte se fissent représenter par un *homme vivant et mourant* (à leur place), dont la mort donnait ouverture aux *lods et ventes* et autres droits semblables.

[2] Pendant les seizième et dix-septième siècles, toutes les fois que le clergé aliéna ses biens pour payer des subsides extraordinaires à l'Etat, il stipula ce droit de retour.

les campagnes une influence toute particulière ; elles ont
fait de grands travaux et rendu de grands services ; elles
ont formé les premières réunions de capitaux en l'absence
ou tout au moins l'insuffisance des capitaux individuels.
Cependant il faut remarquer que les capitaux des monastères étaient plutôt agglomérés qu'associés, car ils étaient
réunis à perpétuité, et formaient une propriété collective
indivise [1].

L'Eglise avait autrefois un privilége remarquable qu'il
importe de rappeler. Elle levait assez généralement dans
les campagnes, non-seulement sur ses terres, mais aussi
sur celles de beaucoup de seigneurs laïques, la dîme des
fruits et des récoltes. Le payement de la dîme fut déclaré
obligatoire par tous les actes royaux depuis le concile de
Francfort, où Charlemagne prit l'engagement de faire exécuter par le bras séculier l'excommunication portée contre
ceux qui s'y refuseraient [2].

La plupart des auteurs du dix-septième siècle, et même
une partie de leurs devanciers, faisaient reposer la dîme
sur l'autorité de l'Ancien-Testament. Quelle que fût cette
autorité, la dîme avait la même origine que dans l'ancienne
loi. Le but de Charlemagne, quand il la rendit obligatoire
par ses Capitulaires, était d'assurer sur chacune des frac-
tions du territoire l'entretien d'un ministre du culte [3]. A une
autre époque, quand le clergé, devenu plus nombreux et
plus riche, fut mieux disséminé sur toutes les parties de la
France, cette raison principale fut oubliée ou supplantée par

[1] L'histoire des communautés religieuses pourrait fournir, au point de
vue économique, de précieux renseignements pour l'étude du principe
d'association.

[2] Cf. l'ordonnance de Blois de 1579, art. 49 et 50.

[3] C'est la pensée exprimée par tous les conciles du moyen âge. On
joignait ordinairement à la dîme quelques redevances ou services dont
le but était le même, comme les redevances de cierges, le service de
réparer l'église, etc.

les arguments accessoires dont on l'avait d'abord fortifiée. Mais, comme ces arguments accessoires eux-mêmes ne furent plus jugés suffisants pour légitimer la dîme, on en vint à la considérer comme ayant pour objet d'indemniser le clergé des dépenses de services publics qui furent plus ou moins mis à sa charge, par exemple, de l'entretien des établissements de bienfaisance et de ceux d'instruction.

La dîme eut le malheur d'être souvent détournée de son but. Il n'était pas rare que des laïques s'en emparassent, malgré la résistance de l'Eglise. Si quelquefois les héritiers des usurpateurs, pour calmer les scrupules de leurs consciences, en attribuaient tout ou partie à des communautés de moines, le clergé des campagnes n'en restait pas moins plongé dans un état de souffrance et de dénûment. La dîme soulevait aussi une foule de difficultés juridiques qui ne faisaient que favoriser ces usurpations, et dont on peut juger par les exemples qui suivent. On discutait la question de savoir si, pour être levée sur des terres seigneuriales ou royales, elle devait être autorisée par les seigneurs ou le roi, si elle entraînait un droit de suite, si elle pouvait être levée sur les fiefs comme sur les biens de roture, sur les droits incorporels comme sur les biens corporels[1]. Les canons laissaient en général aux coutumes la solution de ces difficultés. C'étaient surtout les dîmes inféodées, c'est-à-dire sorties des mains de l'Eglise et possédées par des particuliers, qui faisaient naître le plus de procès.

Quoique la dîme fût aussi juste en principe que toute autre redevance, elle avait au point de vue agricole des inconvénients déjà sensibles par ce qui précède, mais encore bien plus étendus. Elle était malheureusement proportionnée à la quantité des récoltes, au produit brut, et

---

[1] Sur les deux dernières questions, la plupart des coutumes répondaient affirmativement (Grimaudet, *Des dîmes*, liv. III).

ne l'était pas au produit net, ou au gain réel du cultivateur. Elle atteignait quelquefois des proportions exagérées.
On pourrait citer des exemples de dîmes doubles ou triples.
Dans certaines localités, après avoir dîmé les gerbes, on
dîmait les mesures portées au moulin, puis les pains sortant du four. Au fond, ces vices, ces abus étaient les mêmes
que ceux de la plupart des autres droits seigneuriaux auxquels la dîme peut être assimilée[1]. Elle appartenait à un
système de redevances très-défectueux, qu'il y aurait folie
à défendre aujourd'hui malgré l'ordinaire absurdité des
déclamations et des attaques de ses accusateurs. Il avait
fallu que l'ancienne législation en adoucît, en tempérât
déjà les rigueurs. Les usages locaux en affranchirent presque partout les prairies, les jardins, les bois, les étangs et
d'autres parties des exploitations agricoles[2]. Au dix-huitième siècle elle ne se payait plus, au moins dans la Flandre
qui passait pour la mieux cultivée de toutes les provinces,
que sur le blé et le vin. Sa quotité était variable et ne
s'élevait pas toujours jusqu'au dixième; il y avait aussi
des pays où les dotations des établissements religieux en
avaient exempté les habitants[3].

Somme toute, le clergé exerçait, comme propriétaire,
la même influence que la noblesse, à la dîme-près et aux
circonstances particulières que je viens de rappeler. Mais
il avait encore, en tant que clergé, une influence spéciale,
un pouvoir d'une autre nature.

Dans les temps féodaux, les obligations réciproques des
seigneurs et des sujets étaient placées sous une garantie
religieuse. L'Eglise intervenait pour faire respecter tous

[1] V. le chap. suivant.

[2] Grimaudet, *Des dîmes.*—Cf. De Jouy, *Principes et usages concernant
les dîmes,* 1751.

[3] La loi de l'Assemblée constituante sur les droits féodaux déclara,
comme on sait, les dîmes de toute espèce convertibles en argent et
rachetables à la volonté des contribuables (art. 7).

les droits et remplir tous les devoirs. Ce n'était d'ailleurs pas là une sanction purement abstraite, puisque les conciles et les papes eurent souvent recours au bras séculier pour assurer l'exécution de leurs anathèmes.

Plus tard, le gouvernement se servit des curés de campagne, comme il se servait des seigneurs, et il en fit ses intermédiaires naturels vis-à-vis des populations. Sans parler encore des attributions administratives qu'il leur confia [1], il les consulta, en même temps que les seigneurs, sur toutes les questions d'intérêts locaux ; il les chargea ordinairement du soin des enquêtes. Il leur adressa la plupart de ses instructions concernant la culture et l'introduction de nouveaux procédés agricoles. C'est à Messieurs du clergé que Sully envoya celles qu'il fit rédiger pour l'élève des mûriers et l'éducation des vers à soie. Turgot, étant intendant de Limoges, adressa aux curés la plupart de ses circulaires, et, entre autres, celles qui avaient rapport aux bureaux de charité, aux distributions pour les indigents, aux préparations alimentaires, à l'amélioration des cultures.

Il y avait, à cette dernière époque, deux sortes d'établissements, les établissements de bienfaisance et ceux d'instruction, que le clergé, et plus particulièrement les curés, dirigeaient, au moins dans les campagnes, d'une manière presque exclusive.

La bienfaisance avait été, ce semble, abandonnée longtemps à elle-même. Dans les siècles de la féodalité, l'hospitalité et la charité pouvaient s'exercer d'une manière libérale et coûtaient peu de chose, comme aujourd'hui encore elles coûtent moins dans les campagnes que dans les villes. Les seigneurs, laïques ou ecclésiastiques, faisaient des distributions de vivres, de grains, d'objets divers, aux pauvres des paroisses, en proportion des besoins

[1] V. le chap. VII.

de l'année ou de l'abondance des récoltes; ils se chargeaient
d'ailleurs de nourrir et d'entretenir leurs ouvriers qui
étaient ainsi la plupart à l'état de domestiques.

Cependant, les établissements religieux avaient regardé
de tout temps l'exercice de la bienfaisance comme une
obligation plus particulière. Ils faisaient visiter sur leurs
terres les malades et les pauvres par leurs aumôniers; ces
derniers, ainsi que leur nom l'atteste, avaient le soin des
distributions charitables qui se faisaient régulièrement aux
portes des monastères et des abbayes. C'étaient les moines
qui exerçaient la médecine dans les campagnes et y rendaient gratuitement le genre de services que les professions
libérales y rendent aujourd'hui.

Plus tard, après le quinzième siècle, les conditions
d'existence des cultivateurs furent profondément modifiées par la révolution économique qui accompagna le
progrès de l'ordre et de la richesse. Ils souffrirent alors les
inconvénients d'une indépendance plus grande, en même
temps qu'ils en recueillaient les avantages. Tandis que la
production agricole devenait plus abondante, le travail
plus libre, plus facile et mieux rétribué, l'ouvrier des
campagnes, plus abandonné à ses seules forces, perdait
d'un autre côté les garanties dont il avait d'abord joui
contre la mauvaise fortune et la misère. La mendicité dut
augmenter; la charité, plus onéreuse pour ceux qui la firent, fut moins efficace pour ceux qui la reçurent. L'État
se vit donc dans l'obligation d'en régler l'exercice et de
faire des établissements de bienfaisance un service public.
La Sorbonne, ayant été consultée, en 1530, par les magistrats de la ville de Lille, trouva bon qu'on obligeât les
pauvres à ne recevoir que la charité publique, et les personnes qui faisaient des aumônes à prendre les villes et les
établissements de bienfaisance pour intermédiaires.

Dans les campagnes, desquelles seules je dois m'occuper,

la gestion de ces établissements, lorsqu'il en exista quelques-uns, l'administration et la distribution des secours, appartinrent aux curés. Les fonds de secours se composaient des donations, legs et offrandes volontaires des particuliers, et d'une quote-part variable du revenu des bénéfices ecclésiastiques. Dans le Dauphiné, cette quote-part était ordinairement du vingt-quatrième [1].

Il y avait des paroisses où les curés partageaient la direction des établissements charitables et des secours publics avec des notables qui portaient le nom d'administrateurs des pauvres. Cette direction fut d'abord placée sous la surveillance des évêques, auxquels les curés et les administrateurs des pauvres prêtaient serment et rendaient leurs comptes [2]. Mais le gouvernement, à partir du règne de Louis XIV, s'efforça de séculariser l'administration des hôpitaux, même dans les campagnes, et de l'attribuer aux juges plutôt qu'aux curés [3]. En général, c'était la volonté des donateurs qui faisait loi ; quand cette volonté n'était pas suffisamment exprimée, un acte royal intervenait, qui nommait un conseil d'administration où le juge du lieu occupait la première place, et le curé la seconde.

Je ne puis faire ici l'histoire du grand nombre de mesures que le gouvernement prit, durant les trois derniers siècles, pour éteindre la mendicité. Encore moins entreprendrai-je de déterminer jusqu'à quel point elles furent efficaces. C'est dans les circulaires de Turgot et dans les procès-verbaux des assemblées provinciales tenues sous Louis XVI, qu'on peut le mieux apprécier l'action des institutions de bienfaisance et l'organisation des ateliers de charité pour les campagnes.

[1] Elle fut ainsi fixée par un arrêt du Parlement de Grenoble, du 29 avril 1564, confirmé en 1616, 1626, 1648 et 1675 (Guy-Allard, *Dict. du Dauphiné*).

[2] Arrêt du Conseil du 28 mai 1655.

[3] Ordonnance de décembre 1698.

Les établissements d'instruction, les écoles, furent à leur tour dotés et administrés par le clergé.

Les anciens conciles recommandaient aux patrons et aux curés des paroisses d'y fonder et d'y entretenir des écoles. C'était, suivant Gerson, un devoir pour les prélats de favoriser et de surveiller dans leurs diocèses l'instruction, qui faisait partie du ministère sacré [1]. Cette recommandation fut renouvelée plus tard, au nom du gouvernement, par les ordonnances d'Orléans et de Blois [2]. Chaque église cathédrale ou collégiale dut affecter une prébende à l'entretien d'un instituteur ; la même obligation était imposée aux abbayes et aux monastères. L'enseignement était gratuit.

Malgré ces efforts de l'autorité religieuse et civile, l'instruction élémentaire dut être longtemps faible et languissante dans les campagnes, et la meilleure preuve en est dans la rareté des documents qui la concernent pour tout le moyen âge. Quelques exceptions, en admettant qu'elles fussent prouvées, ne détruiraient pas ce que cette assertion a de général.

Il faut descendre jusqu'à la fin du dix-septième siècle pour trouver des arrêts du Conseil, des édits et des déclarations royales qui, en se conformant d'ailleurs aux décisions du concile de Trente, manifestent plus d'exigence et règlent l'instruction populaire dans toutes ses parties. Les maîtres et maîtresses d'école durent recevoir l'institution ou tout au moins l'autorisation du curé de la paroisse ; on les soumit à l'inspection de l'archevêque, de l'évêque ou de l'archidiacre, qui devaient les interroger sur leurs doctrines, surveiller leurs mœurs et leurs méthodes d'enseignement, et les déplacer ou les remplacer au besoin [3]. Sous Louis XV, le gouvernement entreprit de

<hr>

1 Gerson, *Tractatus de visitatione prælatorum.*
2 Ordonnance d'Orléans de 1561, art. 9 ; de Blois, de 1579, art. 33.
3 Edit de 1695, art. 25.

rendre à peu près obligatoire l'enseignement primaire,
qui avait pour objets la religion, la lecture et l'écriture.
Il exigea donc que chaque paroisse entretînt deux écoles,
une pour les enfants de chaque sexe. Manquaient-elles de
fonds, appel était fait à la générosité des seigneurs et des
personnes riches; mais si cet appel n'était pas entendu et
qu'il n'y eût aucune autre ressource disponible, on forçait
les paroisses à s'imposer pour subvenir à l'entretien des
écoles et au payement des gages, qui étaient de cent cinquante livres pour les maîtres, et de cent livres pour les
maîtresses. Chaque mois, les curés, les vicaires, les maîtres
et les maîtresses devaient faire la liste des enfants qui négligeaient de se rendre aux écoles, et l'envoyer aux procureurs du roi ou des seigneurs haut-justiciers, pour que
ceux-ci fissent un rapport aux procureurs généraux près
des Parlements [1].

Quelle fut l'efficacité de ces édits et de ces déclarations,
on ne saurait le dire. Le manque absolu de documents
statistiques ne permet pas d'apprécier les progrès que l'enseignement élémentaire avait pu faire avant 1789; mais
on doit croire qu'il en avait fait très-peu; car, en 1786,
l'Assemblée du Berry se plaignait encore que l'instruction
des paysans fût nulle; elle demandait que l'on y consacrât
le revenu de quelques bénéfices, et que l'on confiât aux
maisons religieuses de la province le soin de former des in-
stituteurs. Ainsi, tout ce qui a été entrepris à cet égard, quel
qu'en ait été le succès, ne date guère que de soixante ans.

L'utilité de l'instruction dans les campagnes était même
très-contestée autrefois. Depuis Charles Etienne, qui publia plusieurs ouvrages d'agriculture, en 1535, et qui ne
voulait pas que les paysans sussent lire et écrire, jusqu'aux
écrivains qui croyaient, à la fin du dernier siècle, soutenir
le parti de la noblesse par des sophismes souvent ridicules,

[1] Déclaration du 24 mai 1724.

l'ignorance trouva de nombreux défenseurs. Elle eut pourtant aussi quelques rudes adversaires, au premier rang desquels il faut placer le plus original peut-être des hommes qui aient jamais étudié les sciences dans leur application, le célèbre Bernard Palissy. On vit naître également, au dix-huitième siècle, la pensée de doter les campagnes d'un enseignement agricole et professionnel, mis en harmonie avec leurs besoins; mais cette pensée ne fut pas réalisée [1].

SECTION III. — De la propriété communale.

J'entends ici par propriété communale celle qui appartenait aux habitants d'une commune ou d'un village, formant entre eux une association naturelle et nécessaire. Quoique les anciens villages n'eussent pas tous une organisation municipale qui leur fût propre, ils eurent tous des terres communes, sur lesquelles ils exercèrent des droits d'usage, de pâturage, etc. Ces terres communes devaient leur origine à des concessions faites par les seigneurs, par les églises ou par les gouvernements antérieurs. Dans le chapitre suivant, qui traitera de l'administration des villages, j'examinerai comment elles furent régies et quelles difficultés présenta leur mode de jouissance. Je veux seulement observer ici que beaucoup de ces concessions devinrent à la longue des propriétés véritables, qui eurent les mêmes caractères que celles des seigneurs ou des églises. Il semble que, dans ce cas, les communes aient été substituées peu à peu aux seigneurs, auteurs des

[1] De Goyon, auteur de *la France agricole et marchande*, ouvrage publié en 1762, demandait la création d'un enseignement professionnel et d'écoles d'agriculture propres à former des chefs d'ateliers ou des chefs d'exploitations. Entre autres raisons assez curieuses, il alléguait la nécessité de prévenir le déclassement et de retenir les fils de cultivateurs dans les campagnes.

concessions, et qu'elles aient hérité à la fois des droits qu'ils exerçaient et des obligations auxquelles ils étaient soumis [1].

Aussi la législation royale ne se borna-t-elle pas à protéger la propriété communale, et à la garantir contre les usurpations fréquentes qui la menaçaient [2]; elle défendit de l'aliéner ou de la partager sans l'autorisation du conseil, regardant sans doute sa conservation comme un intérêt public. La faculté dont jouissaient les seigneurs et les églises de racheter, dans certains délais et à certaines conditions, leurs domaines aliénés, fut étendue souvent aux paroisses [3]. L'inaliénabilité des terres communales fut presque érigée en principe par l'ordonnance de 1669. Quant aux partages, ils étaient, dans l'origine, plus rares encore et entourés de plus de formalités que les aliénations, parce qu'ils détruisaient la propriété des communes. Du moins, ils n'avaient guère lieu qu'entre les seigneurs et les paroisses pour désintéresser les premiers, quand ils avaient conservé d'anciens droits; les paroisses abandonnaient alors une partie de leurs communaux afin de libérer l'autre.

On voit par là que les conditions de la propriété noble,

---

[1] Suivant M. Beugnot, qui appuie cette assertion sur de bonnes preuves, ce serait aux quatorzième et quinzième siècles que la part de propriété des communes de Languedoc sur leurs communaux aurait été tout à fait reconnue (*Revue française*).

[2] Elle la défendit surtout contre les usurpations des seigneurs (Ordonnances de 1569, de 1629). Cf. la déclaration du 17 avril 1566 pour la Bretagne, l'art. 284 de l'ordonnance de Blois de 1579, l'art. 206 du Code Marillac de 1629, etc., etc.

[3] Édit de 1600. L'art. 57 accorde aux habitants des paroisses qui ont aliéné leurs biens communaux pour acquitter la taille, la faculté de rachat durant quatre années.

L'édit de 1667 autorise les paroisses et les communautés à rentrer dans ceux de leurs biens qui ont été aliénés depuis l'an 1620.

Dans le Dauphiné, on s'occupa, durant tout le dix-septième siècle, de racheter les dettes des communautés, mais on n'y put réussir; la seule vérification en était fort difficile (*Dict. du Dauphiné*, de Guy-Allard).

ecclésiastique ou communale, étaient essentiellement les mêmes. Cette propriété était soumise à des lois et à des servitudes que nous ne connaissons plus aujourd'hui. Elle était encore, à quelques égards, une propriété collective, formant le patrimoine commun, non-seulement du propriétaire, mais de tous les membres de la seigneurie ou de la paroisse. Une organisation toute semblable se retrouve aujourd'hui encore dans des pays qui sont restés à demi barbares, relativement à nous, dans la Russie, par exemple [1]. On ne saurait trop répéter combien notre propriété moderne, libre, indépendante, presque dégagée de toute restriction et de toute entrave, est un fait plus récent que nous ne le supposons d'ordinaire.

[1] De Harthausen, *Etudes sur la Russie.*

CHAPITRE VI.

DE L'ADMINISTRATION DES SEIGNEURIES.

Observations préliminaires.

J'ai déjà défini la propriété seigneuriale, celle à laquelle étaient attachés des pouvoirs publics et des droits de souveraineté.

Le seigneur, au moins dans les temps féodaux, n'était pas seulement le propriétaire auquel les gens de campagne avaient affaire à titre de tenanciers, de métayers, de fermiers ou de domestiques ; il était encore leur souverain et leur juge ; il représentait pour eux le gouvernement[1].Toute l'administration lui appartenait.

Un seignenr exerçait donc, au moyen âge, dans sa seigneurie, les mêmes pouvoirs, les mêmes droits que le roi dans son domaine ; et ces droits, qui entraînaient pour lui une série d'obligations correspondantes, étaient justifiés originairement par une raison administrative ou politique. Vers le treizième siècle, le rétablissement successif de la souveraineté royale commença à restreindre celle des seigneurs, qui fut alors altérée dans son principe, et limitée ou surveillée dans son exercice ; mais la révolution qui soumit la France entière au rayonnement d'une adminis-

---

[1] « Les roturiers ou vilains sont justiciables des seigneurs desquels ils « sont couchans et levans ». Loisel, *Instit. coutumières*, liv. I, règle 19.

tration centrale, dépendante des rois, fut lente à s'accomplir, et ne put effacer toutes les traces du système qu'elle remplaçait. Elle ne s'acheva que fort tard, surtout dans les campagnes, qui n'étaient pas encore, au dernier siècle, affranchies d'un passé de mille ans.

J'ai expliqué, dans le premier chapitre, par quelles circonstances politiques la propriété et la souveraineté avaient été réunies dans les mêmes mains. Il faut ajouter que l'époque de cette réunion (dixième, onzième et douzième siècles) fut précisément celle où l'ancienne servitude disparut. Le propriétaire féodal, jouissant de droits seigneuriaux, servit de transition entre l'ancien maître d'esclaves et le propriétaire moderne dont les relations avec ses tenanciers et ses domestiques sont toutes l'effet de libres conventions. Le système féodal a joué, à ce point de vue, un rôle remarquable dans l'histoire de l'amélioration du sort des classes inférieures, rôle qui n'a pas échappé à la sagacité d'Adam Smith.

La constitution intérieure des seigneuries, les droits dont les seigneurs jouissaient et les obligations qui leur étaient imposées, feront l'objet du présent chapitre. La seigneurie, la plus petite des circonscriptions administratives de l'ancienne France, peut être comparée à notre commune actuelle, quoiqu'elle fût souvent bien plus étendue. La réunion des droits seigneuriaux forme donc le système de l'administration locale.

Les anciens jurisconsultes employaient les mots de *directe* et de *justice* pour désigner ou la réunion d'un certain nombre de ces droits, ou la source dont ils émanaient. Quoique cette distinction ait été longtemps matière à controverse et puisse l'être encore aujourd'hui sur quelques points, on ne saurait douter, depuis qu'elle a été éclaircie par les remarquables travaux de M. Championnière, que la directe ne fût la propriété même et l'ensemble des droits qui en dérivaient, et la justice, la souveraineté avec les droits qui en dérivaient aussi[1]. Rien de plus important que cette distinction et ses effets, malgré l'inévitable confusion qui avait dû s'établir de fait entre la propriété et la souveraineté.

Ainsi la directe et la justice, d'ordinaire confondues, n'étaient pas nécessairement, fatalement attachées l'une à l'autre; c'est ce qu'exprimait cet antique adage : « Fief et justice n'ont rien de commun. » Fief est ici synonyme de directe. Le fief est une institution privée, soumise aux règles des contrats privés; la justice, une institution politique. On exprimait encore la même distinction, en disant que la justice pouvait être sans territoire et le territoire sans justice.

La directe comprenait les droits que le seigneur exerçait sur ses tenanciers, vassaux ou censitaires, qui n'avaient que la propriété utile. J'ai déjà observé que ces droits étaient variables et qu'il était difficile de les définir d'une manière générale. Aussi avaient-ils besoin d'être déterminés dans les titres et les reconnaissances; partout on admettait comme principe de jurisprudence que la directe s'établissait et se constatait par titre[2]. Au fond, elle était

---

[1] *Traité des institutions seigneuriales,* par Championnière, à propos de la propriété des eaux courantes. Le livre de M. Championnière m'a plusieurs fois servi de guide dans ce chapitre. Tout ce qui touche la distinction du fief et de la justice, ainsi que des droits qui en dépendaient, y est traité avec une sagacité lumineuse. Je ne puis cependant reconnaître ce que je lui dois sans faire des réserves sur des assertions et surtout de conclusions trop absolues. Ainsi, je n'admets pas que les droits dérivant de la directe soient ceux du seigneur sur les vassaux nobles, et leatodsrs dérivant de la justice, ceux du seigneur sur les censitaires. Je crains aussi que M. Championnière n'ait trop jugé le moyen âge par l'intermédiaire des jurisconsultes des seizième et dix-septième siècles, et n'ait pas toujours saisi le véritable sens de ses institutions politiques.

[2] Telle était du moins la jurisprudence du dix-huitième siècle. Fréminville, *Pratique universelle pour la rénovation des terres et des droits*

un contrat régi par la volonté des parties, et, à défaut seulement de l'expression de cette volonté, par quelques règles plus ou moins générales[1].

La plus commune et la plus importante de ces règles était celle qui la déclarait imprescriptible. Une telle loi reposait probablement sur le caractère de perpétuité attaché dans l'origine aux concessions de tenures. Toutefois, elle souffrait des exceptions dans quelques provinces, où les coutumes admettaient que les tenanciers pussent ramener par la prescription les terres de leurs concessions à la franchise dont elles avaient joui. Ces exceptions avaient pour but, comme on voit, de favoriser la libération des censives[2].

La justice était l'ensemble des droits qui constituaient la souveraineté, plus communément désignée au moyen âge sous le nom de *potestas* ou poëste[3]. Elle ne s'exerçait pas seulement sur les tenanciers, mais sur tous les habitants de la seigneurie, et même sur ceux d'entre eux qui étaient

seigneuriaux, t. Ier. — La directe n'était d'ailleurs imprescriptible que pour les tenanciers; car un seigneur pouvait la prescrire contre un autre seigneur.

[1] Dans le Dauphiné, suivant Guy-Allard, les seigneurs directs qui n'avaient pas de justice jouissaient des droits de lods, d'investiture, de plaids et de quelques autres. Ils pouvaient se faire indemniser quand les terres soumises à leur directe étaient acquises par des gens de main-morte; ils pouvaient surveiller l'exploitation de ces mêmes terres, probablement afin de s'assurer le payement régulier de leurs cens et redevances.

[2] V. chap. IV, sect. Ire. — Quand la directe était imprescriptible, le cens l'était également. Les coutumes qui admettaient sa prescription étaient celles du Bourbonnais, de l'Auvergne, de la Marche, de Tours, de Loudun. Le Dauphiné, pays de franc alleu et de droit écrit, l'admettait aussi; on supposait que les terres y avaient été franches à l'origine et devaient le redevenir.

[3] « La justice générale, dit M. Championnière, n° 50, ne consistait pas « uniquement dans le droit de juger; loin de là, ce droit ne lui apparte- « nait pas originairement, et, vers les derniers temps, il lui avait été pres- « ue entièrement enlevé. » Cf. Ducange, v° *Justitia*.

propriétaires libres. Elle n'était pas l'effet de contrats ou
de conventions passées avec les sujets : elle tirait son origine de quelque concession ou immunité qui avait été obtenue des anciens rois ; aussi était-elle soumise à d'autres
règles que la directe. C'étaient les coutumes d'abord, et,
plus tard, ce furent les lois d'ordre public qui déterminèrent son exercice et sa sphère d'action. Elle était uniformément imprescriptible dans la France entière, c'est-à-
dire que nul ne pouvait s'en affranchir, comme nul
aujourd'hui ne peut échapper aux obligations que lui im-
pose la société à laquelle il appartient.

En vertu de cette importante distinction, il faut faire
des droits seigneuriaux deux classes, et ranger dans la
première ceux qui appartiennent à la directe, dans la seconde ceux qui appartiennent à la justice [1].

Mais, avant d'examiner ces droits plus particulièrement,
il est bon de dire que la confection et le renouvellement
des papiers terriers qui déterminaient leur existence et
leur mode d'exercice, étaient chose de première importance pour les seigneurs ; car la jurisprudence finit par
exiger des titres pour reconnaître la validité des pouvoirs
seigneuriaux. D'un autre côté, beaucoup de titres ayant
disparu, beaucoup ayant été perdus ou détruits durant les
longues guerres dont la France fut le théâtre aux quatorzième, quinzième et seizième siècles, il fallut les refaire ; les seigneurs s'adressèrent au roi pour obtenir qu'il
y obligeât leurs subordonnés. Les jurisconsultes se pré-

[1] Cette division me paraît plus naturelle, plus simple, et surtout plus
propre à éclaircir le sujet, que celle qu'ont adoptée Fréminville et la plupart des feudistes, en droits réels, droits honorifiques personnels et droits
mixtes, classification qui ne repose que sur une base incertaine, sans
tenir compte de l'origine des droits seigneuriaux ni de leurs caractères
politiques. C'est surtout en ce qui touche les redevances, les corvées et
les autres obligations de nature diverse, imposées aux sujets, qu'il importe
de distinguer celles qui étaient une conséquence de la propriété et celles
qui étaient l'effet de la justice ou de la souveraineté.

valurent alors de ce fait, et prétendirent que l'opération du renouvellement des terriers avait besoin d'être autorisée, soit par la grande chancellerie, soit par les chancelleries des Parlements.

Ainsi, les papiers terriers durent être refaits souvent, sans compter qu'ils avaient besoin d'être rectifiés sans cesse pour la partie qui servait de cadastre. L'usage s'introduisit de les renouveler à des époques périodiques; dans le ressort du Parlement de Paris, tous les trente ans; tous les vingt ans, dans quelques autres pays[1]. Cette opération avait lieu aux frais des tenanciers ou des justiciables. Si les seigneurs voulaient les faire renouveler extraordinairement et hors des temps légaux, ils en étaient les maîtres; mais alors c'était à leurs frais personnels.

Il serait inutile d'exposer la manière dont les commissaires chargés de ce travail l'exécutaient, et les difficultés sans nombre qu'ils rencontraient pour constater, évaluer et répartir les différents droits seigneuriaux. Cela ne pourrait servir qu'à faire mieux apprécier les embarras et les imperfections des anciens cadastres, ainsi que les vices de l'organisation administrative des seigneuries[2]. Mais je rappellerai que, un terrier renfermant les usages ou les lois d'une seigneurie, il était nécessaire, pour le dresser ou pour le reconnaître, de convoquer tous les tenanciers quand il s'agissait de droits dérivant de la directe, et tous les habitants du territoire quand il s'agissait de droits dérivant de la justice. Les reconnaissances devaient être faites dans chaque paroisse par des syndics, assistés des conseillers et de la pluralité des habitants. Nous avons encore de très-anciens procès-verbaux d'enquêtes ou de jurées destinées à déterminer l'existence et la nature des droits seigneu-

---

[1] Arrêt des grands-jours de Clermont, de 1666, pour l'Auvergne, le Bourbonnais, le Lyonnais, le Forez, le Beaujolais et le Mâconnais.

[2] Fréminville a traité ce sujet fort au long dans sa *Pratique des terriers*.

riaux [1]; et ces enquêtes, ces jurées sont d'autant plus précieuses, qu'elles prouvent que, dès le moyen âge, ces droits étaient bien plus souvent l'effet d'une convention que d'une usurpation. La législation royale prit de grands soins pour régler les contestations qu'ils soulevaient. Elle porta des peines contre les seigneurs qui outrepassaient la teneur de leurs titres. Si l'un d'eux, abusant de l'ignorance de ses sujets, leur faisait reconnaître des droits ignorés de leurs ancêtres, la loi permit que l'opposition d'un seul suffît pour faire réformer la reconnaissance en faveur des autres. Il y avait là, en effet, une ample matière de procès devant les Parlements [2].

Ces changements, ces précautions, apportés dans la manière de constater les droits des seigneurs, montrent à leur tour combien ces droits ont varié, suivant les époques, dans leurs caractères et leurs raisons d'être. C'est du démembrement de l'autorité souveraine et de la décentralisation qui accompagna la décadence des Carlovingiens qu'ils tirèrent leur origine; chaque district éprouvant le besoin d'être gouverné d'une manière ou d'une autre, les pouvoirs locaux recueillirent les débris de la souveraineté qui se morcelait. Telle fut l'incontestable légitimité du gouvernement seigneurial, ce qui ne veut pas dire que souvent aussi l'abus de la force n'ait étendu outre mesure ses prérogatives. Mais, au treizième siècle, et dans les derniers temps du moyen âge, on avait oublié cette origine; l'his-

[1] M. Delisle en cite trois exemples, préface, p. 29. Ces enquêtes concernent, l'une les biens de la Trinité de Caen, au douzième siècle; la seconde, ceux du mont Saint-Michel au milieu du siècle suivant, et la troisième, ceux de Saint-Ouen de Rouen, en 1291.

[2] Il n'était pas rare, au dix-huitième siècle, que les seigneurs se fissent donner par le roi des *lettres de papier terrier*, qui les autorisaient à entreprendre des recherches et même à faire des perquisitions de pièces dans les dépôts publics. Des lettres de ce genre, obtenues par le comte de Rostaing en 1747, sont citées dans *le Livre des seigneurs*, par Clément de Boissy, 1776.

toire était mal connue; les premiers auteurs de jurisprudence cherchèrent à donner aux droits seigneuriaux une
raison philosophique et abstraite, ou à les rattacher à un
passé de convention. Parmi les feudistes, il ne tarda pas
à se former deux écoles, l'une qui défendit le pouvoir de
l'aristocratie et des seigneurs, l'autre qui soutint la préro-
gative royale et la centralisation, favorables d'ailleurs à
l'affranchissement des sujets. L'une et l'autre de ces écoles eut la prétention de remonter jusqu'au droit romain
pour appuyer ses théories, prétention souvent malheureuse, car l'emploi du droit romain était périlleux pour
faire comprendre les institutions d'une société qui, née
de la société romaine, en était cependant bien différente.
Ainsi s'expliquent la profonde variété d'opinion et de jugement des anciens jurisconsultes sur cette matière, les erreurs même dans lesquelles ils sont tombés, et l'embarras
qu'on éprouve aujourd'hui quand on cherche dans leurs
écrits de prétendus principes, qui, adoptés ou méconnus
tour à tour, ne permettent pas de construire un système
uniforme. L'uniformité ne serait ici qu'un mensonge.

C'est sous ces réserves que j'entreprendrai de classer,
dans les deux sections qui suivent, les différents droits
seigneuriaux qui dérivaient de la directe et de la justice.

SECTION I. — Droits dérivant de la directe, ou attachés à la propriété.

Bien que j'aie eu déjà l'occasion de citer la plupart de
ces droits, en parlant de la propriété et des systèmes de
concessions territoriales, je dois rassembler brièvement et
compléter ces indications éparses.

Les droits qui dérivaient de la directe étaient pécuniaires. Du moins, il n'y avait guère, à cette règle, que
deux exceptions. La première était pour les services et les
honneurs que le seigneur pouvait exiger de ses tenanciers

nobles ; encore ces services, ces honneurs, finirent-ils par se résoudre le plus souvent en amendes et en contributions diverses. L'autre exception était pour les obligations particulières que le seigneur pouvait imposer à ses tenanciers et à ses domestiques, en vertu des contrats qu'il faisait avec eux.

C'est donc en quelque sorte le budget personnel du seigneur dont il s'agit d'indiquer ici les sources. Ces sources étaient ordinairement :

1° La rente ou le revenu du domaine propre, soit que le seigneur le fît cultiver lui-même comme sa réserve, soit qu'il l'affermât ;

2° Le cens des terres emphytéotiques ou censives ;

3° Les droits de mutation sur ces mêmes terres et sur les terres féodales, droits appelés généralement reliefs, et connus aussi sous les noms plus particuliers de lods et ventes pour les premières, et de quint et requint pour les secondes. On peut rattacher à cette catégorie de droits ceux que les seigneurs se faisaient payer pour la garde noble ou l'administration des terres féodales pendant la minorité des héritiers, les aides diverses dues par les vassaux, etc.;

4° Les droits perçus sur les mainmortables, comme la mainmorte, le prix des affranchissements ou des autorisations de mariage, etc. ;

5° Il faudrait encore ajouter à cette énumération un certain nombre de redevances que le seigneur prélevait sur les récoltes, sur les ventes d'animaux, sur les produits de la chasse ou de la pêche, toutes les fois du moins qu'il les prélevait à titre de propriétaire et en vertu des contrats.

Mais si tels étaient les droits pécuniaires qui dérivaient pour le seigneur de sa directe, il en avait d'autres encore attachés à sa justice ou aux pouvoirs publics dont il était investi, et qui complétaient son budget. Ce budget se composait donc, pour employer les expressions modernes, de deux chapitres, celui des revenus et celui des impôts [1].

SECTION II. — Droits attachés à la justice ou à la souveraineté.

§ 1. Droits pécuniaires.

Il faut commencer par les impôts l'énumération des droits attachés à la justice.

C'était autrefois un principe que, dans la seigneurie comme dans l'Etat, chaque service public fût rempli par les intéressés et pourvût lui-même à ses dépenses. Ainsi, les routes étaient faites et entretenues par les cultivateurs qui s'en servaient. La plupart des obligations imposées aux sujets des seigneuries roulaient sur ce principe; elles consistaient en journées de travail, plus ou moins susceptibles d'être converties en contributions pécuniaires.

Mais comme certains services publics ne pouvaient guère se subvenir à eux-mêmes, et avaient besoin de fonds qui leur fussent plus particulièrement consacrés, il y était pourvu de deux manières :

1° Par des droits pécuniaires spéciaux attachés à la justice ou à la souveraineté, comme le profit des amendes, des confiscations, des déshérences, le droit de recueillir les épaves et les choses perdues, le droit d'aubaine, etc.;

2° Par des impôts directs, dont les uns étaient des impôts personnels (cens personnel, capage, chevage), et les autres des impôts fonciers établis sur chaque feu (fouage). Il serait trop long d'énumérer tous les noms que l'on donnait à ces impôts, compris ordinairement sous la désignation commune de taille seigneuriale. La taille seigneuriale était payée souvent indépendamment de la taille royale,

---

[1] M. Championnière fait même remonter cette distinction jusqu'au temps des Romains, 2e partie, n. 87 et suiv.

comme on paye aujourd'hui les impositions de la commune ou du département, concurremment avec celles de l'Etat[1].

La taille seigneuriale fut réglée partout, dans son mode d'établissement et de perception, par les coutumes qui sans doute confirmèrent d'anciens usages. Au seizième siècle, au temps où Pasquier écrivait, elle était ou impôt permanent ou impôt extraordinaire. Dans le premier cas, sa quotité était presque toujours fixée d'une manière invariable ; dans le second, cette fixation était faite pour une ou plusieurs années par le seigneur, mais après une enquête sur les facultés des paysans ses sujets, et, disaient la plupart des coutumes, « avec l'avis de prud'hommes res-« séant sur les lieux. » Les paysans s'appelèrent taillables abonnés, quand l'impôt était fixe, et taillables à volonté, quand il était variable[2].

On doit observer, au sujet de ces deux branches de revenus seigneuriaux, qu'elles furent, sinon élaguées, du moins fortement diminuées par les progrès de la centralisation monarchique. Quand le gouvernement du roi se substitua à celui des seigneurs, les droits pécuniaires attachés à la justice ou à la souveraineté furent déclarés n'appartenir qu'au roi, à très-peu d'exceptions près. Et pour la taille seigneuriale, non-seulement elle fut réduite, parce qu'on réduisit les attributions et les charges des pouvoirs locaux, mais son établissement dut être désormais autorisé et confirmé par les Parlements. Ce furent les Parlements qui en réglèrent la répartition et la percep-

---

[1] Le mot de *taille* eut, jusqu'au règne de Charles VII, une signification aussi générale que notre mot moderne d'impôt, et même plus générale encore, puisqu'on l'appliquait à des redevances de toute nature. Il faut en dire autant du mot *aide*.

[2] Pasquier, *Recherches sur la France*. V. aussi Ragueau, *Indice des droits seigneuriaux*. — Renauldon, *Dictionnaire des droits seigneuriaux*, v° *Fouage*.

tion, qui en firent un impôt personnel ou un impôt foncier, qui décidèrent si elle serait franche ou serve, c'est-à-
dire levée sur les hommes libres et sur les mainmortables,
ou seulement sur ces derniers.

On doit ajouter aussi que si le revenu du seigneur se
divisait naturellement en deux parties, dont l'une lui appartenait en sa qualité de propriétaire, et l'autre en sa qualité de seigneur justicier; si, en d'autres termes, nous
distinguons son revenu personnel de celui de la communauté dont il était le chef, la force des choses entraînait
une confusion perpétuelle entre ces deux chapitres de son
budget. Quelque distincts qu'ils fussent dans le principe,
comme ils étaient confondus en fait, le sens de leur distinction dut finir par se perdre. Aussi voyons-nous que les
impôts seigneuriaux n'étaient ni censés appartenir en propre à la communauté ni administrés par elle. La communauté, telle que nous l'entendons aujourd'hui, n'existait pas, au moins dans les premiers temps du moyen âge;
elle n'est qu'une abstraction, un être de raison que nous
créons en quelque sorte pour expliquer les choses. Le
moyen âge ne la connut longtemps que sous la forme de la
seigneurie, c'est-à-dire qu'identifiant la communauté et
son chef, il ne vit plus qu'un seul budget là où, en réalité, il y en avait deux. C'est au reste de la même manière
que le trésor de l'Etat et le trésor personnel des rois demeurèrent confondus pendant plusieurs siècles, confusion
qui a laissé des traces jusque dans notre législation moderne.

§ 2. Droits de justice.

J'ai dû parler d'abord des revenus attachés à la souveraineté, pour ne pas diviser le tableau des finances seigneuriales. Mais le premier attribut, le droit essentiel de
cette souveraineté, était le droit de justice.

Division, attributions, compétence, tout a varié suivant les provinces, et plus encore suivant les époques, dans les justices des seigneuries. Il n'y a peut-être pas de question dont l'étude ait plus embarrassé les anciens jurisconsultes. Aussi Loyseau déclarait-il que c'était un nœud gordien, plus facile à trancher qu'à dénouer. Les travaux modernes eux-mêmes sont loin d'en avoir éclairci tous les points difficiles. Je me bornerai à présenter ici les faits qui me paraissent au-dessus de toute contestation, et à exposer la marche générale de l'institution avec les transformations qu'elle subit.

Si l'on remonte, avec Klimrath et M. Championnière, à l'origine même de ces justices, on voit qu'elles ont dû être de deux sortes, les unes ayant pour objet de régler les contestations réelles ou personnelles relatives aux fiefs et à leurs détenteurs, et les autres celles qui regardaient les terres acensées et les censitaires, c'est-à-dire les terres roturières dépendant de la seigneurie et les cultivateurs roturiers, en joignant même à ces derniers les mainmortatables et les serfs. Ni la composition du tribunal ni les lois qu'il appliquait n'étaient les mêmes dans les deux cas. Le tribunal de la justice féodale était composé de vassaux nobles qui se jugeaient entre eux ; celui de la justice foncière l'était de juges nommés par le seigneur [1]. Dans le domaine du roi, par exemple, le tribunal féodal était présidé par le sénéchal, et le tribunal foncier par le prévôt.

Ainsi, le moyen âge nous présente deux sortes de justices, très-différentes par leurs attributions, leur composition et leurs règles, bien qu'exercées au même titre par le propriétaire souverain, soit qu'il faille voir en elles la continuation ou le renouvellement des anciens pouvoirs qui appartenaient aux propriétaires dans les premiers

[1] On trouve cependant quelques exemples de jugements de roturiers par leurs pairs.

temps de la monarchie et même sous les Romains, soit
que la part de souveraineté qu'elles comprenaient eût été
abandonnée par le gouvernement central, aux jours de sa
faiblesse et de son impuissance. Au fond, ces deux explica-
tions n'en font qu'une ; la justice foncière et la justice féodale dérivaient à la fois des anciennes immunités accordées
par les rois de la première race et renouvelées par leurs
successeurs, et des plaids d'hommes libres tenus dans les
cantons par les comtes. Seulement, la chute des Carlovingiens les rendit tout à fait indépendantes, quand elles ne
l'étaient pas encore[1].

Dans une époque un peu plus rapprochée de nous, aux
quinzième et seizième siècles, les coutumes et la jurisprudence distinguèrent trois sortes de justices, la haute, la
moyenne et la basse, dont les attributions, tout en variant
de province à province, présentaient pourtant dans leur
ensemble quelque uniformité. Je suis disposé à croire que
la haute justice ne fut autre chose que l'ancienne justice
féodale avec les modifications que le temps dut lui faire
subir ; que la moyenne justice fut l'ancienne justice fon-

[1] M. Championnière distingue deux sortes de justices : 1º celles qui
émanaient de la souveraineté ; 2º celles qui dérivaient d'un contrat. Il
range les justices hautes, moyennes et basses, dans la première catégorie, et les justices féodales et foncières dans la seconde. Cette distinction
ne me paraît pas juste. En effet, si la justice était stipulée dans un contrat, elle n'en émanait pas moins de la souveraineté, et c'est une subtilité de dire qu'en pareil cas elle était attachée à la directe, puisqu'elle
n'y était attachée qu'autant que le propriétaire qui avait la directe était
en même temps souverain. Mais surtout rien ne prouve qu'il y eût des
justices hautes, moyennes ou basses, distinctes des justices féodales et
foncières dans les premiers siècles du moyen âge ; et il est certain,
comme Salvaing le prouve pour le Dauphiné, qu'à l'époque de la renaissance elles se confondaient avec elles.

Aux temps où l'ordre privé et l'ordre civil étaient confondus, « propriété et magistrature étaient tout un », dit M. Guérard (*Cartulaire de N.-
Dame de Paris*, préface), le pouvoir, la justice, les redevances, étaient
des institutions à la fois patrimoniales et civiles.

cière également modifiée, et enfin la basse justice un degré
inférieur établi dans plusieurs seigneuries pour la prompte
expédition des causes de peu d'importance. Car la justice
foncière ne devait pas être la même vis-à-vis des mainmortables, ou, plus anciennement même, des colons et des
serfs, et vis-à-vis des hommes libres des seigneuries. Elle
pouvait aussi admettre des différences, suivant que le seigneur était intéressé ou non dans les affaires dont elle connaissait, ou suivant la valeur de ces affaires. L'histoire
présente enfin, antérieurement même aux temps féodaux,
des traces de justices élémentaires, plus ou moins analogues à nos justices de paix.

C'est ainsi que je m'explique comment se sont trans-
formées des institutions qu'on retrouve à différentes époques avec quelques caractères différents. Je citerai, comme
preuve à l'appui de mon assertion, la division des justices
seigneuriales telle que, d'après Salvaing, elle existait dans
le Dauphiné sous le régime des ordonnances royales. La
haute justice s'exerçait sur les nobles et les ecclésiastiques[1]; elle connaissait de leurs causes réelles et personnelles, criminelles et civiles, sauf les cas spéciaux réservés
alors aux tribunaux du roi. La moyenne justice connaissait des causes civiles ou criminelles des roturiers et des
mainmortables, quand l'amende excédait soixante sous ;
et la basse justice, des mêmes causes, quand l'amende
était inférieure à ce taux.

Cette division n'était pas tout à fait la même dans
d'autres provinces, dans l'Ile-de-France, par exemple, et
dans la Bourgogne. Mais la différence me paraît tenir
surtout à ce qu'après avoir distingué les justices diverses
par la qualité des justiciables, on les distingua plus tard
par la nature des peines et le taux des amendes qu'elles

---

[1] En exceptant, bien entendu, les causes de ces derniers qui étaient
réservées aux tribunaux d'Eglise.

purent prononcer. Un tel changement s'accordait avec
l'ordre monarchique, dans lequel les tribunaux seigneuriaux étaient réduits au rang de tribunaux inférieurs, et
les conditions des anciennes tenures avaient perdu beaucoup de leur importance. Le président Bouhier dit qu'en
Bourgogne la haute justice consistait dans le *pouvoir du
glaive*, c'est-à-dire le pouvoir de juger les causes criminelles qui entraînaient la mort naturelle, la mort civile,
ou toute autre peine afflictive ou infamante[1] ; tandis que la
justice moyenne connaissait des causes qui entraînaient
des peines moindres. Ce qui fit prévaloir ce nouveau mode
de division, ce fut surtout le soin que prirent les coutumes,
et après elles les ordonnances royales, de déterminer les
affaires qui devaient appartenir à chacune des trois justices.

Dans les temps féodaux, avant la reconstitution du pouvoir monarchique, les justices des seigneurs étaient patrimoniales, c'est-à-dire qu'ils en avaient la libre disposition
comme l'entière propriété; ils pouvaient les léguer, les
vendre ou même les inféoder avec la seigneurie elle-même.
Sans doute, il était rare qu'une seigneurie fût vendue,
mais la justice qui lui était attachée suivait toujours son
sort. En second lieu, ces justices étaient indépendantes de
tout contrôle, de toute règle établie par le pouvoir central.
Nul seigneur ne pouvait perdre sa justice, et nul justi-
ciable être soustrait à son juge naturel[2]. Pendant long-

---

[1] De même, dans l'Ile-de-France, la justice haute connaissait seule des
causes de rapt, de meurtre, de vol et d'encis. « Encis, disent les *Etablissements de S. Louis*, si est fame enceinte, quand l'en la fiert, et elle
muert de l'enfant. »

Suivant Loisel, « pilori, échelles, carquant et peintures de champions
combattant en l'auditoire, étaient marques de haute justice » (*Instit.
cout.*, liv. II, tit. II, XLVII). Il en était de même des fourches patibu-
laires.

[2] Quiconque éprouvait un déni de justice devait, d'après les coutumes
féodales, obtenir du tribunal supérieur un arrêt qui le déclarât exempt

temps, entre les tribunaux de la justice féodale, ou bien il n'y eut point de hiérarchie, ou cette hiérarchie, quand elle exista, fut illusoire.

Mais les progrès de l'autorité royale amenèrent de bonne heure d'importants changements. Les causes d'une certaine nature, celles, par exemple, dans lesquelles le roi était intéressé, furent, sous le nom de cas royaux, enlevées successivement aux justices seigneuriales et attribuées aux tribunaux du roi. Le roi réserva aussi à ses tribunaux les évocations et leur donna le pouvoir de juger les appels. Il rendit ses propres ordonnances et les arrêts de ses Parlements obligatoires pour les juges des seigneurs. Enfin, il mit à la libre disposition et au libre exercice de la justice des restrictions nombreuses, dont la sanction fut une menace de la confisquer elle-même. L'effet de cette révolution fut de transformer le droit de juger, qui avait été jusqu'alors un attribut de la souveraineté des seigneurs, en une simple délégation du Gouvernement.

Ainsi, on obligea les seigneurs d'avoir des gradués pour juges, pour lieutenants et procureurs fiscaux, et de leur donner des gages [1]. On leur interdit de vendre publiquement ou d'une manière déguisée les offices de judicature, sous peine d'être privés du droit de nommer à ces offices, ou plutôt de celui de présenter des candidats aux Parlements; car, depuis le seizième siècle, les Parlements eurent seuls le pouvoir de donner l'investiture aux juges de tous les degrés [2]. Il paraît cependant que ces règles ne furent pas toujours bien observées [3].

de la justice de son seigneur; mais il est facile de comprendre combien il devait être rare d'obtenir de pareils arrêts.

[1] Ordonnance de Blois de 1499, et d'Orléans de 1561. — Edit d'août 1708. Les procureurs ordinaires et les greffiers n'en recevaient pas, parce qu'ils.étaient payés par les profits de la procédure.

[2] *Ibid., ibid.*

[3] Fréminville, t. II.

Quand les seigneurs choisissaient leurs juges, ils étaient responsables devant les Parlements des décisions que ces juges prenaient. Cette responsabilité était principalement pécuniaire. Toutefois, l'édit de Roussillon de 1563 leur ayant ôté le pouvoir de les destituer ou l'ayant soumis à des restrictions importantes et favorables à l'indépendance des juges, la part de responsabilité des seigneurs dut être diminuée[1].

Peut-être importe-t-il d'observer que les seigneurs haut-justiciers furent tenus de faire rendre la justice en lieu certain[2]; tandis que les autres demeurèrent maîtres de choisir leur chef-lieu de tribunal et leurs chefs-lieux d'assises. Beaucoup de tribunaux seigneuriaux étaient ambulatoires ou tenaient des assises dans les localités éloignées du centre de la seigneurie.

C'était aussi une règle ancienne que, dans chaque seigneurie, la justice fût indivisible. Mais les rois s'attribuèrent le pouvoir de diviser ou de réunir les justices seigneuriales suivant l'utilité publique, au moyen de lettres enregistrées par les Parlements. Les réunions furent nombreuses à certaines époques, à cause des inconvénients que présentait la multiplicité des petits tribunaux. On autorisait les seigneurs qui possédaient plusieurs fiefs à n'avoir pour tous qu'un seul et même tribunal. Beaucoup de petites justices de village disparurent de cette manière ou furent réunies à d'autres plus importantes et composées de juges plus éclairés. Ces changements étaient considérés, dans les deux derniers siècles, comme un bienfait public, et sollicités, à ce titre, par tous les hommes qui s'occupaient d'une réforme judiciaire.

---

[1] Comme ce sujet était fort délicat, il n'y eut rien de plus divers et de plus contradictoire en apparence que la jurisprudence des Parlements en ce qui le concerne.

[2] Ordonnance d'Orléans.

En résumé, l'action des justices seigneuriales fut restreinte. On les investit d'un caractère public; on les assujettit à des formes régulières; on s'efforça d'augmenter les garanties qu'elles pouvaient offrir aux justiciables. Elles ne furent pourtant pas supprimées, soit qu'on respectât l'ancien droit des seigneurs, soit plutôt qu'on eût besoin de tribunaux qui fussent à proximité des justiciables, et qui fissent dans les campagnes l'office de nos justices de paix d'aujourd'hui.

C'est à ce dernier point de vue qu'il convient d'apprécier l'utilité des justices seigneuriales pendant les deux derniers siècles. Il fallait qu'elles fussent absolument nécessaires pour qu'on les laissât subsister; car Loyseau et la plupart des anciens jurisconsultes signalaient à l'envi les vices de leur organisation. Non-seulement elles multipliaient les degrés de juridiction d'une manière fort onéreuse pour les justiciables[1]; mais les juges de village étaient des hommes sans lettres, sans instruction, incapables pour la plupart d'acquérir de la considération par eux-mêmes, et qui ne le pouvaient en aucun cas, à cause de leur dépendance des gentilshommes. Ils étaient en quelque sorte les valets de ces derniers. Ils réunissaient souvent les attributions les plus disparates, au détriment de leur liberté et de leur dignité; en même temps qu'ils rendaient la justice, ils faisaient l'office d'intendants et recevaient les rentes seigneuriales. Quoiqu'on eût obligé les seigneurs à leur allouer un traitement, ils n'en étaient pas pour cela moins accessibles à la vénalité. Le caractère

---

[1] « Car qui est le pauvre paysan, qui, plaidant de ses brebis et de ses
« vaches, n'aime mieux les délaisser à celui qui les détient injustement,
« qu'être contraint de passer par cinq ou six justices avant d'avoir arrêt?
« Et s'il se résout de plaider jusqu'au bout, y a-t-il brebis ne vache qui
« puisse tant vivre, voire que le maître même mourra avant que son procès
« soit jugé en dernier ressort? » — Loyseau, *De l'abus des justices de
village.*

fiscal des justices seigneuriales fut même leur plus grande plaie.

Le juge d'une terre connaissait de toutes les contestations qui s'élevaient entre un seigneur et ses justiciables au sujet des droits féodaux [1]. Or, Loyseau prétend à ce sujet que le gentilhomme avait toujours raison dans ses procès avec ses inférieurs, en vertu de l'ancien proverbe : « Le seigneur de paille mange le vassal d'acier. » Le notaire, à son tour, était l'homme du seigneur, qui lui donnait l'institution et qui s'arrogeait, au besoin, le droit de surveiller ses contrats. Il eût été plus juste, suivant Loyseau, de dire les *mangeries* que les *justices* de villages [2].

L'histoire de ces justices soulèverait encore nombre de questions intéressantes. Il serait curieux d'examiner leurs usages particuliers, leur Code pénal, par exemple, avec les modifications successives dont il fut l'objet, comme le remplacement des châtiments corporels par des amendes. Mais cette étude, malheureusement très-difficile, me ferait sortir aussi des limites de mon plan et de mon sujet. Je me bornerai à rappeler ici les attributions et les obligations toutes spéciales qui étaient pour les seigneurs une annexe ou une conséquence du droit de justice.

En premier lieu, ils étaient indemnisés des dépenses que leur justice leur imposait par la jouissance de droits pécuniaires, tels que le profit des confiscations [3], des amendes, le droit de recueillir les déshérences, les biens vacants, un

[1] Ce principe, bien que restreint par les arrêts et par les coutumes, entre autres par celle de Bretagne, n'en continua pas moins d'être admis d'une manière générale.— Salvaing, *Usage des fiefs*.— Bouhier, *Observations sur la coutume de Bourgogne*, chap. LII.

[2] Loyseau est l'adversaire déclaré et systématique des justices de village. Cela ne me paraît pourtant pas diminuer beaucoup la valeur de son témoignage.

[3] La plupart des coutumes conservèrent la confiscation, dont l'usage se trouve confirmé par cette règle de Loisel : « Qui confisque le corps confisque les biens. »

tiers du trésor trouvé dans la seigneurie. Du moins ces droits appartenaient au haut justicier, auquel la législation accordait encore en indemnité la propriété du lit des rivières, et celle des terres vagues et désertes sur lesquelles les habitants des paroisses de la seigneurie ne pouvaient faire valoir de titre, ni collectif ni individuel [1].

Il résultait de ce système que la possession d'une justice était une sorte d'entreprise aléatoire avec des chances de gain et des chances de perte, et qu'il suffisait que le seigneur ne voulût rien perdre pour que la porte fût ouverte à des milliers d'abus.

En second lieu, les seigneurs hauts, moyens, ou bas justiciers, participaient à l'autorité en matière de police, quoiqu'ils eussent des pouvoirs différents suivant les coutumes, et que la jurisprudence et la législation éprouvassent une grande peine à les rendre uniformes.

Le haut justicier était obligé de faire exécuter tous les jugements de son tribunal, et d'entretenir une prison pour les détenus civils ou criminels, mais surtout de faire poursuivre à ses frais par les procureurs fiscaux les auteurs des crimes et des délits commis sur le territoire de sa seigneurie [2]; sinon, les juges royaux entreprenaient la poursuite en son nom, et quiconque avait été volé ou maltraité en passant sur ce territoire avait le droit d'exiger de lui une indemnité. Tout justicier pouvait prendre un délinquant en flagrant délit, sauf à le renvoyer, en cas d'incompétence, devant la justice supérieure qui remboursait les frais. Les ordonnances royales firent de l'arrestation et de la poursuite des délinquants un devoir public pour tous les habi-

---

[1] Cette règle n'était pourtant pas générale. Quelques Parlements exigeaient que les prétentions semblables des seigneurs hauts justiciers fussent appuyées sur un titre.

[2] Il y était tenu, même en l'absence de parties civiles, et sauf répétition contre les délinquants.

tants des villes, villages et paroisses où les délits auraient été commis [1]. Le haut justicier ne connaissait, d'ailleurs, que d'un petit nombre de crimes, car la plupart, et entre autres les vols, les assassinats de grands chemins, furent réservés, depuis le seizième siècle, à la justice prévôtale ou aux autres tribunaux royaux. Le moyen et le bas justicier poursuivaient seulement les délits ordinaires et les contraventions aux règlements.

Voilà pour la police criminelle : la police civile resta presque tout entière aux mains des seigneurs qui furent seulement obligés, depuis le seizième siècle, de faire approuver leurs règlements par les tribunaux du roi. Je reviendrai, un peu plus loin (voir au § 5), sur ces règlements que les officiers des justices seigneuriales faisaient parvenir à la connaissance des justiciables dans des assises tenues exprès [2].

La moyenne justice, d'après la plupart des coutumes, et la haute, suivant quelques-unes, exerçaient autrefois un certain nombre d'attributions qui appartiennent aujourd'hui aux juges de paix. C'étaient l'étalonnage des mesures, le droit de nommer les tuteurs et les curateurs, celui de mettre les scellés, de faire les inventaires, les partages, les saisies, de déclarer les émancipations, de procéder aux ventes, ou, comme on disait dans le langage de l'ancien droit, aux subhastations et criées [3].

Enfin, deux autres obligations étaient attachées à la

[1] *Ordonnance de Blois*, art. 196 et 197. Cette disposition doit être rapprochée de la responsabilité que les lois germaniques imposaient à cet égard aux habitants d'un même bourg ou d'une même commune, responsabilité qu'on retrouve aussi dans un grand nombre de chartes communales.

[2] Ces assises avaient aussi un autre but, qui était de faire reconnaître le droit de justice des seigneurs et d'empêcher qu'il fût prescrit par les habitants de tel ou tel village.

[3] Loisel, *Instit. coutum.*, liv. II, tit. II, XLVI.

possession d'une justice : celles de pourvoir à l'entretien des pauvres et des enfants trouvés. Mais l'entretien des pauvres n'était obligatoire que pour les seigneurs justiciers jouissant des dîmes de leurs paroisses, dîmes consacrées à un emploi charitable, et celui des enfants trouvés n'était imposé qu'aux seigneurs qui jouissaient des épaves et des droits d'aubaine et de déshérence. Encore quelques coutumes réservaient-elles cette charge aux monastères seulement et aux églises [1].

§ 3. — Droit de faire des lois et statuts.

Les seigneurs, au temps où ils étaient souverains, exerçaient le pouvoir législatif et faisaient, soit de leur seule autorité, soit avec le concours de leurs sujets, des lois et des statuts applicables sur leurs terres. Parmi les monuments de la législation seigneuriale, on peut citer, comme les plus considérables, les chartes de communes, de bourgeoisies, d'affranchissements, qui réglaient l'état des personnes et le gouvernement intérieur des cités, des bourgs et des villages. Des chartes d'affranchissement à la collation des lettres de noblesse il n'y avait qu'un pas, puisque anoblir consistait à changer les obligations roturières d'un tenancier en obligations nobles et féodales [2]. Mais le progrès du gouvernement royal eut pour effet de dépouiller les seigneurs de ces anciennes prérogatives de la souveraineté pour les attribuer au roi seul, et ce résultat, énergique-

[1] Plusieurs arrêts de Parlements, rendus pendant les trois derniers siècles, confirmèrent cette obligation, tout en accordant aux seigneurs un recours contre les sages-femmes, les parents, et plus généralement contre qui de droit.

[2] D'ailleurs les anoblissements étaient rares à cette époque du moyen âge. Mille entraves furent mises à l'acquisition des fiefs par les roturiers. V. à ce sujet les *Etablissements de S. Louis*, et le chap. XLVIII de Beaumanoir, intitulé : *Des fiés vilains.*— Ce n'est qu'un peu plus tard que ces entraves furent brisées.

ment poursuivi, fut obtenu de bonne heure, parce que la royauté ne pouvait, sans péril pour elle, laisser une part de la souveraineté aux seigneurs, tandis qu'elle pouvait utiliser à son profit leurs pouvoirs administratifs, en se les subordonnant. Aussi, dès le treizième et le quatorzième siècle, vit-on les rois s'emparer de toute l'autorité législative. Charles V, entre autres, attribua exclusivement à la couronne, en 1372, le droit de faire des chartes de commune ou de bourgeoisie, et celui d'anoblir. Si, depuis cette époque, quelques seigneurs gardèrent encore des prétentions de ce genre, elles furent nominales et sans effet [1].

Je ne parle que pour mémoire des autres attributs de la souveraineté, tels que le droit de battre monnaie ou celui de faire la paix et la guerre. La substitution du gouvernement monarchique au gouvernement féodal les avait fait disparaître dès l'origine. Les rois ne laissèrent aux seigneurs que les pouvoirs militaires nécessaires à la défense de leurs territoires et les droits qui s'y rattachaient.

§ 4. — Droits ayant pour but la défense militaire.

La plupart des seigneurs, surtout dans les provinces frontières, conservèrent le droit de faire garder leurs châteaux par leurs sujets, droit connu sous différents noms et le plus ordinairement sous celui de droit de guet ou de garde [2]. Ce fut le dernier débris de leur puissance militaire que la législation royale épargna; je laisse d'ailleurs de côté les obligations auxquelles ils continuaient d'être soumis comme membres du ban et de l'arrière-ban, et l'autorité qu'ils exerçaient à ce titre sur leurs vassaux nobles.

[1] Les seigneurs du Dauphiné, par exemple, prétendaient avoir conservé la faculté d'anoblir ; mais cette faculté se bornait pour eux à pouvoir affranchir leurs sujets roturiers des droits seigneuriaux auxquels ils étaient soumis.

[2] On l'appelait aussi droit de sauvement (Réthelois) et droit de vingtain (Dauphiné).

Encore les progrès de l'ordre public et l'organisation
d'une police régulière permirent-ils, à la longue, de limiter
l'exercice du droit de garde ou même de le supprimer tout
à fait. D'après les ordonnances royales et les arrêts des Parlements, il ne consistait que dans un service personnel,
exigible seulement en temps de guerre, et n'était pas con-
versible en argent[1]. Cette dernière disposition avait pour
but d'empêcher les seigneurs qui, par un motif ou par
un autre, ne pouvaient plus l'exiger, de le remplacer par
le payement d'une redevance fixe qui, la plupart du temps,
eût été sans cause. La redevance fixe payable en argent ou
en nature ne se conserva que dans quelques provinces[2].
Dans le Dauphiné, le droit de vingtain, c'était son nom,
avait été converti en un cens qui consistait dans la ving-
tième partie de tous les fruits ou de certains fruits. En
retour, les seigneurs qui le percevaient étaient obligés
d'entretenir les murailles de la commune quand elle en
avait, et celles du château où tous les habitants de la seigneurie trouvaient un asile en temps de guerre.

§ 5. — Droits de banalité, réglant l'usage d'établissements communs
ou la police des travaux des champs.

Les seigneurs possesseurs d'une justice, haute, moyenne
ou basse, avaient le droit de faire des règlements de police.
Ce qu'on appelait *ban* était une proclamation, un ordre
ou une défense[3], applicable à un territoire dont l'étendue
s'appelait banlieue. Le mot de la basse latinité *bannum*
avait d'ailleurs un sens très-étendu, et s'employait pour

[1] Ordonnances de 1479 et de 1514.

[2] Les seigneuries où l'usage du cens était établi avant les ordonnances
précédentes, prétendirent aussi le conserver.

[3] Surtout une défense. On a quelquefois défini la banalité : le droit
d'interdire la faculté de faire certaines choses autrement que de la manière prescrite.

désigner tous les commandements du pouvoir administratif et exécutif.

Ces règlements s'appliquaient surtout à l'usage obligatoire d'établissements communs, ou aux travaux des
champs.

Les établissements communs dont l'usage était obligatoire étaient appelés banaux, et les seigneurs auxquels
ils appartenaient portaient le nom de seigneurs baniers.
Tels étaient les fours, les pressoirs, les moulins à blé,
comme aussi les moulins à drap, à écorce, à mailler
le chanvre [1], les rouïtoirs [2]. Les anciens jurisconsultes
supposaient que la construction primitive de la plupart
de ces établissements, trop dispendieuse pour les habitants des campagnes, avait été l'œuvre même des seigneurs, qui s'en étaient chargés moyennant l'obligation
contractée par leurs sujets de s'en servir en payant une
redevance. On supposait également que les seigneurs
s'étaient réservé de régler les conditions de la jouissance.
Tout en admettant cette explication de la banalité, nous
devons en faire remonter l'origine encore plus haut. Les
établissements de cette nature, les fours, les moulins,
étaient aussi anciens que les exploitations rurales elles-
mêmes [3]; il est clair qu'aux temps de l'esclavage ou du
colonat, ils avaient été l'œuvre des maîtres, des propriétaires, qui en avaient fait un instrument nécessaire de leurs
exploitations. Plus tard, lorsque les paysans s'affranchirent, ces mêmes propriétaires voulurent, soit en conserver
le revenu, soit au moins s'indemniser des charges qu'ils

[1] Coutumes de Châteauneuf, d'Anjou, du Maine, de Bretagne.

[2] Ou routoirs. Etablissements pour rouir le chanvre. V. Fréminville,
tome IV.

[3] Dans la Flandre, l'Artois, le Hainaut, la banalité des moulins était
aussi ancienne que la monarchie. Ce qui faisait enseigner aux jurisconsultes de l'école monarchique qu'elle y avait été établie par les rois avant
d'être usurpée par les seigneurs.

leur imposaient [1]. Ainsi la banalité fut originairement un droit du propriétaire. Le fait est d'ailleurs entièrement prouvé pour les moulins à eau, les seuls dont on se servît dans la première moitié du moyen âge ; on sait que les eaux appartenaient aux seigneurs.

Mais il en fut de ce droit comme de beaucoup d'autres qui, attachés originairement à la propriété, furent ensuite considérés comme dérivant de la justice, quand la propriété et la justice se trouvèrent confondues. La banalité des fours et des moulins était d'ailleurs si générale, que plusieurs coutumes l'attribuèrent aux seigneurs hauts justiciers, indépendamment de toute espèce de titre [2].

Comme, dans le système des coutumes et de la législation royale, les habitants qui s'étaient soumis à la banalité d'établissements communs étaient censés avoir contracté primitivement, pour eux et leurs descendants, l'engagement formel de moudre au moulin ou de cuire au four du seigneur, le seigneur était, de son côté, obligé d'entretenir ces établissements et les routes qui y conduisaient, de faire moudre dans les vingt-quatre heures la farine portée au moulin banal, etc., etc. La coutume de Nivernais affranchissait même les sujets de l'obligation de la banalité, quand le moulin ou le four banal n'étaient pas entretenus.

[1] Beaucoup de droits de banalité furent imposés par des actes d'affranchissement à des serfs devenus mainmortables ou à des mainmortables devenus libres.

[2] Ex. : les coutumes de l'Anjou et du Maine. Déjà, au temps de saint Louis, la jurisprudence royale ne reconnaissait qu'aux hauts justiciers seuls la faculté d'élever un moulin, à cause des droits et des prérogatives que cette construction entraînait (V. un arrêt de 1263, dans les *Olim*, tome Ier, p. 551).

En Normandie, il ne pouvait y avoir de moulins, comme de colombiers et de volières, que sur les terres nobles. Quand les roturiers en achetaient, ils étaient obligés de payer les droits de franc-fief comme pour les terres nobles.

Malgré la réciprocité d'obligations qui les constituait, les banalités furent très-anciennement impopulaires, parce qu'elles étaient souvent une gêne pour ceux qui y étaient soumis, et qu'elles pouvaient devenir une source d'exactions. Comme elles assuraient un monopole aux seigneurs qui en jouissaient, elles avaient tous les vices ordinaires des monopoles. On leur reprochait aussi de ne reposer que sur d'anciens usages, et point sur des titres. Toutes ces raisons ont fait que les coutumes se sont occupées de régler leur exercice, et que la législation royale, les considérant à son tour, ainsi qu'on disait autrefois, comme un droit *haineux*, a travaillé plus particulièrement à en diminuer le nombre.

On voit, en général, les coutumes limiter l'exercice du droit, fixer la quotité de la redevance payée au meunier, écarter les obligations accessoires qui ne sont pas de l'essence du contrat primitif supposé[1]. La plupart d'entre elles regardent les banalités comme n'existant que pour les roturiers; elles en affranchissent les nobles et les communautés religieuses[2]. Leurs dispositions sont d'ailleurs d'une variété extrême et échappent souvent à l'analyse par la multiplicité et par le détail des questions qu'elles tranchent.

Les ordonnances royales défendirent à leur tour aux seigneurs d'exiger la banalité, s'ils n'étaient fondés en titre, à peine de la confiscation de leurs fours et de leurs moulins[3]. Le titre devait être un contrat authentique, basé

---

[1] L'obligation de faire moudre au moulin banal ne s'étendait généralement pas aux grains achetés ou recueillis hors du territoire de la banlieue. — Les usages particuliers décidaient si le meunier était tenu de chercher les grains pour les moudre, ou si les sujets étaient obligés de les lui porter eux-mêmes.

[2] Ce point était cependant controversé. Plusieurs arrêts de Parlement soutinrent que la banalité résultant d'une convention n'était pas une servitude purement roturière.

[3] Ordonnances de Blois et de Melun. *Code Marillac*, art. 207.

sur des causes justes et légitimes. Mais cette condition, à peu près inexécutable, souleva les réclamations les plus vives, et les tribunaux furent obligés d'admettre la preuve de la perte des titres ou celle d'une jouissance non interrompue de trente ou de quarante ans. La question de savoir si les sujets pouvaient prescrire contre la banalité fut très-controversée [1]. Les ordonnances exigèrent que les seigneurs, pour remplacer leurs droits par des redevances fixes, fissent agréer ce remplacement par l'universalité des habitants de la seigneurie qui y étaient soumis. Elles autorisèrent les sujets à s'affranchir au moyen d'un abonnement, pourvu que cet abonnement fût l'indemnité légitime des frais que le seigneur continuerait de faire pour une entreprise d'utilité commune.

La suppression ou le rachat de la banalité des fours et des moulins présentèrent beaucoup d'obstacles, et pourtant, vers la fin du dernier siècle, les droits de ce genre qui existaient encore en étaient venus à être considérés comme extraordinaires et exorbitants. Ils n'étaient plus qu'une sorte d'exception; encore les modifications apportées à leur exercice les avaient-elles fait presque entièrement changer de caractères.

Outre les droits de banalité qui réglaient l'usage obligatoire d'établissements communs, il y en avait d'autres qui concernaient la police des travaux des champs.

Tel était le droit de publier le ban des vendanges ou celui des moissons et des fauchaisons. Il appartenait aux seigneurs hauts justiciers qui le faisaient exercer par leur juge. Il avait un double but; car il servait de mesure de police pour empêcher les vendanges ou les moissons trop hâtives, et il garantissait en même temps les intérêts des décimateurs laïques et ecclésiastiques. Il ne pouvait être

---

[1] Il n'y avait que peu de coutumes qui leur reconnussent cette faculté : c'étaient celles du Bourbonnais, du Maine et de l'Anjou.

publié que sur le rapport des principaux vignerons, après
qu'ils avaient visité les vignobles et fourni les renseignements nécessaires [1]; s'il était publié sans enquête préalable,
les arrêts des Parlements le frappaient de nullité [2]. Le ban
des vendanges était d'ailleurs exécutoire sur toutes les vignes ouvertes, et, comme il avait l'utilité publique pour
principal objet, les nobles et les ecclésiastiques y étaient
soumis aussi bien que les roturiers.

Il faut rapprocher du droit de publier le ban des vendanges celui qu'on appelait droit de *banvin*, de *bannie* ou
de *taverne bannière*, et qui consistait dans la faculté dont
jouissait un seigneur d'empêcher tous les habitants de sa
banlieue de vendre leur vin en détail pendant un certain
temps, ordinairement un mois, qu'il consacrait à la vente
du sien. Ce privilége exorbitant a toujours été rare [3].
Son but avoué était de faciliter aux nobles la vente de
leur vin et surtout la vente en gros, la vente en détail
étant considérée comme indigne de la noblesse [4]. C'était

---

[1] Salvaing raconte que le ban des moissons fut abandonné dans beaucoup de provinces, mais que celui des vendanges fut conservé pour les raisons suivantes : que celui qui vendange avant ses voisins les expose aux
larcins et dommages des bêtes; que l'utilité publique exige qu'on ne vendange pas avant la maturité des fruits, ce qui décrierait d'ailleurs le vin
du pays; enfin que c'était l'intérêt des décimateurs. Il paraît que la seconde considération était jugée la plus importante. On prétendait devoir
à l'usage du ban des vendanges la conservation intacte de la réputation
des vins de Bordeaux et de Bourgogne.

[2] Arrêts des Parlements de Bordeaux et de Toulouse, cités par Salvaing,
Usage des fiefs.

[3] M. Delisle n'en a trouvé qu'un très-petit nombre d'exemples pour
la Normandie, au moyen âge. Les *Olim* citent à ce sujet un procès curieux
de l'an 1259, entre le prieur et les bourgeois de Charlieu. Le prieur se
plaignait au roi que les bourgeois vendissent leur vin pendant le ban qu'il
avait publié. Les bourgeois répondent qu'ils ne sont tenus à observer ce
ban que si le prieur n'élève pas le prix de son vin au delà d'un certain
taux, et que dans l'espèce il a dépassé ce taux.

[4] Ne pourrait-on attribuer à ces monopoles un autre principe moins
égoïste? L'ancienne législation attribuait ordinairement un privilége à

donc un privilége, dans l'acception du mot la plus étendue. La législation royale exigea pour son exercice un titre légitime, et l'ordonnance de 1680 sur les aides réussit
à le renfermer dans les limites les plus étroites. A l'époque de la révolution, il avait à peu près disparu [1].

Mais si le droit de banvin fut à peu près aboli comme
droit seigneurial, il subsista en maintes circonstances
comme privilége appartenant à des communautés, des
villes ou des provinces. J'en donne les raisons plus au long
dans le chapitre suivant, en exposant quel genre d'entraves, sous le nom de police des vins, fut mis au commerce
de cette denrée dans l'intérieur de la France.

Les seigneurs pouvaient avoir encore la banalité des
boucheries, c'est-à-dire le droit d'y faire la police et de
s'indemniser de ce qu'elles leur coûtaient, en y percevant
certaines redevances particulières, outre la location des
étaux et des halles, dont ils étaient ordinairement propriétaires [2].

Quelque plausible, quelque justifié même que fût leur
principe, les banalités de toute espèce étaient devenues,
au dernier siècle, extrêmement impopulaires. La législation, qui les avait restreintes de plus en plus, n'avait pas
fait disparaître leurs vices. Les bans de vendange, de moisson ou de fauchaison, indiqués à contre-temps, pouvaient
faire perdre les récoltes; la banalité du pressoir avait le
même inconvénient quand le pressoir banal ne suffisait
pas à toute une récolte de vignes; et, s'il y suffisait, son emploi n'en était pas moins une source de contestations per-

l'Etat, quand il se trouvait en concurrence avec les particuliers, privilége fondé sur une sorte d'intérêt public. N'aurait-il pas existé quelque
motif analogue pour les monopoles seigneuriaux?

[1] V. une ordonnance de 1776.

[2] Ils avaient quelquefois des étalons ou des taureaux baniers, usage
évidemment établi dans le but d'empêcher les races d'animaux de dégé-
nérer.

pétuelles. Quelquefois les usages aggravaient les rigueurs des banalités : ainsi, quand les deux tiers des tenanciers d'une seigneurie s'étaient soumis à l'une d'elles, l'engagement était regardé d'ordinaire comme obligatoire pour les autres, s'ils ne s'empressaient de s'y soustraire par une protestation à bref délai.

Mais, après tout, ce n'étaient là que des vices accessoires. Le grand vice des banalités était d'être des monopoles, suspects de n'avoir eu pour but que l'intérêt personnel des seigneurs. On leur reprochait de ne reposer que sur des contrats prétendus, qui ne pouvaient, en tout cas, légitimer leur existence à perpétuité. Les suppositions auxquelles les légistes recouraient pour les expliquer n'étaient que des fictions.

Voilà pourquoi elles étaient très-attaquées et battues en brèche au dix-huitième siècle. Turgot aurait voulu que le gouvernement les rachetât, au moyen d'une imposition, d'ailleurs légère, sur les villages. L'Assemblée constituante se contenta d'en autoriser le rachat facultatif par les intéressés.

§ 6. — Droits de corvées pour l'exécution des travaux d'utilité commune.

Les seigneurs pouvaient exiger des habitants de leur seigneurie des services ou des travaux de nature diverse.

Ces services étaient souvent des conditions attachées aux tenures par les contrats. Telles étaient les corvées réelles que le seigneur, en qualité de propriétaire jouissant de la directe, imposait aux détenteurs de certains héritages , aux censitaires, par exemple [1]. Seulement, comme il n'y avait que les roturiers qui pussent remplir un service corporel, si l'héritage corvéable tombait aux

---

[1] Coutumes de Bourgogne, de la Marche, du Bourbonnais, de l'Auvergne, du Poitou, de l'Angoumois, de l'Anjou.

mains d'un clerc ou d'un gentilhomme, il faisait faire la corvée par une personne substituée ou en payait l'estimation.

Ce genre de corvées était d'autant plus commun, que les propriétaires qui gardaient une réserve avaient l'habitude de stipuler que les tenanciers avec lesquels ils faisaient des baux à cens, à métairie ou à ferme, leur rendraient un certain nombre de services, tels que ceux de porter leur bois, de faucher leurs foins, de scier leurs blés, de vendanger, de curer les fossés du château, de faire ou de réparer les chemins. On rangeait ces services divers en trois catégories, les journées d'hommes, les journées de bêtes de trait et les journées de bêtes de charge, qu'on appelait les manœuvres (*manoperæ*), les charrois (*carroperæ*) et les corvées proprement dites (*corveia, à corpore vehendo*). Il serait long et sans intérêt d'énumérer toutes leurs espèces et les noms particuliers qu'on leur donnait [1].

Mais, indépendamment de ces corvées, il y en avait d'autres, qui avaient un caractère plus marqué d'utilité commune et qui étaient autant de services publics dus originairement au souverain de chaque seigneurie. De même que les nobles devaient le service de guerre et d'autres qui étaient considérés comme actes de noblesse, de même que les bourgeois des villes devaient les services de bour-

---

[1] Par exemple, on les appelait en Normandie *boscage* (corvée de transport de bois), ou *sommage, service à roncin* (corvée de bêtes de somme), *service à pied*, etc.; en Auvergne, *bohade;* dans la Marche, *ban, arban, vinade et vovade;* dans le Poitou, l'Angoumois et l'Anjou, *binas*. Plusieurs de ces noms s'expliquent eux-mêmes; ceux de *biains, bians,* ou *ban, arban, binas,* en latin *biennium,* désignent, suivant Ragueau, les corvées, tant d'hommes que de bêtes, dues deux fois l'année par les détenteurs d'un héritage serf ou mortaillable (Ragueau, *Dict. des droits seigneuriaux*). Une des nomenclatures les plus complètes, assurément, est celle qu'a donnée M. Delisle, pour les corvées qui existaient en Normandie. Je ne puis que renvoyer au chap. III de son ouvrage.

geoisie, les vilains et les mainmortables devaient, à leur
tour, des corvées personnelles.

L'origine de ces corvées remonte, comme celle des banalités, à l'esclavage, car elles étaient très-anciennes, et ce fut
parce qu'elles étaient nécessaires de tout temps que l'affranchissement les laissa subsister. Dans la plupart des
actes d'affranchissement qui nous restent, les seigneurs
se réservent le droit de les exiger. Si elles n'avaient pas
existé, il aurait fallu les remplacer par un impôt; or, ce
système, qui n'est pas toujours avantageux aujourd'hui
pour les paysans, l'était beaucoup moins au moyen âge.
Il était même à peu près impraticable.

Les légistes, sans remonter aussi haut, se contentaient
de faire reposer les corvées, comme les banalités, sur
d'anciens contrats. Il est certain qu'il en était ainsi des
corvées réelles qui tenaient aux héritages; quant aux
corvées personnelles, elles furent aussi l'objet de fréquentes
conventions faites par les seigneurs avec les *hospites* ou
paysans qui formaient des établissements sur leurs terres.
Les chartes qui les déterminaient pouvaient être considérées
comme autant de contrats. Les légistes généralisaient donc
un fait ordinaire, et, supposant que le contrat existait toujours, ils en faisaient dériver des obligations réciproques
pour les sujets et pour le seigneur.

Ainsi les corvées étaient loin de conférer à ce dernier un
pouvoir arbitraire : nul doute qu'elles ne pussent devenir
une occasion d'extorsions et de vexations, mais elles étaient
soumises presque partout à des conditions et à des règles
formelles. Ces règles tiennent la plus large place dans les
chartes des douzième, treizième et quatorzième siècles. Il
est d'ailleurs plus que probable que les usages qui furent
alors mis par écrit ou convertis en lois étaient bien plus
anciens.

Les chartes de ce temps et les transactions conclues

entre les seigneurs et leurs sujets déterminèrent les époques
des corvées, leur mode de prestation, leur durée, la nourriture et les *livraisons* que les seigneurs devaient fournir
pendant qu'elles avaient lieu, quelquefois le prix auquel
elles pouvaient être rachetées. La conversion en redevance
pécuniaire était assez rare, et il était stipulé ordinairement qu'elle ne pourrait se faire que du consentement des
habitants [1]. En général, ces actes limitaient les corvées
aux travaux strictement nécessaires pour l'usage du sei-
greur ou les besoins de la seigneurie ; ils empêchaient de
les arrérager d'une année à l'autre ; ils prévenaient les exigences abusives.

Les coutumes, la législation royale et la jurisprudence
complétèrent successivement l'œuvre commencée par les
transactions [2].

Elles ne laissèrent guère subsister que les corvées anciennes et fondées sur des titres [3] : les preuves par témoins
ou par reconnaissances étaient jugées insuffisantes par les
tribunaux. Le nombre et la quantité des corvées furent
fixés, partout où ce soin n'avait pas été pris par les conventions particulières. Les corvées indéfinies et à la volonté
du seigneur furent limitées à douze par an, quelquefois

---

[1] La jurisprudence reconnaissait le droit de faire cette conversion aux
habitants, jamais aux seigneurs.

[2] Les anciens jurisconsultes paraissent avoir été plus sévères sur ce
point que ceux des derniers temps. Guy Pape se montrait fort exigeant pour les corvéables (Renauldon, *Dict. des droits seigneuriaux*,
v° *Corvée*).

[3] Ordonnances de Blois, d'Orléans. Code Marillac. L'ordonnance de
Blois, art. 283, supprime les corvées indues et nouvelles. La coutume réformée de Paris, art. 71, porte que : « nul seigneur ne peut contraindre
ses sujets à faire corvées, s'il n'en a titre valable et aveu et dénombrement ancien. » — Deux arrêts des grands-jours de Clermont, 15 octobre
1665 et 19 janvier 1666, exigèrent que dans toute l'Auvergne les titres
de corvées fussent présentés au *visa* du juge royal pour être validés, à
peine de nullité.

même à un nombre moindre [1]. « Et se doivent faire d'un soleil à l'autre, dit Loisel dans ses *Institutes coutumières*; n'en peut-on prendre plus de trois en un mois , et en diverses semaines. » Il fut interdit aux seigneurs de céder leur droit à autrui , fût-ce à leurs fermiers.

Les corvées étaient obligatoires dans l'origine pour tous les habitants d'une seigneurie qui n'étaient ni nobles ni ecclésiastiques; mais, comme elles consistaient dans un travail des mains, on en exempta successivement tous ceux qui exerçaient des professions libérales, les avocats, les médecins, les officiers de justice et les notaires, ou même les bourgeois domiciliés dans les villes et les bourgs francs. Les lois ajoutèrent à cette exception, dans un autre motif, celle des mendiants, des malades , des infirmes , des gens âgés, quoique l'exécution de cette mesure d'humanité fût abandonnée aux pouvoirs locaux. On admettait que la corvée se fît par substitution d'une personne à une autre, pourvu que ce fût avec l'agrément du seigneur.

Les corvées ayant des caractères et une origine serviles, la législation royale du dernier siècle les assimilait aux banalités, et les traitait aussi comme un droit haineux. Elle multiplia donc les règlements et les précautions de toute nature. Elle exigea que les corvéables fussent avertis en temps utile , que les travaux n'eussent pas lieu à une

---

[1] La coutume d'Auvergne et les arrêts du Parlement de Paris réduisent les corvées indéfinies à douze par an; la coutume réformée de Bourgogne et le Parlement de Dijon, à six seulement (Bouhier, *Observations*, chap. LX). On n'admettait d'exception que dans un seul cas, celui où la corvée, indéterminée dans sa durée et ses époques, avait un objet précis, comme le transport du bois et du charbon nécessaire au chauffage d'une habitation. Quand l'Alsace fut réunie à la France, les corvées illimitées de la haute Alsace furent limitées à cinq ans, avec faculté pour le seigneur de les exiger purement et simplement, ou de les convertir en argent, à raison de douze sous par cheval, et de dix sous par homme; celles de la basse Alsace restèrent fixées à douze sous par an, avec des conditions un peu différentes (dix-septième siècle) *Mémoires des intendants*.

trop grande distance de leurs demeures, ni dans une saison
trop défavorable,'comme celle des récoltes ou des semailles ;
elle voulut que le seigneur nourrît les hommes et les animaux qu'il employait, et que la quantité de bêtes requises
fût proportionnée aux facultés de chacun ; elle exempta
les femmes et les enfants, hormis quelques cas très-rares
et soigneusement prévus.

Cependant les corvées subsistaient, et les précautions
dont on les entourait n'empêchaient pas qu'elles fussent
pour les paysans un fardeau pesant ou détesté. Elles avaient
surtout le malheur d'être toujours imprescriptibles. En
effet, les corvées réelles attachées au cens participaient à
l'imprescriptibilité du cens lui-même ; quant aux corvées personnelles, autoriser leur prescription eût été dés-
organiser ¡les services d'utilité commune auxquels elles
étaient consacrées [1].

Si l'Etat se substitua souvent aux seigneuries pour les
exiger, ce changement ne fut pas toujours avantageux
aux corvéables [2]. Les lois ne pouvaient, d'ailleurs, ni tout
régler ni tout prévoir ; les difficultés et les tracasseries qui
naissaient partout à l'occasion des corvées, et qui se
multipliaient en même temps que l'Etat multipliait ses
exigences, devaient encore contribuer à les rendre plus
odieuses.

Leur suppression fut donc demandée ; à la fin du dernier siècle, d'une voix presque unanime. L'Assemblée
constituante les abolit sans aucune indemnité. En prenant
cette décision, elle obéit au sentiment général du pays qui
voulait que l'Etat se chargeât seul des travaux d'utilité

---

[1] La prescription n'était guère admise que pour la quotité de la corvée.
Si le seigneur n'avait exigé depuis un temps immémorial qu'une partie
de la corvée stipulée par le contrat ou par la coutume, il ne pouvait recommencer à exiger le surplus.

[2] Voyez au surplus le chapitre suivant, sect. Ire.

publique, et qui repoussait de cette branche d'administration l'intervention des seigneurs comme surannée. Elle acheva de faire d'un service jusqu'alors privé un service public, qui trouva plus tard sa constitution et ses règles. Malheureusement, elle eut le tort de ne pas tenir compte des contrats sur lesquels reposait la corvée réelle, attachée à des héritages dont elle contribuait à déterminer la valeur, tort que ne pouvaient excuser ni la rareté de ceux de ces contrats qui subsistaient encore, ni le peu de faveur qu'ils méritaient.

§ 7. — Droits concernant l'administration des bois, des eaux, des terres vacantes et des pâturages communs.

A qui d'abord appartenaient les bois, les eaux, les terres vacantes, les pâtis, etc.? Était-ce aux seigneurs ou aux communautés? En d'autres termes, les seigneurs en étaient-ils propriétaires ou seulement souverains?

C'est là un point assez obscur. L'ancienne législation semble avoir souvent attribué la propriété des bois, des eaux et des terres vacantes aux seigneurs qui les administraient, uniquement parce qu'ils les administraient. Cependant l'exercice de la souveraineté et d'une juridiction était loin d'être une preuve suffisante de la propriété. Les pouvoirs d'administration que les seigneurs exerçaient étaient d'ailleurs limités par les usages du pays et par de nombreuses servitudes établies dans un but d'utilité publique. Il est certain également que beaucoup de bois et de pâturages communs ont appartenu à des villages. Ainsi la conclusion des légistes d'autrefois n'était pas pleinement justifiée.

Il n'en est pas moins probable qu'elle était juste au fond; que la propriété de ces biens a presque partout appartenu dans l'origine aux seigneurs; que si des charges importantes les grevaient, c'est que ces charges étaient nécessaires pour leur exploitation, et que si les bois et les pâturages communs purent devenir la propriété des communes, ce fut par l'effet des concessions que les seigneurs firent à l'époque des affranchissements, et qui se transformèrent plus tard en véritables propriétés.

En effet, quand on se place au cœur du moyen âge et dans les siècles de la féodalité, on voit les seigneurs accorder des droits à leurs paysans, et consentir en leur faveur à de nombreuses servitudes. Mais les concessions de ce genre ne sont jamais entières, jamais complètes. Les seigneurs se réservent la directe en même temps que la juridiction ; ce n'est qu'après plusieurs siècles que cette directe arrive à être contestée par les gens des campagnes, tandis que la juridiction était frappée à son tour par les progrès du gouvernement royal qui s'attribuait toute la souveraineté. On doit donc admettre la conclusion des anciens jurisconsultes, sinon comme tout à fait légitime, du moins comme presque toujours vraie[1].

Les bois et les communaux jouent un rôle important dans l'histoire des seigneuries ; ils sont une matière perpétuelle de transactions ou de procès, et les actes qui les concernent sont innombrables[2]. Cela tient à ce qu'ils couvraient autrefois une partie du sol de la France bien plus considérable qu'ils ne font aujourd'hui, la culture proprement dite occupant de son côté une moins grande étendue de terres. Il faut considérer aussi qu'ils rapportaient peu, et que leurs produits ne pouvaient guère être transportés à

---

[1] Dans le Dauphiné, par exemple, le Dauphin était regardé, avant 1349, comme propriétaire de toutes les terres vagues de son domaine. Après cette année, cette propriété passa au roi Dauphin, qui fit *alberger*, c'est-à-dire inféoder ces mêmes terres par la Chambre des comptes de Grenoble (Lettres-patentes de 1434, 1548, 1567 ; édits et déclarations de 1559, de 1560, de 1566 ; *Dictionnaire d'Allard*). Les seigneurs hauts justiciers furent autorisés, en 1663, par un arrêt du Parlement de la même ville, à disposer de celles qui étaient situées dans leur juridiction. Au reste, la même jurisprudence était suivie dans les autres provinces.

[2] Voyez pour la Normandie les exemples cités par M. Delisle.—*Etudes sur les classes agricoles*, c. VI, p. 166, 167.

de grandes distances. Les seigneurs devaient donc aisément consentir en faveur de leurs paysans à des servitudes qui, sans leur être onéreuses à eux-mêmes, étaient très-avantageuses pour ces derniers, et souvent d'une nécessité absolue. Telle fut la cause de cette énorme quantité de droits d'usage, de ramage, de pacage, dont jouirent les gens des campagnes, droits qui étaient déjà la plupart séculaires[1], mais qui furent confirmés et réglés dans leur exercice à une certaine époque du moyen âge, soit par les contrats particuliers, soit par les chartes de communes[2]. En général, les seigneurs ne les accordaient pas à titre gratuit ; ils stipulaient une redevance, comme loyer du service qu'ils rendaient ou indemnité du dommage qu'ils éprouvaient.

Quand ils voulaient échapper à ces obligations, à ces servitudes constituées de longue date, ils pouvaient se clore, mais ils étaient tenus d'abandonner alors une partie de leurs bois ou de leurs landes aux usagers : cet abandon transférait aux villages une sorte de propriété qu'ils administraient plus ou moins librement, bien que sous la juridiction seigneuriale.

[1] Plusieurs lois barbares, entre autres celle des Bourguignons et celle des Goths, donnaient à ces droits une telle extension que quelques auteurs y ont vu la preuve d'une propriété qui était encore collective et qui appartenait à une association, sous le nom de son chef. Telle était l'opinion de Fauriel (*Histoire de la Gaule méridionale*, t. Ier).

[2] Ces droits ou redevances portaient des noms très-divers, comme ceux de *parnage*, d'*avenage* (redevance d'avoine), de *moisson*, de *civerage*, de *pascage*, de *pasquerage*, de *blairie*, de *pulverage* (Renauldon, *Dictionnaire des droits royaux et seigneuriaux*). Le parnage et l'avenage étaient payés d'après plusieurs coutumes (Anjou, Maine, Blois, Dunois) pour le pacage des forêts. Le droit de blairie était celui que le seigneur faisait payer aux paysans qui envoyaient du bétail sur ses vaines pâtures sans être ses justiciables. Le droit de pulverage était perçu par les seigneurs du Dauphiné sur les moutons de passage, à cause de la poussière qu'ils soulevaient et du dommage qu'ils causaient (*Dictionnaire de Guy-Allard*). — M. Delisle a énuméré un grand nombre de ces droits pour la Normandie.

On comprend que la question de la propriété des bois, des eaux et des communaux, et les questions accessoires qui s'y rattachaient, comme celles des réserves et des redevances, aient été fort controversées dans les deux derniers siècles, et aient fait naître d'inextricables procès qui ne sont pas tous terminés encore.

La question de la propriété des eaux était peut-être celle qui offrait le plus de difficultés. Parmi les cours d'eau, les uns peuvent appartenir à des particuliers ; ceux-là étaient soumis par la législation romaine, et le sont encore aujourd'hui par la nôtre, à des règlements de police et d'administration publique ; les autres, qui ne sont pas considérés comme susceptibles d'appropriation privée, appartiennent aujourd'hui à l'Etat, qui ne reconnaît aux riverains que des droits d'usage. Comme, au moyen âge, les seigneurs remplaçaient l'Etat, il en résultait qu'ils étaient propriétaires, non-seulement des premiers cours d'eau qu'ils administrèrent longtemps à leur gré, mais aussi des seconds. Dans ce dernier cas, la propriété devenait pour eux une conséquence de la juridiction[1]. Plus tard, vers le dix-septième siècle, l'école de jurisprudence qui ressuscitait les principes du droit romain changea le système que la féodalité avait créé. Elle attribua au roi la propriété exclusive des fleuves et des rivières navigables, sauf les droits que les seigneurs pouvaient revendiquer pour la pêche et pour l'établissement des moulins, des bacs et des ponts. En même temps, elle ne laissa aux seigneurs que celle des rivières flottables, et encore sous la réserve des règles de police établies par les coutumes et les ordonnances[2].

[1] Plusieurs coutumes attribuaient au seigneur la propriété de toutes les eaux. Celles d'Anjou, de Touraine, de Nivernais, lui réservaient le droit de faire des étangs. Cf. Loisel.— Cependant cette dernière règle n'était pas universelle. Dans le Dauphiné, chaque propriétaire avait le droit de faire un étang, après une enquête constatant que l'utilité qu'il y trouvait était plus grande que le dommage causé aux voisins.

[2] Le Bret, *Traité de la souveraineté royale.* Cf. Fréminville.

Les règles d'utilité publique, suivies dans l'administration des eaux, des forêts et des communaux, remontent à une époque reculée. On peut en citer de très-anciens exemples. Ainsi, les ducs de Normandie avaient fait des lois pour empêcher les défrichements des bois dans leur province et pour prévenir le gaspillage d'une richesse dont l'intérêt général exigeait la conservation. Les établissements religieux avaient aussi des lois du même genre dont ils ne pouvaient s'écarter. Mais ce furent les ordonnances des rois sur les eaux et forêts qui renfermèrent les principales dispositions obligatoires pour les seigneuries. Dès le quatorzième siècle, la création des juridictions forestières royales et des tables de marbre porta de graves atteintes aux juridictions seigneuriales [1], qui, perdant de jour en jour une partie de leurs attributions, finirent par être à peu près supprimées par l'ordonnance de 1669 [2].

Dans l'origine, les communes qui administraient elles-mêmes leurs biens avaient besoin de se faire autoriser par le seigneur haut justicier pour tous leurs actes, et surtout pour les ventes, qui étaient entourées de précautions et de formalités sans nombre. Ce fut là une des principales attributions que les lois enlevèrent aux seigneurs; elles transportèrent l'autorisation aux tribunaux royaux, et la grande ordonnance de 1669 assura à l'Etat l'espèce de tutelle que jusqu'alors les seigneurs avaient exercée [3].

Les règles ou les usages concernant les terres vagues et incultes présentent peut-être plus d'intérêt. Il était naturel

[1] Ordonnances de 1321, 1329, 1360, etc.

[2] La juridiction des seigneurs sur leurs bois ne fut plus reconnue depuis cette époque que par un petit nombre d'arrêts. Une déclaration de 1715 attribua au roi une juridiction forestière exclusive sur les terres ecclésiastiques et à peu près exclusive sur les terres seigneuriales.

[3] Ordonnance de 1669, art. 2. Les communes durent se faire autoriser pour tous les actes d'administration, excepté pour les baux à ferme passés dans les formes voulues.

d'attirer par des facilités et des avantages ceux qui entreprendraient de s'y établir, de les défricher et de les cultiver. Les coutumes favorisèrent donc de tout temps ces entreprises et offrirent une prime aux cultivateurs qui s'y livraient; elles autorisèrent une sorte de contrat de défrichement, dont les exemples sont assez communs[1]. Mais la législation royale alla plus loin, car elle permit de prescrire la propriété des terres vagues, même sur le domaine du roi qui était imprescriptible. En 1566, Charles IX rétablit les dispositions des Codes romains qui attribuaient la propriété de ces terres à ceux qui en avaient entrepris la culture, pourvu que ce fût après l'expiration des délais pendant lesquels les propriétaires anciens pouvaient faire de justes réclamations et rembourser les impenses. Une déclaration de Louis XIV, du 11 juin 1709, rendue après l'hiver le plus rigoureux et les désastres réunis d'une guerre malheureuse et d'une famine, permit à chacun de cultiver pour son propre compte les terres que leurs propriétaires auraient négligé d'ensemencer. Une autre déclaration, de 1766, rangea dans la catégorie précédente des terres qui n'avaient pas donné de récoltes depuis quarante ans, et permit aux cultivateurs qui les défricheraient de se les approprier, sauf les droits que les propriétaires et les seigneurs pouvaient faire valoir. Mais il fut difficile d'exécuter cette disposition, qui soulevait les prétentions les plus contradictoires et des procès interminables.

Le mode de jouissance des terres communales et les questions qui s'y rattachaient méritent aussi qu'on s'y arrête. On pourra se faire une idée de la grande étendue

[1] Des *hospites*, ou hommes libres, cultivaient les terres des chevaliers, à la condition que, tant qu'ils les cultiveraient, elles ne pourraient leur être enlevées pour être données à d'autres personnes, et que, tant qu'elles demeureraient incultes, ils ne pourraient eux-mêmes s'établir ailleurs pour mettre d'autres terres en culture. — *Charte du capitulaire de S.-Père*, de l'an 1100 environ. V. au chap. IV, p. 208, un exemple à peu près analogue.

de ces terres, quoiqu'elles fussent très-mal cadastrées, par
ce fait qu'au dernier siècle la généralité de Soissons en
avait déclaré trente-trois mille arpents, et que des auteurs
compétents estimaient le chiffre réel au quadruple, ou à
plus de cent vingt mille. Or, cette généralité était une de
celles dans lesquelles l'étendue proportionnelle des terres
communales était la plus faible [1].

Le mode de jouissance avait besoin d'être réglé par des
conventions passées entre le seigneur et les habitants, ou
entre les habitants eux-mêmes, ou entre les habitants et
ceux d'une ou de plusieurs paroisses voisines, si la concession s'étendait jusqu'à ces derniers. Plus tard, les coutumes, puis les lois ou la jurisprudence, modifièrent ces
conventions. L'usage le plus général était que chacun des
communiers ne pût envoyer dans les communaux qu'une
quantité de bétail proportionnelle à l'étendue des terres
labourables qu'il avait dans la paroisse; mais, quelque juste
que fût cette règle, il était malaisé d'en assurer l'exécution.
Aussi plusieurs coutumes, et entre autres celle de l'Auvergne, reconnaissaient-elles aux communiers le droit de jouir
des communaux par tête, quelle que fût l'étendue des terres
qu'ils cultivassent. D'autres, comme celles d'Amiens, de
Bourgogne, de Béarn, restaient muettes sur les questions
de ce genre et en abandonnaient la solution à la diversité
infinie des usages locaux.

Le parcours, l'entrecours et les autres servitudes semblables existant entre paroisses voisines étaient une source
abondante de contestations, surtout lorsque les territoires
des deux paroisses, c'est-à-dire le fonds servant et le fonds
dominant, appartenaient à des seigneurs différents. Sui-

---

[1] Comte d'Essuiles, *Traité sur les communes et les droits communaux*,
1777. Il comprend, parmi les terres communales, les friches vagues, ou
terres hermes et vacantes, sans propriétaires connus. — D'anciens auteurs estimaient qu'un sixième des terres de la France étaient en friche

vant Loisel, l'usage le plus ordinaire était que les *vaines pâtures* eussent lieu de clocher à clocher, ou que les habitants d'un village pussent mener paître leurs bestiaux jusqu'au milieu des villages voisins sur tous les héritages qui n'étaient ni clos ni en défens; les *grasses pâtures*, qui comprenaient les prés non coupés, les pacages et les bois, n'appartenaient qu'aux *communiers*, c'est-à-dire aux paysans munis d'un titre formel.

Ces servitudes si multipliées étaient désastreuses et empêchaient les terres communales non-seulement d'être améliorées, mais même d'être entretenues. Elles étaient peut-être moins fréquentes dans les pays de droit écrit, comme le Languedoc; mais, dans la plupart des autres, les troupeaux commettaient des ravages analogues à ceux de la *mesta* espagnole. Vers la fin du dernier siècle, l'opinion se prononçait hautement pour la suppression du parcours et de l'entrecours. Young ne voyait pas que, tant qu'ils subsisteraient, il y eût d'amélioration possible pour l'agriculture française, et, un peu avant lui, l'Assemblée provinciale du Berry avait déjà proposé au roi, en 1783, un projet de règlement pour leur suppression.

Il y avait des provinces où ces droits s'exerçaient jusque sur les héritages particuliers qui n'étaient ni clos ni en défens. Or, dans le Berry, suivant la même Assemblée, d'anciens usages défendaient de clore les bois, les prés et une partie des biens ruraux [1]. De là une sorte d'indivision dans laquelle demeurait une quantité considérable de terres. Ces anciens usages étaient même si bien établis qu'il était presque impossible de faire garder des bois ou des prés mis en défens; les propriétaires reculaient devant cette impossibilité et préféraient quelquefois laisser leurs terrains en friche. Les Assemblées provinciales ne se contentèrent donc pas de demander la suppression du

____
[1] Cf. la coutume du Boulonnais, art. **131**.

parcours ou de la vaine pâture; elles firent aussi des projets pour la clôture des héritages et la mise en défens des biens ruraux [1]. Plusieurs édits furent rendus dans ce sens, et leurs résultats, autant qu'on peut les juger aujourd'hui, paraissent avoir été avantageux [2]; car on voit l'Assemblée de la Lorraine, en 1787, se féliciter de l'amélioration que l'usage plus général des clôtures avait introduite dans la province.

Le partage des terres communales fut assez généralement sollicité, en même temps que la suppression du parcours. Déjà les seigneurs avaient fait un grand nombre de traités avec les paroisses pour la distinction de leurs droits réciproques. Les tribunaux royaux avaient même établi en principe que, toutes les fois que les droits du seigneur seraient évalués légalement, ils le seraient au tiers de la totalité de la vaine pâture [3].

Mais au dix-huitième siècle, on sollicitait un autre genre de partage, celui de la portion laissée aux communes entre les chefs de famille qui habitaient ces communes. On constatait que les terres communales étaient improductives et resteraient telles tant qu'elles seraient dans l'indivision. L'appropriation individuelle était donc la conclusion de tous les arguments que l'on employait pour attaquer les vices du système [4]. Il y avait eu déjà de semblables par-

---

[1] Procès-verbaux des Assemblées du Berry, en 1783, et des Trois-Evêchés, en 1787.

[2] Un édit de mars 1769 autorisa la clôture des terres, des champs et des héritages, dans la Champagne, et y supprima le droit de parcours. La province avait elle-même demandé cette autorisation, parce que les Trois-Evêchés enclavés au milieu d'elle avaient des clôtures et qu'elle se trouvait obligée de nourrir leurs bestiaux. Un autre édit du mois d'août 1770 permit la clôture des héritages dans le Mâconnais, l'Auxerrois et le pays de Bar-sur-Seine. En 1782 le parcours fut encore aboli dans la Lorraine, la Franche-Comté, le Béarn.

[3] Edit de 1667. Coutume de Metz.

[4] D'Essuiles, ouvrage cité.

tages [1], et la comparaison des pays où ces partages avaient eu lieu, tels que le Béarn, avec ceux où les seigneurs avaient encore l'habitude d'inféoder les communaux, était loin d'être favorable à ces derniers [2].

Le gouvernement semble avoir pris, dans ces circonstances, le parti de faire des essais, en encourageant le partage dans certaines provinces. Ainsi, un édit de 1769, enregistré par le Parlement de Metz, autorisa les habitants des Trois-Evêchés à partager également leurs communaux entre tous les chefs de famille, après une délibération régulière, tenue dans chaque paroisse devant un officier public. Mais cet édit, dont les dispositions sont fort curieuses [3], mettait à la propriété de ces portions ou lots des conditions qui leur conservaient leur caractère de biens communaux, et il stipulait au besoin leur retour à la commune. L'expérience ne paraît pas avoir été complétement exécutée. Dans la mesure où elle le fut, réussit-elle? C'est ce qu'il n'est pas aisé de décider; car si Boncerf, l'ennemi passionné des droits féodaux, assure qu'elle eut de bons effets, l'Assemblée provinciale des Trois-Evêchés, réunie en 1787, en signale, de son côté, les mauvais.

Les procès-verbaux des Assemblées provinciales tenues sous le règne de Louis XVI traitent cette question *in extenso*. L'Assemblée de la haute Guyenne demande le

---

[1] Des communes partageaient souvent leurs communaux entre leurs habitants, en prenant l'engagement de payer collectivement un cens aux seigneurs.

[2] Young, *Voyage en France.*

[3] D'après l'édit, les lots sont indivisibles, inaliénables. Ils sont héréditaires en ligne directe; mais, dans les cas de succession collatérale, ils reviennent à la commune, qui en gratifie les chefs de famille les plus anciens parmi ceux qui n'ont pas encore joui du bénéfice du partage. Les parents peuvent disposer de leur part en faveur de celui de leurs enfants qu'ils choisissent; à défaut de leur disposition expresse, la loi désigne l'aîné. Aucune saisie ne peut être faite que collectivement et sur tous les détenteurs.

partage à deux reprises, en 1780 et en 1786. Elle propose
un autre système. Une moitié doit être partagée par feux
ou par têtes de chef de famille ; une autre moitié en raison
de la contribution des copartageants à la taille. Le rapport
fait, en 1787, à l'Assemblée provinciale de la Lorraine,
est un exposé lumineux des raisons à invoquer pour ou
contre la suppression des communaux et du parcours; sa
longueur et la nature purement théorique des considérations dans lesquelles il entre m'empêchent seules de le
reproduire ici [1]. L'Assemblée ne prit d'ailleurs aucune décision ; elle se contenta d'en référer aux Assemblées municipales qui devaient être prochainement réunies.

Les cahiers des bailliages de 1789 présentent, à leur tour,
la plus grande variété de préjugés et d'opinions sur ce
même sujet. Tandis que le maintien des communaux est
demandé par le tiers Etat des bailliages de Metz, de Troyes,
de Nîmes, d'Anjou, par le clergé de Metz, par la noblesse
de Cambrai, que le clergé de Saûmur et celui de Troyes
vont jusqu'à solliciter le rétablissement de ceux qui ont
été partagés ou détruits, la noblesse de Sens, de Provins,
de Saint-Quentin, de Lyon, le clergé de Bayonne, le tiers
Etat du Cotentin demandent, au contraire, le partage.

C'est dans ce dernier sens que la question semble avoir
été résolue. En effet, une grande partie des biens communaux a été partagée et mise en culture depuis cette époque.
D'autres subsistent encore et sont régis par des lois analogues à celles d'autrefois. Cependant la constitution des
communes actuelles repose sur de tout autres bases que
celles des communes ou plutôt des paroisses du dernier
siècle, et les abus de l'indivision et de la vaine pâture, s'ils
n'ont pas disparu partout, ont été partout considérablement atténués.

[1] Procès-verbaux imprimés de l'Assemblée provinciale de la Lorraine en
1787 (p. 270 et suiv.).

§ 3. — Droits de chasse et de pêche.

Ces droits étaient attachés tantôt à la propriété seigneuriale, et tantôt à la souveraineté ou la justice. En effet, les
seigneurs chassaient et pêchaient sur leurs propres domaines, en vertu de leur seul titre de propriétaires, et y
permettaient ou défendaient la pêche ou la chasse à qui
bon leur semblait[1]. Mais il arrivait aussi qu'ils s'attri-
buassent ces droits exclusivement sur toutes les terres de
leur seigneurie, qu'elles fussent inféodées, acensées ou
affermées. Sur quoi les fondaient-ils alors? Sur la souveraineté et la justice seules, ou, du moins, sur une extension
abusive du droit de justice. Cette distinction était faite
très-anciennement; elle se trouve dans les *Olim*, qui séparent avec soin le *jus chaciandi et piscandi*, qui appartient
aux propriétaires, et le *jus forestæ* ou *garennæ*[1], exercé par
le justicier.

Comment le droit de garenne avait-il pu s'établir comme
une conséquence du droit de justice? Y avait-il eu quelque
stipulation, quelque réserve de ce genre dans les anciens
baux et les contrats des tenures? Etait-il l'effet d'une usurpation, que le temps et l'usage avaient ensuite plus ou
moins sanctionnée? Tout cela demeure très-obscur. Mais
un tel droit, celui peut-être des droits seigneuriaux qui
fit le plus de mal et engendra le plus d'abus, devait deve-

---

[1] M. Championnière cite des exemples de conventions faites par des
seigneurs pour la pêche de leurs rivières. — 2ᵉ partie, n. 45.

[2] Une garenne était originairement une étendue de pays dans laquelle
le seigneur pouvait chasser, ou bien le droit même de chasser dans cette
étendue de pays. — Championnière, n. 30 et suiv. — Il y avait une garenne
des eaux comme une garenne des forêts. Cette explication du mot *garenne*, dont M. Championnière a rétabli le sens primitif, souvent mal compris des légistes plus récents, est confirmée par le président Bouhier,
dans ses observations sur la coutume de Bourgogne. *Jus forestæ* et *jus
garennæ* sont synonymes.

nir de bonne heure impopulaire et odieux. Aussi le voyons-
nous de bonne heure attaqué, combattu, et limité de toute
manière par les chartes, les coutumes et les ordonnances.
Il eut pour adversaires tout à la fois les sujets des seigneurs
et l'autorité royale.

Les anciennes chartes stipulent souvent des suppressions
de forêts ou de garennes, achetées, soit à prix d'argent,
soit par la constitution d'une redevance. La jurisprudence,
par exemple celle des *Olim*, dès le treizième siècle, exigea
que le droit de garenne, pour être reconnu, reposât sur
un titre ou sur une longue jouissance. Peu de temps après,
des ordonnances et règlements des rois supprimaient toutes
les garennes de date récente, même sur leurs domaines,
dans le but avoué d'y favoriser le labourage et de l'affranchir d'une intolérable servitude [1].

Les seigneurs défendirent leur privilége, car c'en était
un, et obtinrent plusieurs fois du gouvernement qu'il en
assurât le maintien. On peut croire que ce fut par leur
influence que les lois interdirent longtemps l'exercice
de la chasse aux roturiers, sous prétexte d'empêcher la
cessation de l'agriculture et du commerce. Mais s'ils
réussirent à mettre l'ancienne législation, qui cédait tour
à tour à des influences opposées, en contradiction avec
elle-même, ils ne purent changer pour cela ses ten-
dances manifestes. Ainsi les lois diminuèrent constamment les abus du droit de garenne, soit en limitant le
temps de la chasse aux saisons où les récoltes ne pouvaient en souffrir [2], soit en abrogeant dans un assez grand
nombre de provinces les défenses de clore les héritages,
défenses dictées à peu près partout par l'intérêt réuni des

---

[1] Ordonnances et règlements de 1318, 1350, 1352 et 1353.

[2] La chasse ne pouvait avoir lieu que quand le blé était en tuyau ou la
vigne en feuille, à peine de dommages-intérêts envers les cultivateurs,
les propriétaires. — Ordonnance d'Orléans, art. 108, et de Blois art. 285.

seigneurs pour la chasse et des communiers pour la vaine pâture [1]. Depuis le seizième siècle, les arrêts des Parlements ne regardèrent plus comme valable la stipulation du droit de chasse faite dans un contrat de bail à ferme. Le droit lui-même finit par ne s'exercer qu'avec le consentement des habitants de la seigneurie, et, au lieu de le laisser l'apanage exclusif des hauts justiciers, le gouvernement l'attribua indifféremment à tous les propriétaires vivant de leurs terres, nobles ou roturiers. Ces derniers étaient seulement obligés d'en obtenir ou plutôt d'en acheter l'autorisation [2].

Voilà comment fut atténuée ou détruite peu à peu la plus vicieuse des institutions féodales. On comprend quel obstacle l'étendue des chasses réservées et par conséquent des bois, des terres vagues et des marais, opposait au développement de l'agriculture, comment les entreprises de défrichement ou de desséchement étaient entravées, combien les mesures prises pour empêcher la destruction des récoltes étaient elles-mêmes loin d'avoir l'efficacité voulue. Au dernier siècle, l'abus, fort diminué pour les chasses seigneuriales, subsistait encore pleinement pour les chasses royales; car les plaines voisines des châteaux royaux ne pouvaient avoir de clôtures, et le gibier du roi dévastait une immense étendue de terrain autour des capitaineries [3].

Les auteurs ont donné peu de bonnes raisons en faveur du droit de chasse. Il y en a deux pourtant qui méritent

---

[1] Pourtant ces défenses ne furent pas abrogées partout. Elles existaient encore au dernier siècle dans le Berry, dans la Provence.

[2] Les autorisations de ce genre furent assez rares pour la chasse, parce qu'on la regardait comme un exercice de gentilhomme et un privilége de noblesse. Il n'en était pas de même de la pêche, dont les exemples de concession abondent dans les actes d'affranchissement et dans les chartes communales.

[3] Marquis de Turbilly, *Mémoire sur les défrichements.*

d'être citées. On a prétendu qu'en beaucoup de pays la
production agricole n'était pas ou pouvait n'être pas suffisante à l'alimentation des habitants, et que la chasse était
une ressource utile, peut-être même de première nécessité
pour les mois d'hiver. On a pensé aussi que la chasse avait
eu un but d'utilité publique, pour débarrasser les campagnes, soit des animaux malfaisants, plus nombreux
autrefois qu'aujourd'hui, soit même de ceux qui, sans
offrir le même danger, gâtaient les récoltes. D'après d'anciens usages que les ordonnances royales confirmèrent,
tout seigneur haut justicier devait, en effet, assembler ses
hommes de trois en trois mois, et plus souvent s'il en
était besoin, pour poursuivre les loups, renards, san-
gliers, ours, blaireaux, loutres et autres animaux de
cette sorte[1].

J'ajouterai que le droit d'avoir des colombiers et des garennes à lapins fut longtemps une annexe du droit de chasse,
que la législation royale, se conformant à la plupart des
coutumes, ne le reconnut qu'aux seigneurs hauts justiciers, et que les roturiers eurent toujours, même dans
les derniers temps, de grandes difficultés pour l'obtenir[2].

---

[1] Ordonnance de juin 1601, art. 6.—Cf. celle de 1669, tit. 30.

[2] Le mot de *garenne* désigne, dans les textes des trois derniers siècles,
les buissons à lapins. C'est à cause du préjudice que causaient les lapins
et les pigeons que le droit d'avoir des garennes ou des colombiers n'était
reconnu qu'au seigneur haut justicier, au seigneur direct, ou au propriétaire qui avait un terrain d'une certaine étendue. Dans quelques pays,
comme le Dauphiné, les roturiers pouvaient l'obtenir, mais avec l'autorisation du seigneur haut justicier ou celle du roi. Toutes les fois que les
habitants d'une seigneurie devaient éprouver quelque préjudice de l'établissement d'un nouveau colombier ou d'une nouvelle garenne, ils étaient
admis à former opposition (Salvaing, *Usage des fiefs*).

Le droit de faire un étang s'exerçait à peu près de la même manière
que celui de faire une garenne. Les mêmes coutumes l'attribuaient au
seigneur, tandis que dans le Dauphiné et les pays de droit écrit, tout propriétaire pouvait en jouir aux conditions citées plus haut.

§ 9. — Droits ayant pour objet la protection du commerce. Péages, laydes.
Concessions de foires et marchés.

L'entretien des chemins appartenait aux propriétaires
ou aux justiciers, suivant les coutumes. Mais on dut le
regarder de bonne heure comme un attribut de la puissance publique ; et ce qui le prouve, c'est que Beaumanoir reconnaissait déjà aux comtes, dans quelques circonstances, et dans d'autres au roi, le droit de faire les
règlements qui les concernaient [1].

La protection des marchands, le soin de maintenir l'ordre
pour le commerce et pour les transactions de toute nature,
celui de pourvoir aux approvisionnements, étaient aussi,
dans les seigneuries, des attributs de la puissance publique.
Les seigneurs contractaient sur tous ces points des obligations positives, et pouvaient prétendre, en retour, à l'exercice de droits particuliers. Tel était le système originaire,
que la législation royale ne modifia qu'en donnant à ces
obligations et à ces droits une sanction plus puissante et
des formes mieux déterminées.

Les seigneurs étaient tenus de subvenir aux frais de
l'entretien et de la surveillance des chemins, des ponts, des
ports sur les rivières, des bacs, etc., et ils percevaient
des droits de péage à titre d'indemnité. C'était pour eux
une entreprise aléatoire, comme celle d'une justice, avec
des chances de gain et de perte. Le malheur voulait qu'une
partie des services publics de l'administration seigneuriale
eût ainsi un côté intéressé et fiscal, d'où pouvaient sortir
une foule d'abus. C'était comme l'enfance de l'administration. Les péages avaient encore l'inconvénient d'être,
faute de contrôle, souvent arbitraires dans leurs règlements et leurs tarifs, quoiqu'ils reposassent sur un con-

[1] Beaumanoir, éd. Beugnot, p. 361 et suiv.

trat réel ou supposé. Il ne fut même pas rare que, malgré leur incontestable caractère d'utilité publique, on vît dans leur jouissance une simple conséquence de la propriété[1], tant la confusion de la propriété et de la souveraineté était grande dans les esprits.

La législation royale réglementa les péages, diminua leurs abus, et s'efforça de faire remplir aux seigneurs qui en étaient propriétaires les obligations que cette propriété leur imposait. Dès le treizième siècle, les seigneurs furent déclarés responsables de la police des routes de leurs seigneuries; on cite des arrêts célèbres que rendit le Parlement, sous le règne de saint Louis, et qui condamnèrent deux d'entre eux à restitution, pour avoir laissé voler ou tuer des marchands qui traversaient leurs terres[2].

Des arrêts du même temps attribuèrent aux juges royaux seulement le pouvoir d'établir de nouveaux péages[3]; les nouveaux péages ne pouvaient être établis sur les routes de terre qu'après que ces juges auraient pris l'avis des habitants, et fait une enquête contradictoire. Quant aux anciens, on exigea des seigneurs qui voulaient continuer d'en jouir qu'ils eussent des titres contenant la cause du péage, c'est-à-dire les charges d'entretien et de réparation qui y étaient attachées, avec un tarif des droits levés sur les marchandises et sur les voyageurs, tarif qui dut être autorisé également par les juges royaux[4].

Il y eut des vérifications, des abolitions, comme aussi des établissements de péages sous tous les règnes[5], jus-

---

[1] V. les coutumes du Maine, de l'Anjou, du Perche.

[2] Arrêts de 1254 et de 1269.

[3] Arrêts de 1273 et de 1316.

[4] C'était une règle assez commune, et confirmée par un grand nombre d'ordonnances et d'arrêts, que les marchands qui avaient payé un péage, en se rendant à un lieu donné, ne le payassent pas au retour.

[5] V. surtout les ordonnances de 1360 et de 1363.

qu'à celui de Louis XIV, qui fit faire, en 1663, un règlement général avec un tarif uniforme [1].

La propriété d'un péage n'était considérée par la législation royale que comme un simple usufruit; le seigneur ne pouvait se soustraire à l'accomplissement des obligations dont il avait contracté l'engagement; la terre seigneuriale en répondait. Il ne pouvait non plus vendre le péage sans y être autorisé, à moins que ce ne fût avec la terre elle-même et suivant les formalités voulues. Au reste, ce genre de droits faisait naître autant de procès, d'embarras et de difficultés juridiques que les autres droits seigneuriaux.

Les obligations des marchands à ce sujet, et la pénalité à laquelle ils s'exposaient en commettant des fraudes, furent, de leur côté, déterminées avec soin.

Si les précautions de la législation royale diminuèrent beaucoup les abus des péages, elles ne leur ôtèrent pas cependant leur caractère d'entreprise fiscale aléatoire; elles laissèrent à toutes les contestations soulevées à leur propos celui de débats d'intérêts particuliers, là où une part nécessaire devait être faite à l'intérêt public. C'est pour ces motifs que les péages, quoique limités dans leur nombre et réglés dans leur exercice, étaient encore odieux au dix-huitième siècle, et que l'opinion demandait alors leur suppression définitive, ou voulait tout au moins les soumettre à une inspection générale permanente [2].

A côté des droits de péage, il faut placer les droits de *layde* [3], que les seigneurs levaient sur les marchandises

[1] Tout seigneur ayant un péage devait afficher au lieu même de la perception une pancarte ou tableau comprenant le tarif des droits, et un extrait de l'arrêt du Conseil, qui portait vérification et confirmation de son titre. Il devait avoir pour la perception un commis chargé de tenir le journal des recettes. Les mêmes lois étaient applicables à l'exploitation des droits de bac. — Ordonnances diverses.

[2] Fréminville, t. IV.

[3] Laide ou layde, *leudum*. On appelait plus particulièrement droits de

portées à leurs foires et à leurs marchés, pour s'indemniser, non-seulement des frais de police, mais aussi des frais de l'entretien des halles et du champ de foire. Ils furent obligés d'obtenir une autorisation royale pour en conserver la jouissance.

Le droit d'établir les foires et les marchés, d'y faire des règlements et d'étalonner les poids et mesures, appartenait encore, dans le moyen âge, aux seigneurs hauts justiciers. C'étaient eux qui fixaient le poids et le prix du pain vendu par les boulangers, et qui devaient pourvoir aux approvisionnements de la seigneurie. Ils levaient quelquefois, en retour, des taxes particulières, comme un dixième du prix de vente sur les marchés [1]. Mais, depuis le quatorzième et surtout depuis le quinzième siècle, ces pouvoirs ne s'exercèrent plus que sous la surveillance des tribunaux royaux. Le gouvernement finit même par se les attribuer, partout où les coutumes ne les réservaient pas spécialement aux seigneurs.

RÉSUMÉ GÉNÉRAL ET OBSERVATIONS SUR LE RACHAT DES DROITS TENANT A LA SOUVERAINETÉ.

En rangeant dans les huit paragraphes qui précèdent les droits seigneuriaux les plus ordinaires qui dérivaient de la justice ou de la souveraineté, je n'ai pas prétendu en faire une complète énumération. Il y en avait encore de particuliers à telle ou telle province, à telle ou telle seigneurie, et qui ne doivent figurer à ce titre que dans les dictionnaires ou les répertoires d'ancienne jurisprudence. C'étaient surtout ceux qui avaient le caractère de contributions communales qui prenaient les formes les plus variées [2].

layde ceux qui étaient perçus sur les blés et les grains, et droits de petite layde ceux qui l'étaient sur d'autres objets.

[1] C'est ce qu'on appelait *jus mercati*.

[2] Voyez Ragueau, *Indice des droits royaux et seigneuriaux.* — Parmi

On a vu quelles avaient été l'origine et la raison de ces droits, dont l'ensemble constituait le système de l'administration seigneuriale dans les campagnes. A bien peu d'exceptions près, ils reposaient sur une cause juste; ils étaient l'effet d'une convention ou d'un contrat supposé, mais nécessaire; ils imposaient des obligations aux seigneurs comme aux paysans. Les abus mêmes qu'ils pouvaient entraîner furent combattus successivement, sinon détruits, par les chartes, par les coutumes, par la jurisprudence et par les ordonnances royales. La condition des campagnes sous le gouvernement seigneurial était, par toutes ces raisons, bien moins intolérable qu'on ne le suppose communément.

Est-ce à dire que ce système fût le meilleur possible, même au moyen âge? Personne ne le prétendrait. J'ai déjà signalé en passant quelques-uns de ses défauts les plus frappants, et fait voir comment il avait dû être corrigé et amélioré sans cesse. Mais mes observations sur ce sujet ont besoin d'être résumées et présentées d'une manière plus générale. En effet, à quelque point de vue qu'on se place, politique, juridique ou économique, les droits seigneuriaux avaient ou pouvaient avoir les effets les plus fâcheux.

Le premier de leurs inconvénients, c'est que, dans toutes les questions qui s'élevaient à leur égard, le seigneur était à la fois juge et partie. Dans les Etats considérables, il peut exister des institutions qui contrôlent la marche des gouvernements et rendent les abus impossibles ou fort diffi-

les contributions communales, on peut citer les droits sur les boissons, le droit de *gambage,* levé sur la bière, ceux de *forage* sur le vin vendu en détail, de *vinage* ou de *cellerage* sur le vin tiré ou mis au cellier ; les droits sur les ventes, comme celui de *moutonnage* sur la vente du bétail ; ou encore les droits sur les successions, comme l'*essongne,* que les vilains débiteurs du cens payaient à leur seigneur quand ils recueillaient un héritage, etc.

ciles. Dans les petits Etats, comme étaient les seigneuries, il n'en est pas ainsi. Les abus du gouvernement seigneurial n'ont été combattus que par le pouvoir religieux et le pouvoir monarchique, tous deux étrangers à la seigneurie, et quelle qu'ait été la force d'intervention de ces deux pouvoirs, ils n'ont pu réussir à effacer complétement ce vice originel.

On doit aussi observer que, lorsque les ordonnances royales et la jurisprudence des Parlements ont voulu distinguer entre les droits seigneuriaux ceux qui étaient parfaitement légitimes et ceux qui étaient abusifs, elles ont éprouvé un grand embarras[1]. Il n'était guère aisé non plus de définir en quelle circonstance un droit légitime devenait un abus. C'était là pourtant le point le plus important, car, si les droits seigneuriaux ont mérité d'être attaqués avec autant d'animosité qu'ils le furent à la fin du dernier siècle et qu'ils le sont encore quelquefois aujourd'hui, ç'a été surtout à cause du mauvais usage qu'on pouvait en faire.

Au point de vue judiciaire, ils faisaient naître une effroyable quantité de procès entre les villages et les seigneurs. Dès les treizième et quatorzième siècles, l'échiquier de Rouen était assailli de ces procès[2]. Le recueil des *Olim* en est plein, et les anciennes collections d'arrêts attestent que, dans les époques suivantes, le flot ne tarit pas. L'absence d'uniformité, la difficulté des évaluations, l'incertitude de la jurisprudence apportaient autant d'aliments à la chicane.

Sous le rapport économique ou financier, on jugeait déjà autrefois les droits seigneuriaux plus onéreux dans la plupart des circonstances pour ceux qui les payaient qu'avanta-

---

[1] C'est ainsi que M. Championnière, malgré sa subtilité ingénieuse, n'a pu réussir, à mon sens, à distinguer exactement et d'une manière certaine ceux de ces droits qui existaient en vertu d'une institution et ceux qui n'étaient que le produit d'un abus.

[2] M. Delisle en a fait de curieux relevés sur les registres de l'échiquier de Rouen.

geux pour ceux qui les percevaient. Leur multiplicité seule
était funeste, mais leur perception était souvent difficile et
coûteuse. A entendre les requêtes des intéressés, il semble
que le seigneur ne pût en tirer de profit sans exaction et
sans violence. D'un autre côté, Sully, bon juge sans doute
en cette matière, constate formellement, dans les *Economies
royales,* que le roi ne retirait à peu près rien de ceux qui
étaient attachés à son domaine, et c'était surtout, selon
lui, à cause des frais et des difficultés de la perception [1].
Au siècle dernier, on estimait, dans la Savoie, que les frais
de la seule conservation des droits féodaux absorbaient,
pour un propriétaire, le quart de leur produit [2].

Fussent-ils modérés et justement établis, ils n'en modi-
fiaient pas moins d'une manière singulièrement défavorable la condition des héritages ruraux et, par conséquent,
leur valeur. Ainsi, ils en gênaient la transmission ou même
la division par un dédale de complications infinies. Quand
un héritage rural était divisé, tous les détenteurs pouvaient être tenus solidairement des obligations indivisibles. Dans d'autres cas, les obligations, corvées, redevances, etc., étaient, au contraire, divisibles à l'infini, soit pour
le débiteur, soit pour le créancier. Les anciens feudistes
ont cité jusqu'à des redevances de la cent quatre-vingt-
seizième partie d'une journée de travail ou d'une poule.

Voilà pourquoi la législation et les arrêts du Conseil ou

[1] « En faisant de dix années une commune, tant desdits revenus que des
« frais et dépenses faites pour les faire valoir, il s'en faut d'un cinquième
« que le roi en tire aucune chose, desquels néanmoins, en les vendant, on
« pourrait faire un fonds de plusieurs millions pour racheter toutes les
« bonnes rentes constituées au denier dix ; ce qui apporterait une grande
« décharge aux finances du roi. »

Sully ne concluait qu'à l'aliénation de ces droits et non à leur suppression, comme plusieurs auteurs et entre autres Boncerf (*Abus des droits
seigneuriaux*) l'ont avancé à tort. Il n'en jugeait pas moins ce système de
services et de redevances mauvais au point de vue économique.

[2] Clicquot de Blervache, *Moyens d'améliorer la condition des laboureurs.*

des Parlements déclarèrent aux droits seigneuriaux une guerre ouverte [1]. Autant firent les grands-jours, qui étaient des assises administratives tenues hors des chefs-lieux de la justice et de l'administration provinciale [2].

On supprima tous ceux d'entre eux qui pouvaient être supprimés. Mais, comme le plus grand nombre reposaient sur des titres ou des contrats, et constituaient une propriété nécessairement inviolable, on ne put songer à les faire disparaître que par le rachat. La question de rachat, déjà souvent agitée avant le dix-huitième siècle, et qui avait trouvé dans les coutumes ou même dans les actes de la justice et ceux du pouvoir une solution partielle [3], fut débattue, à cette époque, avec une grande vivacité.

---

[1] Les ordonnances se plaignent que les nobles « se travaillent journellement de lever sur leurs hommes et sujets et autres leurs voisins plusieurs sommes de deniers, quantités de grains, etc... » Ordonnance de Blois de 1499, art. 139. Cf. Ordonnance de 1579, art. 283.

[2] Les grands-jours de Clermont rendirent sur ce sujet, le 9 janvier 1666, un arrêt célèbre, mais qui, comme beaucoup d'autres, ne fut pas exécuté.

[3] En 1667, le tiers État d'Auvergne adressa au roi une requête curieuse contre les exactions que commettait la noblesse de la province (Recueil manuscrit de la Bibliothèque de Clermont, coté Crems et Busséol). Il le priait « d'obvier à l'oppression que souffrent les plus faibles par la vio-
« lence des plus forts, lesquels, sous prétexte de rentes qui leur sont
« dues, exigent de leurs redevables tout ce que bon leur semble, refusant
« de prendre grains et autres denrées en espèce, et les taxant en argent
« à beaucoup plus qu'elles ne se vendent au marché,...... et prétendant
« que lesdites rentes en directe seigneurie emportent les droits de cor-
« vées et manœuvres qu'ils exigent sans aucun titre en argent et en
« espèces, et ce, avec telle rigueur, que la plupart des bœufs et autres
« bestes de service qui y sont employés périssent dans ce travail, auquel
« ils contraignent les laboureurs sans aucune merci, ce qui fait que les
« terres demeurent en friche, et les propriétaires d'icelles dans l'impuis-
« sance de payer les deniers royaux qui leur sont imposés. »
Le tiers État d'Auvergne sollicitait donc une déclaration royale qui autorisât tous ceux qui étaient sujets à une redevance quelconque à se rédimer eux et leurs biens, si les seigneurs directs étaient convaincus de concussions, de vexations, ou d'inexécution de l'arrêt des grands-jours. Le mode de rachat proposé était ou le remboursement du principal, d'a-

Les défenseurs des droits féodaux ne furent pas nombreux, et ne firent valoir que des arguments de peu d'importance, empruntés en partie à de simples règles de l'ancien droit [1]. On vit, au contraire, parmi leurs adversaires, les économistes et la plupart des écrivains du temps. Le plus ardent sans contredit fut Boncerf, dont le livre peu mesuré et historiquement peu exact ne méritait pourtant pas d'être livré par le Parlement à la main du bourreau et d'acquérir ainsi une célébrité usurpée. Boncerf, en 1776, condamnait les droits féodaux par cette seule phrase : « leur conservation n'est utile ni à l'ordre public, ni au roi, ni à l'Etat, ni aux particuliers. » Il leur attribuait la désertion des campagnes qu'il espérait voir se repeupler par leur disparition. Il insistait surtout sur la nécessité de libérer le sol et la propriété immobilière de toute obligation qui ne fût pas contractée envers l'Etat. Cette libération devait entraîner, selon lui, une élévation rapide du prix des terres, avantage qui aurait servi à indemniser les seigneurs. Il voulait rendre le rachat facultatif pour la génération contemporaine des détenteurs des héritages assujettis, et obligatoire pour celle de leurs héritiers.

Si des livres de cette époque on passe aux actes trop oubliés des Assemblées provinciales, on est frappé plus vivement encore des exigences que montrait l'opinion publique. Ainsi, en 1780, l'Assemblée de la haute Guyenne invitait tous les seigneurs de la province à suivre l'exemple donné par une partie d'entre eux, c'est-à-dire à renoncer au droit féodal de champart, attendu que le champart ne permettait pas au tenancier de faire un gain, l'impôt et

près un tarif dressé par le roi, pour les grains, les vins, les corvées, etc..., ou le payement annuel de la rente du principal au denier vingt, si l'un des redevables ne pouvait se rédimer du principal.

[1] Ainsi on soutenait qu'autoriser le rachat des droits féodaux serait porter atteinte à l'inaliénabilité du domaine royal qui en possédait un grand nombre.

les frais de culture absorbant presque toute la part qui lui
restait disponible.

Déjà dans un pays voisin, mais soumis à l'influence
française, dans les Etats sardes, le roi Charles-Emmanuel
avait permis par deux édits, publiés en 1761 et en 1762,
le rachat des droits féodaux.

Vint enfin l'Assemblée constituante qui les supprima en
France, et la plupart sans indemnité [1]. C'était dans la nuit
célèbre du 4 août. Les députés cédèrent, en cette circonstance, à un entraînement plus généreux que réfléchi. Quelques
voix s'élevèrent pour demander qu'un rachat forcé fût au
moins substitué à une suppression pure et simple, mais ne
purent arrêter le torrent qui allait entraîner les derniers débris de la féodalité et effacer ses dernières traces [2]. Ce fut

[1] Voici les principales dispositions de la loi de 1789.

L'art. 1er abolit à jamais et sans indemnité les tailles, les corvées, les
droits de feu, de guet et de garde, et toutes les servitudes féodales, sous
quelque désignation que ce soit, ainsi que les redevances et les prestations pécuniaires établies pour les remplacer.

L'art. 2 déclare les droits de banalité, les cens, les rentes, les redevances, les droits de mutation, les champarts, terrages, droits de mesu-
rage, de minage et autres, rachetables à la volonté des débiteurs, soit de
gré à gré, soit dans des proportions fixées par une loi.

L'art. 3 supprime les fuies et les colombiers.

L'art. 4 abolit le droit seigneurial de la chasse et permet à tout propriétaire de détruire le gibier sur sa propriété.

L'art. 5 abolit le droit de garenne.

L'art. 6 abolit, sans aucune indemnité, les justices seigneuriales.

L'art. 7 porte que les dîmes en nature, ecclésiastiques, laïques ou inféodées, seront toutes conversibles en argent et rachetables à la volonté
des débiteurs.

L'art. 8 déclare également rachetables les rentes foncières, soit en nature, soit en argent.

[2] Séance du 4 août 1789. Le duc de Noailles avait présenté un projet
qui obligeait les communautés rurales à rembourser les droits féodaux
en argent, d'après le revenu moyen de dix années, qui abolissait sans
rachat les corvées seigneuriales, les mainmortes et autres servitudes personnelles, qui soumettait aussi au remboursement les rentes seigneuriales en volailles, grains, argent, etc.. Le duc d'Aiguillon appuya la

à peine si l'on admit le rachat pour les banalités et les rentes foncières. La faute de la Constituante fut encore aggravée par les Assemblées qui lui succédèrent. Un décret de l'Assemblée législative, du 25 août 1792, déclara *abolis* entièrement et *sans rachat* tous les droits féodaux et censuels, fixes ou casuels, qui ne seraient pas prouvés avoir été consentis pour la concession d'un fonds. Quant à la Convention, elle fit, de son côté, plusieurs décrets qui déclarèrent abolies, sans indemnité, toutes rentes foncières « entachées de quelque mélange de féodalité. »

Ces actes doivent être jugés sévèrement, comme tous les actes injustes et révolutionnaires. Il faut constater seulement que l'Assemblée constituante avait la prétention de libérer le sol [1] et qu'elle y réussit.

SECTION III. — Droits des seigneurs sur les églises. — Administration ecclésiastique des seigneuries.

Pour compléter l'étude des droits seigneuriaux, il faut ajouter à ceux qui ont été déjà énumérés quelques autres droits particuliers que les seigneurs exerçaient sur les églises, et qui étaient encore une conséquence plus ou moins directe de leur souveraineté.

La plupart étaient purement honorifiques, et il suffit de les citer, comme ceux d'avoir un banc dans le chœur de la paroisse [2] ou une place marquée dans les processions, de

---

motion. Ce fut alors qu'un député, nommé de La Poule, parla du droit qu'un seigneur avait autrefois de faire, au retour de la chasse, éventrer deux de ses serfs, pour se réchauffer en mettant les pieds dans leurs corps sanglants.

[1] Rapport du député Heurtault-Lamerville sur un projet de Code rural.

[2] Plusieurs arrêts de règlement attribuèrent ce droit, en premier lieu, au patron, et, en second lieu, au seigneur haut justicier, si l'église était assez grande pour contenir deux bancs semblables. Les femmes pouvaient en jouir, à la condition de ne jamais entrer dans le chœur.

se faire offrir l'eau bénite ou le pain bénit avant le reste des assistants, de se faire encenser, etc. [1].

Le seigneur haut justicier et le patron qui avait doté l'église pouvaient aussi exiger que la porte en fût tendue de noir à leur enterrement, et qu'on déposât leurs corps dans l'enceinte. Ce droit, qu'on appelait *droit de litre* ou de *ceinture funèbre*, leur était personnel ; eux seuls pouvaient encore inscrire des épitaphes sur leurs tombeaux, les charger d'ornements ou y élever des statues.

Le patron, quand il avait entièrement doté l'église, exerçait le patronage, c'est-à-dire qu'il pouvait présenter un candidat au bénéfice, sauf l'institution que l'évêque devait donner. Ce droit était tantôt personnel, c'est-à-dire attaché à la personne du fondateur, transmissible à ses seuls descendants et incessible, tantôt réel et cessible avec la seigneurie à laquelle il était attaché [2]. Les patrons pouvaient encore se réserver, par l'acte de fondation, quelques autres avantages, tels qu'un cens ou une redevance sur le bénéfice. Les fondateurs des hôpitaux jouissaient à peu près des mêmes droits [3].

On voit qu'il y avait des circonstances où les seigneurs usaient de leurs priviléges à titre de donateurs ou de représentants des donateurs plutôt qu'à titre de souverains. Mais, que ce fût à un titre ou à un autre, ils exercèrent toujours une influence considérable sur l'administration ecclésiastique de leurs seigneuries.

[1] Fréminville rapporte des arrêts de 1717 et de 1734, obtenus par des seigneurs pour obliger les curés de leurs paroisses à les recommander nominativement à Dieu dans leurs prônes ; mais cet usage était rare. Des arrêts du Parlement de Rennes, de 1649 et de 1687, l'interdisaient même formellement pour la Bretagne. — Fréminville, t. II.

[2] Un édit de mars 1715 déclara que le patronage royal était personnel et que les droits qui le constituaient ne pouvaient être transmis aux acquéreurs de terres domaniales.

[3] Voyez les deux édits royaux, de décembre 1666 et d'août 1749, qui réglementèrent ces droits.

Les biens de l'église paroissiale étaient originairement administrés par le curé. Les réparations étaient à la charge de la cure ou des bénéfices, et il y était pourvu par les dîmes et les autres revenus ecclésiastiques. Mais quand l'église était privée de ses revenus ou les dîmes usurpées par les laïques, ce qui se voyait fréquemment dans les désordres du moyen âge, il fallait que les habitants, le *commun* des paroisses, s'imposassent dans ce but. Telle a été l'origine des fabriques. Comme elles reçurent de nombreuses donations, et que les patrons ou les donateurs prétendirent avoir part à leur administration, il devint nécessaire que cette part fût réglée. Elle le fut longtemps par les actes ecclésiastiques ; ce furent les décisions des évêques ou des conciles qui déterminèrent les rapports des curés avec les trésoriers qui représentaient les donateurs et avec le commun de la paroisse. Plus tard, les actes ecclésiastiques furent remplacés par des arrêts de Parlements obtenus à la réquisition de chaque évêque pour son diocèse. Quoiqu'il n'y eût pas sur ce point d'uniformité absolue, les règles qui suivent étaient assez générales dans le dernier siècle [1] :

Le curé était institué par l'évêque, mais sur la présentation du seigneur, si le seigneur exerçait le droit de patronage.

Il devait avoir un bénéfice ou bien temporel suffisant pour son entretien, les lois ecclésiastiques lui interdisant de faire le commerce ou d'exploiter une ferme.

Il était obligé de tenir un registre double des baptêmes, des mariages et des sépultures, en se conformant aux édits royaux.

Il devait conserver les titres et les papiers de son église

---

[1] Arrêt du Parlement de Paris, du 4 août 1745, obtenu à la réquisition de l'évêque de Boulogne. — Ordonnance du cardinal de Tencin, archevêque de Lyon, pour son diocèse, 1er juillet 1749.

et en dresser un inventaire qui comprît l'état des fondations. Il gérait les biens de la fabrique avec un ou plusieurs marguilliers. Tous les ans, les principaux habitants
de la paroisse se réunissaient un dimanche, après la messe,
pour le choix des marguilliers ; la réunion était annoncée
au prône huit jours d'avance ; on ne pouvait choisir que
des personnes solvables et d'une probité reconnue ; mais
les mêmes étaient rééligibles trois années de suite. Le curé
et le marguillier faisaient tous les actes d'administration,
excepté les aliénations d'immeubles pour lesquelles ils
avaient besoin d'une autorisation épiscopale, soumise elle-
même à de nombreuses formalités[1]. Un conseil de fabrique, composé des marguilliers précédents, et assisté quelquefois des notables de la paroisse, approuvait les dépenses
et recevait les comptes que le marguillier sortant de charge
était tenu de lui rendre dans un délai de six mois. Ces
comptes étaient ensuite soumis au seigneur, ou plutôt à la
justice seigneuriale.

Les assemblées des conseils de fabrique se tenaient dans
les églises. Ceci rappelle que les églises avaient servi longtemps, au moyen âge, de maisons communes, que les réunions de toute espèce et les fêtes, même profanes, s'é-
taient célébrées dans leur enceinte, qu'on en avait fait
quelquefois jusqu'à des entrepôts et des magasins. Mais,
au dix-huitième siècle, il était formellement interdit de les
employer à ces usages.

Outre la part qu'ils prenaient à l'administration des
établissements de charité et d'instruction[2], les curés exerçaient encore dans les paroisses quelques fonctions que

____

[1] Les baux à ferme pour les terres d'église étaient soumis à des formes
particulières.

[2] Quoique la plupart des établissements charitables fussent à la charge
des couvents ou eussent une dotation constituée par les fondateurs, il y
en avait aussi quelques-uns qui étaient entretenus par des impositions
établies sur les paroisses.

le gouvernement civil leur avait conférées. Ainsi ils devaient aider la police par leurs monitoires; quand un vol était commis, ils le publiaient au prône, et sommaient ceux qui connaissaient le voleur d'avoir à le dénoncer. Hors de l'église, ils étaient chargés de faire quelques publications séculières, comme celle de l'édit de Henri II contre les femmes qui célaient leur grossesse. Ils faisaient aussi connaître à leurs paroissiens les mesures d'administration prises par le seigneur et les arrêts de sa justice; mais un édit de 1695 les dispensa de ce soin et ordonna que ces publications fussent faites par des huissiers, à l'issue des messes paroissiales.

Quant à celles de leurs attributions qui étaient plus particulièrement ecclésiastiques ou religieuses, il est moins facile de les définir. Gardiens de l'ordre et des mœurs publiques, c'étaient eux qui faisaient exécuter, sous des peines canoniques, les lois de l'Eglise dans les campagnes. Les archidiacres, qui remplissaient à peu près l'office actuel des grands-vicaires, concouraient activement au même but par leurs visites; ils traduisaient devant les officiaux les excommuniés qui négligeaient de se faire absoudre, les hommes qui vivaient en concubinage et les autres violateurs des lois canoniques[1]. C'est dans les rares journaux de ces visites qui nous ont été conservés que l'on trouve les documents les plus intéressants sur l'état moral des campagnes d'autrefois.

Les confréries, souvent nombreuses dans les anciens villages, remplissaient quelques services publics qui avaient un caractère religieux. Dans plusieurs provinces, entre autres dans la Normandie, il en existait qui portaient le nom de *Charités*, et qui faisaient dans les paroisses le ser-

[1] Monteil, *Histoire des Français des divers Etats*, dix-septième siècle. — M. Delisle cite, chap. v, p. 117, quelques curieux exemples de la police faite dans les campagnes par les curés et les archidiacres.

vice des enterrements, usage qui ne s'est pas entièrement perdu.

**SECTION IV. — Des agents administratifs employés
par les seigneurs.**

Les seigneurs employaient divers agents pour l'administration de leurs terres ou de leurs seigneuries et la perception de leurs droits. C'étaient, indépendamment des juges, les intendants, les maires, les prévôts, les doyens, les sergents, les gardes, etc. Ces agents avaient des attributions variées et dont une énumération complète, fût-elle possible, aurait peu d'intérêt. Il est cependant nécessaire de donner une idée générale de ce que furent les maires et les intendants.

Un manuscrit de l'église de Chartres, appartenant au quatorzième siècle, et cité par Carpentier dans son *Glossaire*, définit ainsi les attributions des maires et les conditions de l'inféodation de leurs charges sur le territoire de cette église. « Il y a dans les villages (*villis*), des officiers ou ser-
« gents qui s'appellent maires, auxquels il appartient de
« faire les ajournements, de rechercher les revenus, les
« cens ou autres droits du chapitre, de saisir les malfai-
« teurs et de les conduire dans les prisons du chapitre, et
« de faire les autres exploits de justice, chacun dans le
« territoire qui lui fut d'abord assigné. Ils ont tous les
« habitations, les terres, les redevances et les revenus
« appartenant à leurs mairies, lesquelles ils tiennent en
« fief du chapitre, en payant les droits de rachat, savoir,
« le fils à la mort de son père et à chaque changement de
« titulaire, de quelque manière qu'il arrive [1]. »

Ainsi les maires étaient à la fois les *intendants* du seigneur et les *délégués* du souverain. Ils étaient, comme les

---

[1] Carpentier, *Glossaire*, au mot *majores villarum*. Il en était de même des maires sur les terres de l'église Notre-Dame-de-Paris.

autres officiers publics, responsables des délits qu'ils laissaient commettre sur leur territoire.

Leurs offices étaient communément assimilés aux offices féodaux ou royaux que les vassaux nobles exerçaient dans les cours féodales. L'hérédité y était attachée, sauf quelques clauses spéciales de révocation. On cite des exemples de titulaires qui disposaient de leur titre par vente ou autrement [1]. Au treizième siècle, on voit des seigneurs donner des mairies en fief, c'est-à-dire à la charge d'obligations féodales et de services nobles [2]. Les maires jouissaient encore d'avantages considérables, par exemple de redevances particulières qui étaient considérées comme le prix de leurs services, et de l'exemption d'une partie des obligations qui pesaient sur le reste des membres de leur seigneurie.

Ils avaient donc une assez grande autorité et une importance personnelle considérable. Ils étaient presque partout, et principalement dans les seigneuries ecclésiastiques, les représentants des seigneurs vis-à-vis des tenanciers ou des sujets.

C'était, en pareil cas, un usage assez commun que le maire, d'une part, et les sujets, de l'autre, prêtassent un serment à l'église dont ils dépendaient [3]. Le maire jurait qu'il serait probe et fidèle dans la gestion des revenus, qu'il préviendrait de tout son pouvoir toute nature de perte, qu'il ne commettrait point d'exaction et ne réclamerait aucune redevance qui ne fût légitimement due. Il

[1] Guillaume, moine d'Emprinville, près de Danemarie, vend aux moines de Saint-Père de Chartres, en 1281, pour le prix de 120 livres chartraines, sa mairie, qu'il avait héritée de son père et qui se trouvait située dans le domaine et la justice de l'abbaye, à laquelle elle avait appartenu autrefois.

[2] Les moines payaient, dans ce cas, aux seineurs des droits appelés *majoria* (t. Ier des *Olim*).

[3] *Cartulaire de S.-Père de Chartres*, prolégomènes, p. 119. Voir les divers actes cités par M. Guérard, entre autres le serment des maires de l'église de Chartres, au treizième siècle.

s'engageait à servir l'église loyalement et à respécter les droits des tenanciers et des censitaires[1]. Les paysans, dé leur côté, métayers, censitaires ou autres, juraient de ne se soumettre à aucune exaction du maire, et de n'être jamais complices d'un manque de foi commis envers l'église par lui ou par ses agents. Leur sèrment était donc tout à la fois une déclaration de leurs droits et de leurs obligations.

Les grands établissements ecclésiastiques et les grands propriétaires terriens avaient, au-dessus des maires, des officiers d'un rang supérieur ou prévôts. Les prévôts du chapitre de Notre-Dame de Paris étaient les fermiers généraux des chanoines, auxquels ils étaient tenus de payer leurs revenus régulièrement, sous peine d'excommunication. Ils affermaient de leur côté ou sous-affermaient les terres et les mairies. Quoique résidant à Paris et ne faisant dans leurs prévôtés que des visites annuelles, ils y exerçaient la justice, y avaient l'intendance des marchés et recevaient les actes des particuliers[2].

Dans les communes rurales, qui, par suite de traités avec les seigneurs, réussirent à se constituer une organisation plus ou moins indépendante, les maires jouirent à peu près des mêmes attributions et des mêmes pouvoirs, mais avec cette différence que, cessant d'être les agents des seigneurs, ils devinrent seigneurs eux-mêmes et agirent en cette qualité.

Dans les seigneuries laïques, les maires étaient plus rares. Ces seigneuries étaient administrées, en général, par des intendants, surtout durant les deux derniers siècles. L'intendant était alors une sorte de fermier général. Un procureur fiscal était chargé de la gestion financière et du recouvrement des droits seigneuriaux. Le procureur fiscal était quelquefois aussi juge et no-

---

[1] Sur ce point, le serment du maire reproduisait toutes les stipulations renfermées dans les chartes.

[2] *Cartulaire de Notre-Dame de Paris*, par M. Guérard, préface.

taire, et comme il pouvait avoir, en vertu de ces fonctions diverses, les intérêts les plus différents, il en résultait que l'administration seigneuriale n'était ni plus
simple ni plus équitable que la justice. Les campagnes
étaient dévorées par des intermédiaires avides, sinon pa-
rasites, et auxquels l'absentéisme des propriétaires laissait
toute puissance. Au reste, les vices de ce système étaient
devenus si frappants que beaucoup de seigneurs, à la fin
du dix-huitième siècle, se contentaient d'avoir pour la
gestion de leurs biens un simple receveur, auquel ils
faisaient une remise sur ses recettes.

La législation royale fit sans doute beaucoup pour la
bonne administation des campagnes, mais son influence
avait des bornes. Après avoir imposé des conditions et des
règles aux juges, aux notaires, aux gardes, elle ne pouvait
aller plus loin, sans achever de détruire tout à fait les pouvoirs des seigneurs.

Elle fut au moins plus prévoyante et plus sévère pour
les communes qui s'administraient elles-mêmes et qui
étaient placées plus directement sous sa tutelle, que pour
celles que les seigneurs administraient. Elle imposait, par
exemple, une responsabilité aux paroisses pour le choix de
leurs gardes champêtres [1], et pour celui des pâtres auxquels elles confiaient la conduite de leurs bestiaux pendant
une saison [2]. On se plaignait, au dix-huitième siècle, que la
même responsabilité n'existât pas nécessairement pour les
gardes que nommaient les seigneurs [3]. Il serait curieux de

[1] Elles étaient civilement responsables de leurs choix devant les tribunaux royaux. — Déclaration du 11 juin 1709.

[2] Règlement de 1608.

[3] Cependant, à défaut du seigneur, le juge royal nommait les gardes
des forêts et fixait le chiffre de leurs gages.

Les gardes des communes ne pouvaient obtenir de décharge de leur
responsabilité personnelle pendant l'année de leurs fonctions, parce
qu'ils étaient garants jusqu'après les récoltes.

Les gardes portaient différents noms, comme ceux de sergents, ban-

pouvoir comparer l'une à l'autre ces deux administrations et leurs effets; malheureusement nous n'avons aucun
moyen sérieux de faire une telle comparaison.

Le patronage qui appartenait aux seigneurs sur leurs
sujets devait pourtant avoir d'incontestables avantages ;
car il importe que les propriétaires, surtout les plus riches
et les plus éclairés, exercent sur les campagnes, leur gouvernement et leurs intérêts, une influence salutaire à tous
les points de vue. On peut même regarder cette influence
comme une des conditions nécessaires de la stabilité et de
la régularité de l'ordre social en France ; mais elle peut
aussi s'exercer autrement que par le passé, et avec des caractères bien plus favorables.

Sous les règnes de Louis XIV et de Louis XV, le gouvernement et l'Eglise s'étaient fort préoccupés des devoirs que
les seigneurs avaient à remplir dans l'administration de
leurs paroisses, et de la surveillance, même morale, qu'ils
y devaient exercer. Il semble que l'on comprît alors que
la situation des grands propriétaires ruraux subissait un
changement complet, sans que leurs obligations dimi-
nuassent pour cela. On trouve encore aujourd'hui, de côté
et d'autre, quelques traités oubliés sur ce sujet important.
Ces traités, dont il ne faudrait pas s'exagérer la valeur,
sont un remarquable témoignage des préoccupations de
leur temps. On voit que le seigneur doit surveiller l'administration ecclésiastique, faire exécuter les canons et les
mandements des évêques; combattre les huguenots et la
simonie, par des conseils d'abord, et, s'il le faut, en em-
ployant des moyens plus énergiques; visiter souvent ses
terres, surveiller les juges, les procureurs, les greffiers,

diers, bannarts ou banavarts. En Bourgogne, on les appelait messiers
ou messiliers; en Auvergne, gastiers; en Normandie, on appelait prayers
et maréchaux, ceux qui faisaient la police des prés et des herbages.

Les seigneurs levaient quelquefois sur les biens communaux des droits
consacrés à l'entretien des gardes.

les notaires ; maintenir la gratuité de la justice, faire les règlements nécessaires pour empêcher la trop grande multiplication des gens de métier, garantir la qualité et fixer le prix des marchandises vendues, distribuer de nombreuses aumônes, entretenir les établissements charitables, etc., etc. [1].

Les *Mémoires du prince de Conti*, frère du grand Condé, renferment aussi sur la conduite de sa maison un fragment qui, sans offrir un grand intérêt, trouve ici sa place naturelle et peut servir comme de pièce justificative à ce chapitre.

Le prince recommande à ses agents de lui faire des rapports sur l'état temporel et spirituel de ses seigneuries ; « sur la capacité des curés et de leurs vicaires, leur piété « et le soin qu'ils prennent en l'instruction de leurs pa- « roissiens, afin que, s'il y a quelque désordre en leurs « mœurs, ou qu'ils soient incapables ou négligens, on « puisse en donner avis à l'évêque ou à son grand- « vicaire. »

Il veut connaître « l'état et la ruine des églises, s'il y a « des ornemens, ciboires, calices, et de quoi entretenir « honnêtement les prêtres, afin qu'on avertisse ceux qui « sont obligés d'y contribuer ; et même qu'on les poursuive « pour les y faire condamner, ou que le seigneur le fasse « lui-même dans les lieux où il possède les dîmes inféodées ; « s'il y a des huguenots, etc... »

Il faut, ajoute-t-il, « avoir soin qu'il y ait de bons juges, « les faire soigneusement examiner, afin qu'on soit assuré « de leur capacité ; choisir toujours les plus gens de bien, « et en estre moralement assuré, après une exacte perqui- « sition de leurs mœurs, sans avoir aucun égard aux re- « commandations ;... les châtier quand ils font des injus-

---

[1] *Traité des devoirs des seigneurs dans leurs paroisses*, 1668. L'auteur se nommait Laval.

« tices ou qu'ils manquent à leur devoir, et les déposséder
« quand on prévoit qu'ils ne s'amenderont pas. »

« Prendre garde que les fermiers n'exigent des droits
« non légitimes, et que les capitaines, concierges et autres
« officiers ne vexent et n'oppriment les vassaux, et qu'ils
« ne se fassent soulager aux tailles pour les faire rejeter
« sur les pauvres.

« Prendre garde que les tailles soient égalées, et en écrire
« aux intendants et autres qu'il en appartiendra, afin que
« les paroisses ne soient point trop chargées, non plus
« que les particuliers.

. . . .

« Faire dresser des instructions des obligations des offi-
« ciers des terres, leur en donner une copie à chacun, et
« envoyer de temps en temps des personnes pour savoir
« leurs déportements, etc., etc. »

Quelle que soit la différence de notre ordre social actuel
et de celui d'autrefois, on ne peut s'empêcher de regretter
que nos modernes institutions aient laissé une place aussi
peu large à ce patronage éclairé et généreux, que la raison
élevée du dix-septième siècle imposait comme un devoir
aux grands propriétaires.

CHAPITRE VII.

DE L'ADMINISTRATION CENTRALE DANS SES RAPPORTS AVEC LA POPULATION DES CAMPAGNES.

Le gouvernement central, reconstitué en France par Louis le Gros, Philippe Auguste, et les rois qui leur succédèrent, intervint dans le régime des seigneuries pour le modifier d'abord, et plus tard pour le combattre. Je dois résumer les caractères généraux de cette intervention, dont j'ai cité un grand nombre d'exemples dans les chapitres qui précèdent; après quoi je présenterai le tableau des actes de l'administration centrale plus particulièrement relatifs aux campagnes, à leurs habitants et à leurs intérêts.

Les premiers efforts du gouvernement royal eurent en effet pour but d'empêcher les seigneurs d'abuser de leur autorité. Il mit à cette autorité des limites, lui imposa des règles, et couvrit les faibles de sa tutelle permanente. Il força les seigneurs à exécuter toutes les obligations en retour desquelles ils exerçaient des droits. L'existence de ces droits ne fut même reconnue et consacrée qu'autant qu'on put leur attribuer une juste cause.

Les rois ne s'en tinrent pas longtemps à ces premiers changements. Ils enlevèrent aussi aux seigneurs l'exercice d'un certain nombre de droits, et par conséquent de pouvoirs administratifs, qu'ils s'attribuèrent à eux-mêmes. Ce fut ainsi que la centralisation monarchique remplaça les gouvernements morcelés de l'aristocratie. Mais cette substitution, qui n'était pas encore achevée entièrement à la fin du dernier siècle, ne s'accomplit qu'avec beaucoup de lenteur et d'irrégularité. Il s'éleva entre les prétentions rivales une lutte sourde, et qui dura surtout fort long-temps. C'était d'ailleurs une lutte d'intérêts plutôt que de principes; car, de part et d'autre, les principes étaient in-voqués à l'appui des intérêts, et les doctrines des juriscon-sultes étaient des doctrines de partis ou de circonstance. Ils éprouvaient le plus grand embarras pour assigner à chaque institution son origine véritable, ses caractères propres. Ainsi les rois qui reprenaient la souveraineté s'efforcèrent d'anéantir les droits seigneuriaux qui en dé-rivaient, quoiqu'ils prétendissent respecter ceux qui dé-rivaient de la directe ou de la propriété. Mais alors les seigneurs travaillèrent à faire considérer comme dérivant de la directe les droits qui dérivaient de la souveraineté, et, pour mieux embarrasser la jurisprudence, ils firent re-nouveler une foule d'anciens titres dans ce seul but.

Limitation des droits seigneuriaux et substitution, d'ailleurs irrégulière, d'une administration centrale aux administrations locales et particulières, tel fut donc le double fait qui signala l'intervention du gouvernement monarchique dans le régime des seigneuries.

Avant d'aller plus loin, il faut remarquer encore que cette intervention s'exerça différemment suivant les épo-ques. Jusqu'au seizième siècle, elle fut assez indirecte. L'autorité des seigneurs, plus ou moins réglée par les lois, était la seule à laquelle les populations agricoles eussent affaire, la seule à laquelle elles fussent immédiatement soumises.

Depuis le seizième siècle, au contraire, les constitutions des seigneuries furent battues en brèche par la réforma-tion des coutumes, par les ordonnances des Valois, par la jurisprudence des Parlements. La faculté fut accordée à leurs sujets de racheter en mainte circonstance les redevances et les services auxquels ils étaient tenus. Les seigneurs perdirent un à un chacun des fleurons de leur souveraineté, pour descendre au rôle d'agents, d'intermédiaires du pouvoir, et d'agents dont le concours n'avait rien d'obligatoire pour celui-ci. Cette nouvelle situation de la noblesse, qui du naufrage de la souveraineté ne sauvait guère que des priviléges, permit au gouvernement d'agir sur les campagnes d'une manière plus directe et de mettre dans ses actes plus d'ensemble et plus d'unité.

Il est vrai qu'à cette dernière époque la noblesse prit une extension numérique considérable; mais, en s'étendant elle ne faisait que s'affaiblir, et l'Etat, soit en repoussant constamment toutes celles de ses prétentions qui lui étaient hostiles, soit en vérifiant ses titres par des enquêtes multipliées, réussit à défendre et à garder ses propres conquêtes.

Il faut donc distinguer dans les actes de l'administration monarchique, 1° ceux qui, portant un caractère général, n'ont eu sur les campagnes qu'une influence indirecte; 2° ceux qui, au contraire, ont eu plus spécialement les campagnes pour objet.

SECTION I. — Influence indirecte exercée sur les campagnes par l'administration centrale.

La royauté, en faisant des lois et en établissant des pouvoirs de police, en créant une organisation judiciaire et financière, en abordant de vastes et de générales entreprises de travaux publics, a exercé sur les campagnes une influence indirecte peut-être, mais qu'il importe d'apprécier.

Comme l'établissement et le maintien de l'ordre sont le premier devoir et la première condition d'un gouvernement, c'est par des lois de police que le gouvernement monarchique a signalé sa réapparition. Soit qu'il confirmât les actes particuliers résultant des conventions passées entre les seigneurs et les habitants des seigneuries, soit qu'il fît lui-même de nouvelles lois exécutoires dans toute l'étendue de la France, il se préoccupa d'abord de maintenir la paix, de garantir la sûreté des chemins, de garder les propriétés des communes, de régler et de limiter l'exercice des droits attachés à la haute justice, d'imposer enfin aux seigneurs une responsabilité plus efficace pour l'emploi qu'ils faisaient de leurs pouvoirs. S'il soumit les affranchissements à des conditions et à des formalités positives, ce fut parce que les questions qui touchaient l'état des personnes et celles qui s'y rattachaient de près ou de loin, comme les questions de domicile, de droits à exercer ou d'obligations à remplir, étaient au plus haut degré du ressort de la police publique.

L'autorité en matière de police, étant constamment unie à l'autorité judiciaire, fut à la longue centralisée dans les provinces et attribuée aux Parlements, concurremment avec les agents royaux. Je ne rappellerai que pour mémoire les mérites de l'ancienne centralisation judiciaire, et la part que prirent les Parlements et leur jurisprudence, auxiliaires puissants du gouvernement monarchique, à l'affranchissement des populations rurales et à la libération du sol.

Il faut, au contraire, insister davantage sur le système financier des rois, qui exerça, en dehors du gouvernement seigneurial, une influence plus particulière sur l'économie agricole et la vie des campagnes.

Le premier impôt que les rois établirent fut la taille royale, qui était extraordinaire dans l'origine et consacrée aux frais des guerres; mais qui, levée assez régulièrement depuis le règne de Philippe le Bel, finit par devenir permanente sous celui de Charles VII, et cessa, sous ce même prince, d'être établie par le consentement jusqu'alors obligatoire des États du royaume ou des États particuliers de chaque province. La perception en avait été confiée aux seigneurs, dans les premiers temps; les États généraux, rassemblés, en 1355, par le roi Jean, s'en emparèrent, et l'attribuèrent à des *surintendants* et à des *élus*, qu'ils se réservèrent de désigner. Charles V s'arrogea ensuite le droit de nommer directement les élus dans une grande partie de la France, et les pays où il l'exerça furent plus particulièrement appelés *pays d'élections*, tandis que les autres portèrent le nom de *pays d'états*.

La taille était un impôt direct de répartition. Cette répartition était faite par les Assemblées provinciales, les officiers du roi ou ceux des seigneurs et des communes, d'après un cadastre qui contenait le nombre de feux constaté dans chaque province, avec la distinction des feux taillables et de ceux qui ne l'étaient pas ; en effet, les terres des nobles et des ecclésiastiques jouissaient de l'immunité. Ainsi la taille était principalement territoriale ; il n'y avait qu'un petit nombre de provinces où elle fît aussi l'office d'impôt personnel. Dans ce dernier cas, pour fixer la contribution de chacun, on évaluait son industrie et ses facultés présumées ; mais le clergé et la noblesse conservaient toujours leur exemption.

Dans plusieurs provinces du Midi, la taille était *réelle*, c'est-à-dire attachée aux fonds, indépendamment de la qualité des personnes qui les possédaient, ce qui n'empêchait pas qu'il y eût aussi une taille personnelle à côté de la taille territoriale. L'avantage de la taille réelle était de diminuer d'une manière considérable les inconvénients qu'entraînait, pour la répartition, le privilége des deux ordres supérieurs [1].

[1] J'ai exposé plus au long le système des anciens impôts dans mon *Histoire de l'administration en France*, publiée en 1848. Paris, Guillaumin et C°.

Sans accepter tous les reproches souvent déclamatoires qui ont été adressés à la taille comme impôt direct et foncier, il faut reconnaître qu'elle avait des vices frappants que l'ancien gouvernement ne réussit pas à faire entièrement disparaître.

Le premier de ces vices consistait dans les défauts de la répartition. Les cadastres étaient autrefois bien éloignés de leur régularité actuelle ; à la difficulté déjà grande d'évaluer les fonds et de proportionner l'impôt à leurs produits, se joignaient les complications introduites par le privilége des deux ordres supérieurs. Les travaux que Colbert entreprit pour rendre la taille réelle dans la France entière, comme elle l'était dans les provinces du Midi, furent abandonnés après lui. Le projet d'établir un cadastre uniforme et qui serait périodiquement renouvelé, ne fut conçu que vers la fin du règne de Louis XIV, et ne reçut d'exécution que par une déclaration de Louis XV, du 20 novembre 1763.

Cette amélioration était alors demandée d'une voix unanime par les agriculteurs et par les économistes ; le marquis de Turbilly fut un de ceux qui la réclamèrent avec le plus d'instance. Jusque-là il n'y avait eu de cadastres passablement faits que dans les pays d'Etats ; encore l'usage de les conserver ou de les renouveler avait-il été négligé : partout ailleurs leur confection, s'il en existait, était livrée au plus complet arbitraire. Qu'on juge de l'influence fâcheuse d'un tel désordre sur la fixation de l'impôt, sur les partages, les bornages et les autres actes de la vie civile, et combien il devait rendre fréquents les procès des particuliers, soit entre eux, soit avec l'Etat. Un bon cadastre eût même été plus nécessaire encore qu'aujourd'hui, à cause des cens, des redevances et des obligations de toute nature auxquels les fonds étaient assujettis [1]. Aussi la

---

[1] Massabiau, *Essai sur la valeur intrinsèque des fonds de terre*, 1764. Le

déclaration de 1763 eut-elle, à tous les points de vue, les meilleurs effets [1]. Elle fit une véritable révolution dans les campagnes. Chaque communauté ou paroisse fut dès lors tenue de conserver son plan cadastral dans ses archives, et les Assemblées provinciales qui se réunirent sous Louis XVI s'occupèrent activement des moyens de proportionner l'impôt au produit des fonds. On ne peut s'empêcher de remarquer l'analogie que ces Assemblées présentent avec nos Conseils généraux actuels, et la ressemblance des mesures qu'elles adoptèrent avec celles que l'on emploie aujourd'hui.

La taille avait un autre défaut, celui de varier beaucoup et tous les ans. En effet, sa quotité était fixée chaque année par le Conseil du roi, suivant les besoins du gouvernement, que l'on s'efforçait ensuite de concilier avec les rapports assez vagues des intendants sur le revenu et l'état des provinces. Ce fut en 1780 seulement que Louis XVI déclara que le chiffre total n'en serait plus changé que par une loi, et que cette loi, rendue après une exacte comparaison des rapports des intendants, devrait être enregistrée par les Cours souveraines.

On eut aussi le tort de tenir presque toujours compte, pour fixer la contribution des cultivateurs, non-seulement de l'étendue et de la valeur des terres, mais encore du capital d'exploitation qui y était employé, par exemple, de la quantité des bestiaux. L'impôt frappait donc la puissance reproductive de la richesse, comme le démontrèrent avec beaucoup de raison les économistes du dix-huitième siècle [2]. Il avait tous les effets d'une loi somptuaire. Les

but de cet ouvrage était de tracer des règles pour exécuter la déclaration de l'année précédente.

[1] Son exécution ne fut pourtant pas complète, tant elle présentait encore de difficultés. V. l'*Encyclopédie*, art. *Cadastre.*

[2] Marquis de Mirabeau, *Philosophie rurale.*

fermiers, qui payaient la taille tout entière (la législation avait consacré ce système pour éluder ou restreindre le privilége des deux premiers ordres), étaient intéressés à paraître n'avoir, et par conséquent à n'employer que le moindre capital possible. Tout le monde connaît le récit de la visite de Jean-Jacques Rousseau dans une ferme du Dauphiné, et le tableau de cet intérieur de campagne où les paysans s'étudiaient à paraître misérables, pour échapper aux répartiteurs ou pour les tromper. La misère feinte était en pareil cas bien proche de la misère réelle; elle l'entraînait presque forcément. Les petits cultivateurs, de leur côté, préféraient souvent se défaire de leurs terres pour se délivrer du fardeau des tailles, et vivre de leur seule industrie. En pareil cas, ils vendaient leurs biens aux seigneurs à vil prix. « Et cela, ajoute Boisguillebert, qui a parfaite- « ment exposé l'enchaînement fatal de ces conséquences, « cela retombe en pure perte sur toute la paroisse, et par « conséquent sur le seigneur. » Quand la valeur des terres diminuait, les conditions du crédit devenaient plus diffi-ciles ; l'usure arrivait ensuite et contribuait à dévorer les restes de la propriété [1].

L'inconvénient était encore plus grand dans les paroisses, d'ailleurs assez nombreuses, où les paysans s'imposaient eux-mêmes, c'est-à-dire faisaient entre eux la répartition du chiffre imposé. Chacun craignait d'exciter l'envie de ses voisins en montrant quelque aisance, et c'était pour tous une cause d'apathie, en même temps que de rivalités.

Tels étaient, au point de vue surtout de la population des campagnes, les vices les plus saillants du régime ancien de l'impôt direct.

Les impôts indirects établis par le gouvernement monarchique, les aides, les gabelles, les douanes, eurent

---

[1] Boisguillebert, *Détail de la France.* Il faut en rapprocher le *Traité de la dîme royale,* de Vauban.

aussi quelques effets fâcheux. Ce n'est pas qu'il faille s'associer à toutes les critiques dirigées contre l'ancien système financier, critiques trop ordinairement exclusives, intéressées ou fausses; mais on ne doit pas oublier non plus que ce système, né des circonstances ou plutôt des besoins du gouvernement, ne fut rien moins que rationnel dans son principe, et dut se modifier beaucoup pour le devenir.

Boisguillebert a été le principal adversaire des taxes indirectes, et quoique adversaire très-exclusif, dont l'autorité peut être par conséquent suspectée, il a prouvé que la multiplicité des aides locales et la conservation des douanes intérieures avaient une influence funeste. Les unes et les autres empêchaient le transport des boissons, portaient ainsi préjudice aux pays producteurs de vins, et détruisaient même quelquefois la culture de la vigne[1]. En effet, le prix des vins demeurait, en général, peu élevé, au grand détriment des producteurs, sur les marchés voisins du lieu de la production ; tandis que, sur les marchés éloignés, le prix, augmenté par les frais de douane, s'élevait si démesurément que la consommation du vin devenait à peu près impossible dans les provinces qui n'en produisaient pas[2].

---

[1] Suivant lui, l'établissement de différentes aides locales avait fait arracher toutes les vignes, depuis Mantes jusqu'à Pont-de-l'Arche. « Or, « dit Boisguillebert, le sol de ce territoire n'étant propre qu'aux vigno- « bles, demeure inculte, et ses habitants, ne récoltant rien, ne peuvent « rien acheter à leurs voisins » (*Détail de la France*, p. 200 et 201 de la collection des économistes). — « C'est un fait, ajoute-t-il, qui ne peut « être contesté, que plus de la moitié de la France est en friche ou mal « cultivée, c'est-à-dire beaucoup moins qu'elle ne le pourrait être... ce « qui est encore plus ruineux que si le terroir était entièrement aban- « donné, parce que le produit ne peut répondre aux frais de la culture. »

[2] « Les vins que l'on donne, dans l'Anjou et l'Orléanais, souvent à un sou la mesure et même moins, c'est-à-dire avec perte du vigneron, se vendent vingt et vingt-quatre sous dans la Picardie et la Normandie, et il n'y a pas encore trop à gaguer pour les marchands. » (*Id.*)

Sans doute, le gouvernement prit à tâche d'encourager et de favoriser par diverses mesures la production agricole. (Voy. la section suivante); mais les droits d'aides et de douanes lui étaient généralement funestes; aussi furent-ils, au dernier siècle, l'objet d'études et surtout de réformes considérables [1]. L'assiette des aides fut modifiée, et les douanes intérieures disparurent presque entièrement. Les gabelles, bien que très-attaquées par plusieurs économistes, et entre autres par Letrosne, ne semblent pas avoir mérité au même titre cette animosité.

Ce n'est pas, je le répète, qu'on puisse mettre un seul instant en balance les avantages qui étaient attachés à l'existence d'un gouvernement régulier, appuyé sur ce système d'impôts, avec les inconvénients de tel ou tel de ces impôts. Mais ces inconvénients ne doivent pas être négligés; ils montrent un des côtés de l'influence exercée par le gouvernement sur les campagnes. On peut même ajouter que les changements opérés au dix-huitième siècle dans le régime des deux impôts direct et indirect, vengent l'ancienne monarchie d'une grande partie des reproches qu'on a coutume de lui adresser, et que ce sont surtout les réformes accomplies à cette époque qui ont rendu la tâche de l'administration moderne plus facile.

Les mesures prises au sujet des travaux publics n'ont pas eu moins d'importance pour les campagnes que les mesures foncières.

Toutefois, jusqu'au dix-septième siècle, à quelques rares exceptions près, la construction, l'entretien et la police des voies de communication de toute espèce avaient été abandonnés aux seigneurs et aux administrations provinciales. Sully fut le premier qui donna aux travaux publics

---

[1] On espérait que le déficit causé par la suppression ou la diminution des aides et des douanes serait comblé par la plus-value des impôts conservés. Cette idée était déjà soutenue par Boisguillebert.

une vive impulsion, et ce ne fut guère qu'à partir du règne de Henri IV que le gouvernement prit à tâche de favoriser et de diriger la construction des routes et des canaux, l'endiguement des rivières ou le desséchement des marais. Encore fallut-il attendre jusqu'en 1738 pour qu'un arrêt du Conseil, attribuant au roi l'entretien et la police de toutes les grandes voies de communication, ne laissât aux seigneurs que les chemins de traverse qui faisaient communiquer deux paroisses [1].

Il serait nécessaire de présenter un tableau complet de l'ouverture successive de ces voies de communication, pour faire comprendre comment les produits agricoles des différentes provinces ont pu trouver, avec le temps, d'utiles débouchés. Un pareil travail serait d'une difficulté extrême et d'une immense étendue ; mais on peut citer quelques faits, à titre d'exemples, pour établir une comparaison de l'état ancien de la viabilité et de la navigabilité dans certaines provinces avec l'état actuel. Rien ne fait mieux juger l'insuffisance de l'administration seigneuriale, et l'importance des services que rendait, bien qu'un peu tard, l'administration monarchique.

Sous le règne même de Louis XIV, à l'époque où l'on creusait les premiers grands canaux, où le gouvernement dans les pays d'élections, et les Etats provinciaux dans les pays d'Etats, créaient des corps d'ingénieurs qu'ils attachaient partout aux travaux des routes et des rivières,

---

[1] L'arrêt divisait les voies de communication en cinq classes, et ne laissait d'autorité aux seigneurs que sur la cinquième classe ; encore y avait-il des provinces, comme la Bourgogne, où ces chemins appartenaient à des communautés.

Avant ce règlement, rien n'était moins uniforme que la classification des chemins et les conditions auxquelles ils étaient soumis. La coutume du Boulonnais en admettait sept classes ; celle de Clermont, cinq ; celle de Valois, quatre ; celle du Dauphiné, quatre également. Celles d'Amiens, du Maine et de l'Anjou n'en admettaient qu'une seule.

les mémoires des intendants attestent l'immense lacune qui restait à combler. Ainsi la généralité d'Orléans n'avait que deux rivières navigables, la Loire et le Cher, et trois flottables, l'Eure, l'Yonne et le Beuvron [1]. L'exploitation des bois y était arrêtée à un tel point par la difficulté des transports, qu'il suffit de rendre flottable une petite rivière qui traversait la terre du marquis de la Tournelle, pour que cette terre, qui rapportait auparavant six mille livres, en rapportât trente mille sur-le-champ [2]. Combien de richesses territoriales ne demeuraient pas ainsi frappées de stérilité ! Combien de cantons en France dont la mise en exploitation est toute moderne !

Si ces mémoires prouvent qu'on s'occupait alors pour la première fois de rendre navigables des rivières qui nous semblent l'avoir toujours été, ils nous montrent aussi les chemins laissés partout dans un état déplorable, sinon dans un entier abandon. Entre autres renseignements curieux, on y lit que les habitants du haut Quercy, du haut Rouergue et d'une grande partie des Pyrénées, étaient obligés de faire des provisions de vivres pour cinq ou six mois de l'année, pendant lesquels les mauvais chemins leur fermaient toute communication avec le plat pays [3]. Les routes, dans les contrées montagneuses, ne pouvaient guère servir que pour les chevaux ; il était bien rare qu'elles fussent praticables pour des voitures.

Si l'on objectait au témoignage des intendants que l'entretien des routes a pu être très-négligé à certaines époques et surtout aux époques de guerre, que la part que prenaient aux travaux publics les seigneurs ou les admi-

---

[1] Mémoires de M. de Bouville, intendant d'Orléans.

[2] Les Mémoires des intendants prouvent aussi qu'on ne tirait aucun parti des grandes forêts du Bigorre et des Pyrénées, faute de voies de transport. Elles ne servaient à aucun autre emploi qu'à celui qui pouvait être fait de leurs bois sur les lieux mêmes.

[3] Mémoires de l'intendant de la généralité de Montauban.

nistrations provinciales devait entraîner de grandes irrégularités, malgré la surveillance de l'Etat, il n'en serait
pas moins vrai que le système des voies de communication
était fort imparfait, et que ces irrégularités soumettaient
le revenu des propriétés territoriales à de grandes incer-
titudes.

Le dix-huitième siècle fut marqué par un vaste développement des travaux publics. Louis XV sillonna la
France de routes royales qui mirent en rapport toutes les
grandes villes. Les pays d'Etats, qui administraient eux-
mêmes leurs ponts et chaussées, se piquèrent d'honneur
et ne voulurent pas rester insensibles à l'exemple du roi.
Ainsi le Languedoc entreprit et acheva de grands travaux
de viabilité qui excitaient, à la fin du siècle, l'admiration
des étrangers. Cependant, il ne faut pas oublier que la
plupart de nos voies de communication actuelles ne remontent pas au delà de soixante-dix ans. Sous Louis XVI, les
Assemblées provinciales [1] se plaignaient qu'il n'y eût guère
encore de bonnes routes que pour la grande communication. Les routes qui n'étaient pas royales et ne servaient
à mettre en rapport que des bourgs ou des paroisses, demeuraient, dans certaines provinces [2], impraticables huit
mois de l'année. Souvent même elles manquaient absolument dans de grandes étendues de pays [3].

[1] La comparaison des rapports faits à ces Assemblées sur les travaux
publics avec les mémoires des intendants serait curieuse, si, de part et
d'autre, les documents étaient exacts et complets. Le procès-verbal de
l'Assemblée provinciale de Berry, de 1780, renferme un mémoire intéressant sur la navigation intérieure de la province et sur le projet d'un
canal du Berry.

[2] Dans le Poitou, par exemple (*Essai sur l'administration des terres*,
1759). — Voir aussi les cahiers du Soissonnais.

[3] Turbilly, *Mémoire sur les défrichements.* — Il est remarquable que tous
les auteurs du dix-huitième siècle qui ont écrit sur l'agriculture s'accordent pour se plaindre de l'insuffisance de l'industrie des transports et
signaler les progrès qu'elle réclame. Ils donnent pour causes de la rareté
extrême des entreprises de voitures publiques, la rareté et la cherté des

Les chemins étaient construits et entretenus par corvées.
Ce système, appliqué d'abord aux chemins des seigneurs,
fut également suivi pour les chemins royaux. Ainsi, au
dix-huitième siècle, le roi étant devenu propriétaire des
grandes voies de communication, au moins dans les pays
d'élections, les corvées furent exigées par lui au lieu de
l'être par les seigneurs. Mais l'accroissement que reçurent
les travaux publics rendit la corvée royale plus fréquente
et plus lourde que n'avait été et surtout que n'était encore
la corvée seigneuriale. Il est certain que la corvée royale
était très-dure pour les contribuables, malgré les mesures
que prenaient les ordonnances pour en adoucir la rigueur.
On l'exigeait de tous les hommes soumis à la taille, et
quand le propriétaire, ecclésiastique ou noble, était exempté
par son privilége, elle n'en était pas moins due par le fermier [1] (Voir plus haut). Ce fut même là une des causes qui
empêchèrent le bail à ferme de devenir plus commun. Il
faut lire les travaux de Turgot, pendant son intendance de
Limoges, pour comprendre tous les vices de cette corvée
royale, qui, en dépit des précautions de la loi[2], tombait
toujours mal à propos pour le corvéable, lui occasionnait
de grands frais et souvent des pertes d'animaux, repa-
raissait enfin accompagnée en plein dix-huitième siècle
de tous les abus et de tout l'odieux des anciennes exactions seigneuriales [3].

ourrages, ainsi que l'existence de priviléges qui empêchent toute con-
fcurrence (De Fresne, *Traité d'agriculture.*—De Goyon, *la France agricole
et marchande*).

[1] Le fermier devait la corvée, non-seulement pour la construction et
la réparation des chemins, mais aussi pour le transport des troupes et de
leurs bagages.

[2] En Bourgogne, le corvéable ne devait que vingt journées par an de
son travail ou de celui de ses bêtes de trait ; il ne pouvait être commandé
pour une distance de plus de deux lieues et demie de son habitation, ni
pendant le temps des travaux de la culture ou celui des récoltes.

[3] Il faut rapprocher des mémoires de Turgot les vives remontrances

Turgot demanda qu'elle fût convertie en un impôt mieux réparti, auquel auraient contribué tous les propriétaires, taillables ou non, et il soutint que ce nouveau système coûterait moins cher au pays. La question fut très-débattue. La corvée trouva des défenseurs dans les avocats du privilége des deux premiers ordres ; ces défenseurs se fondaient surtout sur ce qu'une prestation en nature était la plupart du temps moins onéreuse pour le cultivateur pauvre que le payement d'un impôt. C'est pour cela que la corvée royale, supprimée par Turgot pendant son ministère, au mois de février 1776, fut rétablie au mois d'août de la même année, aussitôt après sa chute. Le gouvernement, sollicité, tiraillé en sens divers, n'avait pas d'opinion fixe sur ce sujet. Dans les années suivantes, il consulta les Assemblées provinciales et leur laissa le choix entre les deux systèmes. Elles préférèrent généralement celui du rachat de la corvée par une taxe. L'Assemblée du Berry établit, en 1780, avec l'agrément du roi, un impôt sur les paroisses, et en consacra le produit à payer les adjudicataires de travaux, dont elle fit elle-même les plans, et qu'elle s'efforça de diviser en autant d'ateliers qu'il y avait de paroisses intéressées [1]. Celle des Trois-Evêchés, en 1787, se félicita de l'adoption des mêmes mesures. Celle du Dauphiné, réunie à Romans, en 1788, alla plus loin ; elle décida que la taxe des routes serait supportée dans la province par les trois ordres. La corvée royale fut définitivement abolie par le décret que les Etats généraux sanction-

qui furent adressées à Louis XV, en 1757, par le Parlement de Toulouse, au sujet des corvées royales.

[1] Cliquot de Blervache (*Moyen d'améliorer la conditon des laboureurs*, 1783) a emprunté aux procès-verbaux de l'Assemblée du Berry un calcul que je n'ai pas jugé à propos de reproduire, mais par lequel il montre qu'on pouvait économiser plus de moitié des forces employées à la construction des routes.

nèrent le 21 septembre 1789, et par la loi du 15 mars 1790.

D'autres grands travaux que ceux des routes, par exemple, le desséchement des marais et le défrichement des terres incultes, quoique abandonnés aux particuliers, reçurent de grands encouragements de l'Etat durant les deux derniers siècles. L'intervention de l'Etat était en pareil cas d'une nécessité absolue. En effet, la question de la propriété des marais et surtout la multitude et la variété des droits auxquels ils étaient assujettis, la difficulté de réunir tous les propriétaires ou les usagers, et de leur imposer une volonté commune, obligeaient de recourir à une sorte d'expropriation pour utilité publique. La plus grande partie des terres à défricher se composait de communaux sur lesquels il fallait assigner la part qui revenait au seigneur en indemnité de ses droits, et la quantité de pâturages qu'il importait à la paroisse de conserver [1].

Le gouvernement ayant compris que son initiative était nécessaire pour les travaux de cette nature, Henri IV accorda à une Compagnie hollandaise, par un édit du 8 avril 1599, la moitié des marais du domaine et même de ceux des particuliers, si mieux n'aimaient ces derniers en entreprendre le desséchement à leurs frais. La Compagnie reçut des priviléges importants, tels que la naturalisation des étrangers qui y entraient, et la faculté pour les nobles d'en faire partie sans déroger. Elle n'eut cependant que peu de succès. En 1643, une déclaration royale, qui fut enregistrée par plusieurs Parlements, accorda divers priviléges aux particuliers qui dessécheraient leurs marais. Cette déclaration fut renouvelée en 1764, et les terres

____

[1] Voyez la charte de Lourdes (Hautes-Pyrénées), de 1138, renouvelée par le roi de France, en 1388.

desséchées furent affranchies de droits ¹. En 1766 la même exemption fut étendue aux défrichements ². Le dix-huitième siècle est une époque importante dans l'histoire de ces travaux. On doit citer, entre autres, ceux qui furent achevés dans le bas Languedoc par les Etats, qui avaient acheté au roi, en 1746, la propriété des marais et des étangs de la province. Les propriétaires obéirent de leur côté à l'impulsion que donnait le gouvernement , et l'on vit s'accomplir en ce sens des progrès qui ont été accélérés depuis par la disparition des vestiges du régime féodal, et par le système plus favorable de notre législation moderne ³.

On ne peut parler des efforts du gouvernement pour le développement des travaux publics, sans rappeler la grande part qu'y prirent les administrations locales, surtout dans les pays d'Etats. Non-seulement ce sont elles qui nous ont laissé les plus beaux monuments, tels que les canaux d'arrosage de la Provence , et les routes magnifiques du Languedoc ; mais l'administration passait généralement pour y être meilleure et plus paternelle. Ainsi, dans la Flandre française, qui était d'ailleurs la province la plus riche du royaume et la mieux cultivée, les Etats de Lille avaient réussi à avoir des chemins et des canaux bien entretenus, tout en diminuant les corvées et en répartissant l'impôt des routes avec égalité sur toutes les terres, y compris les terres privilégiées.

¹ Un arrêt du Conseil, du 24 février 1756, porte que quiconque établira des plantations de garance dans les marais et autres lieux non cultivés, ne pourra être pendant vingt ans imposé à la taille, à raison du sol ainsi exploité.

² 16 août 1761, autre arrêt du Conseil portant que ceux qui défrichent des terres ne pourront pendant dix ans être augmentés sur le rôle des tailles ou des vingtièmes.

³ Il faut rappeler que cette époque est celle des importants travaux de Duhamel du Monceau, de Daubenton, etc.

Ces observations trop courtes sur l'administration financière et sur celle des travaux publics n'ont pour but que de faire comprendre l'influence qu'elles eurent sur la prospérité des campagnes et les charges qu'elles leur imposèrent.

Ces charges n'étaient d'ailleurs pas les seules auxquelles les campagnes fussent soumises. On pourrait en citer d'autres. Celle de défrayer la maison du roi, qui était des plus onéreuses, fut supprimée à partir du seizième siècle. Celle de loger les gens de guerre était plus onéreuse encore ; le séjour ou même le simple passage des hommes d'armes fut longtemps considéré comme la ruine d'un pays. Il serait trop long de présenter ici le détail des mesures multipliées qu'on prit à toutes les époques pour empêcher ces désordres, et qui n'eurent de succès véritable qu'au dix-septième siècle, lorsqu'on entreprit de construire des casernes et que la discipline des corps fut perfectionnée.

Je ne rappellerai que pour mémoire l'obligation du service militaire. Comme l'armée était recrutée par les raccoleurs et composée d'enrôlés à peu près volontaires, ce n'était pas là une charge pour les campagnes. Il y eut pourtant quelques levées de milices faites d'une manière régulière, entre autres en 1688 et dans les années qui suivirent ; ces milices devaient être équipées et entretenues par les paroisses mêmes, mais elles ne font guère dans notre histoire qu'une apparition exceptionnelle.

SECTION II. — De l'administration centrale dans ses rapports directs avec la population des campagnes.

Outre l'influence que je viens de signaler, l'administration monarchique en a exercé dans les campagnes une autre plus directe. Elle a contribué par des actes positifs à régler les faits de la production agricole et tous ceux qui intéressaient de près ou de loin la culture du sol et la condition des populations qui y étaient vouées. C'est surtout dans les deux derniers siècles qu'elle s'est préoccupée de ce soin.

Le premier objet des efforts des administrations seigneuriales avait dû être de pourvoir aux approvisionnements des seigneuries. La fréquence des famines rendait, au moyen âge, cette prévoyance très-nécessaire, car les famines étaient plus fréquentes qu'aujourd'hui, parce que la culture était plus imparfaite, qu'on savait moins bien conserver les grains, et surtout que la difficulté des communications empêchait qu'une province recourût aisément à la province voisine. La plus grande partie des fruits de la terre était consommée sur le lieu même de leur production. Il fallait donc que chaque pays produisît ce qui était nécessaire à sa consommation [1]; mais, comme il n'y en avait guère qui produisît au delà, une mauvaise année amenait fatalement une famine ou tout au moins une disette.

Les seigneurs, réduits par là à une prévoyance forcée, ne permettaient d'exporter les blés de leurs seigneuries que lorsque les récoltes avaient été abondantes et présentaient un excédant sur la consommation présumée. On sait du moins que cette règle était appliquée du temps de saint Louis par les sénéchaux et les baillis royaux dans leurs ressorts, et tout porte à croire que les hauts justiciers la suivaient également. Un peu plus tard, on la voit suivie par les administrations provinciales, par les Etats provinciaux [2], et même par les intendants des généralités.

---

[1] Il fallait, d'après les anciennes ordonnances, que la Guyenne et la Bourgogne produisissent les blés qu'elles devaient consommer.

[2] Ex. : par les Etats du Languedoc (dom Vaissette, années 1269, 1271, 1433). Dans les documents historiques sur le Gévaudan, publiés en 1848 par M. de Burdin, archiviste de la Lozère, on voit l'assemblée des Etats du Gévaudan prohiber, en 1627, toute exportation de blé hors du diocèse de Mende, et décider que le prix moyen des céréales serait fixé chaque

Cette grande mesure de prévoyance n'était pas la seule à laquelle se conformât le gouvernement, soit des seigneurs, soit du roi, pour prévenir les famines ou pour les combattre. La législation prenait un soin si vigilant de la conservation des grains , qu'elle interdisait complétement dans les mauvaises années de les employer à la fabrication de la bière et de l'eau-de-vie [1]. Elle poursuivait aussi les accaparements avec la plus grande sévérité. Des commissaires envoyés dans les campagnes confisquaient les grains des accapareurs et les vendaient au profit des pauvres, sans préjudice des châtiments corporels que les coupables encouraient.

Toutes ces mesures étaient prises dans un but excellent, mais l'atteignaient-elles ? Le gouvernement n'était-il pas trop préoccupé de favoriser les consommateurs ? N'arrêtait-il pas la production d'une manière préjudiciable à la consommation elle-même ? Ces questions si importantes ne paraissent guère avoir été débattues avant le dix-septième siècle. Elles furent alors soulevées à l'occasion du commerce avec l'étranger , pour lequel le gouvernement suivait les mêmes errements que suivaient les administrations provinciales pour l'exportation de province à province. Ce fut à cette époque que l'ancien système commença à être battu en brèche , et que ses adversaires demandèrent plus de liberté.

Le gouvernement atténua d'abord, ce semble, ce que

mois par les syndics et les consuls.—En 1686, les mêmes États firent une déclaration en faveur de la libre circulation des grains dans la province. —En 1694, ils votèrent un emprunt de trente mille livres pour l'achat des grains nécessaires à la subsistance du diocèse, où la récolte avait manqué entièrement.

[1] Les officiers du roi donnaient seuls, au moins dans les provinces du domaine, l'autorisation de faire de la bière, et ils ne la donnaient que quand le blé était descendu à un prix assez bas pour que les approvisionnements fussent assurés. — *Olim*, t. Ier, p. 554.—En 1263, saint Louis leva une défense de ce genre qu'il avait faite pour la Normandie.

son application avait de trop rigoureux, car il n'y eut, pendant les quatorze dernières années du ministère de Colbert, que cinquante-six mois de prohibition effective. Mais la liberté d'exporter les grains hors de la France n'était accordée que comme exception à une règle générale ; elle avait besoin d'être autorisée, chaque année, d'une manière formelle, et le gouvernement continuait de rester fidèle aux vieilles traditions. Il fortifiait même ses raisons de prévoyance naturelle par d'autres motifs encore, tels que le désir de maintenir les substances alimentaires à des prix peu élevés, et celui d'acheter à bon marché les grains nécessaires à la nourriture des troupes [1].

Les adversaires de ce système soutinrent à juste titre que la France, si elle y restait fidèle, ne produirait jamais au-delà de sa subsistance ; qu'elle courrait, dans les années stériles, l'éternel danger des disettes et des famines. Ils alléguaient l'exemple de la famine de 1662, qui, sous le règne même de Louis XIV, avait rappelé les souvenirs les plus terribles du moyen âge. On ne pouvait, en effet, dans de pareils désastres, compter ni sur l'excédant des années d'abondance, ni sur des achats à l'étranger, achats difficiles et coûteux, et qui, fussent-ils possibles, n'avaient jamais lieu que dans une proportion beaucoup trop faible, non-seulement pour remédier au mal, mais même pour l'alléger. On ajoutait que, si le prix du blé demeurait stationnaire, tandis que celui des autres denrées et des autres objets s'élevait successivement, les producteurs, propriétaires ou fermiers, seraient conduits à une ruine inévitable. Leur appauvrissement devait entraîner celui des consommateurs, et riches et pauvres étaient destinés à en souffrir également. « Comme au Pérou on meurt « de faim, dit Boisguillebert, on est très-misérable en

[1] P. Clément, *Histoire de la vie et de l'administration de Colbert*, c. XII.

« France dans l'abondance de toutes les choses nécessaires
« à la vie [1]. »

Le même auteur s'efforça de démontrer, dans son *Traité
des grains*, les deux propositions suivantes : 1º que le
peuple n'était jamais moins riche ni plus misérable que
lorsqu'il achetait le blé à vil prix, un prix trop bas ayant
pour effet nécessaire d'entraîner l'avilissement, puis une
cherté factice de la denrée, c'est-à-dire des variations brus-
ques et fâcheuses [2] ; 2º qu'on ne pouvait éviter l'extrême
cherté, sinon la disette, qu'en favorisant toujours l'exportation et en la considérant comme la règle à laquelle on
ne dérogerait que dans les circonstances graves. Il proposait de la favoriser par des offres de primes, comme on
faisait en Angleterre.

Quoi qu'on puisse reprendre au livre de Boisguillebert,
et surtout à la valeur de plusieurs de ses arguments, ses
idées principales étaient justes au fond et ne seraient
guère contestées aujourd'hui. Il y a, même dans les plus
paradoxales de ses assertions, un côté curieux, et le faux ne
laisse pas d'y être mêlé de quelque vérité. C'est ainsi
qu'il prétend que, sous Louis XIV, les années de guerre
furent des années heureuses pour les populations des
campagnes, parce que la guerre éleva le prix des grains,
tandis que le rétablissement de la paix, qui le fit retomber,
nuisit à la culture, en décourageant les producteurs [3].

---

[1] « C'est un fait, dit-il aussi, qui ne peut être contesté, que plus de la
« moitié de la France est en friche ou mal cultivée, c'est-à-dire beau-
« coup moins qu'elle ne le pourrait être..... ce qui est encore plus
« ruineux que si le terroir était entièrement abandonné, parce que le
« produit ne peut répondre aux frais de la culture. »

[2] Voyez un article de M. Coquelin sur le commerce des céréales,
Revue des Deux-Mondes, 1846.

[3] Boisguillebert croyait que la liberté du commerce avait existé avant
le temps des guerres de religion, et que c'était l'effet de ces guerres qui,
joint au système prohibitif, avait arrêté la production. Cette opinion
erronée et sans fondements fut partagée, au dix-huitième siècle, par la

Melon, l'auteur de l'*Essai politique sur le commerce*, soutint les mêmes doctrines. Il regardait le prix élevé des céréales comme nécessaire pour la production et comme intéressant les consommateurs par une conséquence naturelle. Quesnai, Turgot, Letrosne, le marquis de Mirabeau[1], tous les économistes du dernier siècle, les auteurs de l'*Encyclopédie*, l'abbé Tessier et les agriculteurs, sollicitèrent d'une voix unanime la liberté entière de l'exportation des grains, comme la première des réformes utiles à l'agriculture. Cette réforme devait d'ailleurs en entraîner d'autres, telles que la suppression des tarifs et des prohibitions fiscales, l'augmentation des ports et celle de la marine marchande.

Les démonstrations théoriques tenaient une grande place dans les ouvrages de ce temps, et les remplissaient presque en entier; mais les rares documents statistiques qui nous sont restés peuvent en être considérés comme les pièces justificatives. Tous les mémoires des intendants s'accordaient à reconnaître que les provinces ne cultivaient que la quantité de blé nécessaire à leur consommation, faute de débouchés, même pour le marché intérieur[2], et qu'une culture aussi restreinte réduisait la population, dans les mauvaises années, à l'alimentation la plus grossière, souvent même la plus insuffisante[3]. Ils signalaient le

plupart des partisans de la liberté du commerce. (V. à ce sujet les *Mémoires* renfermés dans les portefeuilles Fontanieu, n° 719, Bibl. nat.)

[1] C'est lui qui appliquait au blé ce que Hume avait dit de l'argent, qu'il est comme l'eau qui aime partout son niveau.

[2] Melon estimait que la France ne produisait qu'un cinquième de grains au delà de sa consommation, année commune.

[3] Boulainvilliers, *Mémoires des Intendants*. Dans certaines parties de la France, telles que les environs de Laval, les terres reposaient quelquefois dix ou douze ans de suite. Dans l'élection de Troyes il n'y avait qu'un huitième du sol qui produisît du froment. — L'intendant de la généralité de Moulins prétendait que le blé y était à si bas prix, année commune, que les laboureurs ne pouvaient couvrir leurs frais.

fait, mais se trompaient quelquefois singulièrement sur le remède. Ainsi, l'intendant de la généralité de Bordeaux se plaignait que cette généralité, cultivant trop de vignes, fût obligée de tirer le blé qu'elle consommait de la Bretagne ou de quelque autre province, et dépendît, par conséquent, de ces provinces pour la nourriture de ses habitants. Cette opinion sur la misère du Bordelais n'était pas nouvelle. Des ordonnances de Charles IX et de Henri III avaient déjà recommandé aux gouverneurs de la Guyenne d'empêcher la culture de la vigne d'y nuire, par son extension, à celle du froment. C'était, on le voit, l'application la plus large du système en vertu duquel chaque pays doit se suffire à lui-même. Les résultats de ce système, constatés d'une manière aussi frappante dans les Mémoires des intendants, ne suffirent pas encore pour dessiller tous les yeux.

Boulainvilliers, lorsqu'il publia ses Mémoires, ne put s'empêcher d'y trouver un texte d'accusations contre l'incurie du gouvernement, qui ne prenait point de mesures pour prévenir les famines, et ne faisait que des règlements impuissants lorsqu'elles étaient arrivées. Il lui reprocha surtout l'insuffisance notoire de son système d'informations [1], et il proposa d'établir dans les paroisses des Chambres ou des Conseils, qui seraient chargés de recueillir les renseignements statistiques, de donner des avis, et plus particulièrement de dresser tous les ans, à la fin d'octobre, un tableau des récoltes, avec un tableau de la consommation probable de deux années. Sur l'envoi de ces tableaux aux trésoriers, la direction générale du commerce, composée des intendants créés pendant le ministère de Chamillart, aurait fait, en parfaite connaissance de cause, les règlements d'exportation pour l'intérieur et pour l'étranger.

Ces idées, si simples que nous ne comprenons guère

[1] En 1764, Fontanieu constatait cette même insuffisance dans le bureau du commerce dont il faisait partie.

qu'on n'y eût pas songé plus tôt, devaient être promptement réalisées, et elles le furent, à peu près sous cette forme, dans le cours du dix-huitième siècle. Le rôle des Chambres que proposait Boulainvilliers fut rempli par les Sociétés d'agriculture et par les Assemblées provinciales réunies sous Louis XVI. Mais, avant même que ces Sociétés fussent formées, les propriétaires, les producteurs, les hommes compétents sur les questions agricoles avaient déjà trouvé le moyen de faire écouter leurs vœux par le gouvernement; car le dix-huitième siècle a été l'époque d'un grand progrès de notre système administratif, et c'est à tort qu'on attribue ce progrès exclusivement à la révolution de 1789; il était plus vieux de trente ou quarante ans au moins. En général, on se fait du temps qui a précédé la révolution une idée fausse, parce qu'on néglige de l'étudier, comme on se fait de la révolution elle-même une idée trop considérable, parce qu'on s'y attache trop; on s'exagère ainsi le bien ou le mal qu'elle a produit. Les règnes de Louis XV et de Louis XVI furent marqués par des améliorations importantes, obtenues dans les finances, dans les travaux publics, dans l'administration intérieure. L'agriculture surtout fut alors l'objet de la sollicitude du gouvernement, qui songea presque pour la première fois à réparer la négligence qu'il avait montrée jusque-là pour ses intérêts, et sollicita dans ce but le concours de tous les hommes intéressés et compétents, propriétaires ou cultivateurs, économistes ou savants.

Ces changements doivent être attribués, en partie au moins, au retour d'un grand nombre de propriétaires à la campagne, où ils allèrent prendre soin de leur fortune. C'était une nouveauté, puisque la *Dîme royale* de Vauban et les autres documents qui nous restent du règne de Louis XIV nous montrent la noblesse très-indifférente à ses intérêts de propriétaire, et abandonnant partout à des mains étrangères l'administration de ses domaines. Les lois étaient, de leur côté, conformes aux habitudes prises, puisqu'elles avaient interdit aux nobles tout commerce, même celui des denrées agricoles, et que cette prohibition existait encore aux temps de Richelieu et de Colbert [1]. Au dix-huitième siècle, le retour d'une partie des propriétaires, et le progrès du bail à ferme, qui substituait aux propriétaires absents des cultivateurs intéressés et souvent éclairés et riches, firent une révolution dans les campagnes, et exercèrent une grande influence sur l'amélioration du sort des classes rurales, comme sur la législation et les actes du gouvernement.

Ainsi, le marquis de Turbilly, dans son Mémoire sur les défrichements, écrit vers 1760, affirme que, dans la partie de la Beauce qu'il habitait, les fermiers, avant ses entreprises agricoles, mendiaient une moitié de l'année, tandis qu'à la faveur des changements qu'il apporta dans la culture, les habitants des paroisses qui l'entouraient passèrent, en vingt ans, de la plus profonde misère à un état voisin de l'aisance. Une telle assertion n'a rien que de vraisemblable ; tous les documents contemporains sont remplis de faits analogues.

Mais le fait assurément le plus considérable de cette époque fut la liberté du commerce des grains, demandée par les Sociétés d'agriculture, par celle de Rennes en 1757 [2], par celle de Rouen en 1761 [3], sollicitée enfin par tous les producteurs incapables de lutter contre un abais-

---

[1] Des édits du seizième siècle défendaient aux nobles de prendre aucune part directe ou indirecte au commerce des grains.

[2] Les membres du Comité d'agriculture nommé par les États de Bretagne, en 1757, affirmaient que, par l'effet du bas prix des grains, les fermiers de la province étaient réduits à ne vivre que de petites industries, comme du produit des laitages, des charrois, etc.

[3] La Société d'agriculture demanda la liberté d'exporter les beurres

sement de prix qui était continu depuis un demi-siècle [1].
Les prohibitions de province à province avaient déjà cessé
en 1754. La circulation des grains fut autorisée à l'intérieur en 1763, et leur exportation rendue libre en 1764,
bien qu'avec des restrictions et jusqu'à concurrence d'un
prix déterminé [2]. Il y eut donc alors un changement
complet de système, changement dont les effets heureux
ne tardèrent pas à être constatés dans plusieurs provinces.
Les propriétaires, ayant plus d'espoir de s'enrichir et moins
de crainte de se ruiner, donnèrent à leurs cultures plus
d'étendue [3].

La victoire du nouveau système sur l'ancien n'était
pourtant pas encore complète. Le gouvernement montrait
sur cette question des céréales la même indécision que sur
d'autres; il était soumis aux mêmes tiraillements. En 1770,
année de cherté, l'abbé Terray défendit l'exportation [4]. Ce
fut alors que Turgot, intendant de Limoges, écrivit les
sept lettres célèbres, où il prouvait que la plupart des disettes étaient dues précisément aux entraves que le système
prohibitif mettait au commerce et à la circulation des
grains. Devenu ministre en 1774, Turgot établit la liberté
de ce commerce dans l'intérieur de la France, et, l'année
suivante, pour le favoriser plus directement, il suspendit

les fromages, les bestiaux, en même temps que les grains. (V. ses procès-verbaux.)

[1] C'est ce qu'atteste un contemporain, Messance, l'auteur des *Recherches sur la population*.

[2] Jusqu'à ce que le setier valût trente francs dans le port d'où sortait la cargaison. C'était une sorte d'échelle mobile.

[3] On en trouve la preuve dans les *Mémoires sur le Beaujolais*, publiés en 1770 par Bresson, inspecteur des manufactures.

[4] Arrêt du Conseil, du 14 juillet 1770. Un autre arrêt du mois de décembre de la même année obligea ceux qui voulaient faire le commerce des grains à donner leurs noms et prénoms avec ceux de leurs associés, et l'indication de leur demeure et du lieu de leurs magasins, sous peine de confiscation.

la perception des droits d'octroi que les villes levaient sur les grains, et il nomma des commissaires pour vérifier, dans un court délai, les titres des seigneurs, propriétaires de droits semblables. Quant à la liberté d'exportation, il déclarait attendre pour la rétablir des circonstances plus favorables. Ce rétablissement n'eut lieu, en effet, qu'en 1787 [1]. Le gouvernement rentra alors dans la voie qu'il avait déjà suivie en 1764, et il ouvrit même à l'exportation un champ plus large, tout en se réservant la faculté de la suspendre pour un temps, sur la demande reconnue légitime des Etats ou des Assemblées de province. Désormais la liberté du commerce fit règle, et sa suspension ne fut plus considérée que comme une exception possible [2].

La production et le commerce des vins furent, comme la production et le commerce des blés, l'objet de mesures importantes.

Mais ces mesures n'avaient pas tout à fait le même but. Quoique la vigne fût une des richesses de la France, elles tendaient à en restreindre la culture. On craignait que l'extension des vignobles n'entraînât la cherté des autres produits et surtout des céréales. Il est certain aussi que les propriétaires de vignes, jouissant d'une espèce de monopole, s'efforcèrent longtemps de le défendre. Cela leur était beaucoup plus aisé qu'aujourd'hui, parce que la circulation des vins étant plus difficile et plus rare, la concurrence des producteurs avait moins d'avantage et pouvait devenir pour beaucoup d'entre eux une cause de discrédit et de ruine.

On ne saurait croire combien fut grand le nombre des arrêts rendus dans la poursuite de ce double but [3]. Le der-

---

[1] Déclaration du 17 juin 1787.

[2] Voir le procès-verbal de l'assemblée provinciale des Trois-Evêchés, en 1787.

[3] Exemples : Règlement du Conseil d'Etat, du 4 février 1567. — Décla-

nier de tous, celui de 1731, réservait au roi le droit de faire examiner les terrains que l'on voudrait planter en vignes, afin de s'assurer de la culture à laquelle ils étaient propres. Il est remarquable que le cahier présenté par le clergé d'Auxerre aux Etats généraux de 1789 sollicitât encore l'exécution de cet arrêt dans toutes les parties de la France. Entre autres raisons à l'appui de sa demande, le clergé d'Auxerre faisait valoir la crainte de produire une trop grande abondance de vin de mauvaise qualité, et il exprimait une opinion fort accréditée, à savoir que les pays de vignobles étaient les plus pauvres de tous, et que, de toutes les cultures, celle de la vigne était la plus propre à laisser les paysans dans la misère. Cette misère des vignerons était un fait malheureusement trop réel; mais Young, qui l'avait aussi constatée dans son voyage, l'attribuait à ce que la culture de la vigne, n'exigeant que peu de mise de fonds, était généralement abandonnée aux paysans les plus pauvres, tandis que donnant le produit le plus variable et le plus incertain, elle était une de celles qu'il était le plus nécessaire d'entreprendre sur une vaste échelle et avec des ressources considérables.

Les producteurs ne se contentaient pas du privilége de la production; ils aspiraient aussi à jouir d'un marché privilégié. J'ai parlé plus haut du droit exclusif qu'exerçaient les seigneurs de vendre du vin dans un temps et sur un territoire déterminé. Des villes, des communautés

ration du 16 novembre 1627, portant défense de planter de nouvelles vignes. — Janvier 1660, arrêt du Parlement de Dijon, défendant d'en planter dans les terres à froment. — Juin 1731, arrêt du Conseil, défendant d'en planter de nouvelles ou de replanter celles qui étaient abandonnées depuis deux ans, sans permission expresse de S. M. — « Il n'y a pas plus de « trente ans, dit Letrosne (*Administration provinciale*), qu'un intendant, « en se promenant dans sa généralité, condamna un bel enclos de jeune « vigne à être arraché. Elle était chargée de fruits, et l'on eut bien de la « peine à obtenir un sursis jusqu'après la récolte. »

exercèrent un droit semblable, et ce fut même en cette occasion que ce genre de monopole reçut l'application la plus étendue. Les exemples abondent pour prouver à combien d'entraves était sujette la vente d'un produit aussi important pour la France [1]. Il suffira de citer ici le plus frappant de tous, celui des priviléges de Bordeaux.

Jusqu'à l'an 1500, Bordeaux avait fait à son gré les règlements de la navigation de la Garonne et de ses affluents, pour les vins du Languedoc et des provinces voisines, telles que le Quercy et l'Agénois. En 1500, à la suite d'une transaction avec les Etats de Languedoc, transaction favorable à ces derniers, il fut statué que le privilége de Bordeaux se bornerait à empêcher les vins des contrées voisines de descendre la Garonne avant l'époque de Noël. Depuis lors, chaque fois que ce privilége fut contesté, la ville en obtint du roi la confirmation à prix d'argent. Ce n'était pas tout : les propriétaires de vignobles situés dans la sénéchaussée s'attribuaient aussi le droit d'interdire dans la ville même la vente de tout autre vin que celui de leurs crûs, et la vente en détail n'était permise qu'aux bourgeois qui y résidaient avec leurs familles au moins six mois de l'année.

[1] On peut choisir entre les exemples anciens et les modernes. Parmi les anciens, je citerai Rouen et Albi. Rouen obtint, en 1260, un arrêt de saint Louis qui déboutait les prieurs de plusieurs abbayes de moines cisterciens de la prétention qu'ils avaient de décharger leurs vins sur ses quais, contrairement à ses priviléges (*Olim*, t. Ier, p. 484). Albi avait un privilége assez analogue à celui de Bordeaux, comme le prouve la charte que confirma, en 1336, le sénéchal de Toulouse (Compayré, *Documents historiques sur l'Albigeois*, pièces, n° 33). Les *Olim* et les chartes de priviléges renferment une foule d'arrêts et d'avantages semblables. — Parmi les exemples modernes ou appartenant au dix-huitième siècle, on peut citer Bergerac, Marseille, Gap, Grenoble. Un arrêt du Conseil, de 1724, empêcha Bergerac d'interdire la navigation de la Dordogne aux vins des territoires placés au-dessus d'elle. A Marseille, les capitaines de navires ne pouvaient acheter, pour leurs équipages, d'autres vins que celui du territoire de la ville elle-même. (V. l'édit de mars 1717, portant règlement pour l'administration de la ville de Marseille.)

Les jurats de Bordeaux étaient chargés de veiller, sous l'autorité du Parlement, à l'exécution de ces lois et de ces coutumes de monopole, qu'on appelait « la police des vins[1]. »

Les provinces revendiquaient ce genre de privilége au même titre que les villes. Les Etats du Béarn prohibèrent, en 1667, l'entrée des vins étrangers dans leur pays, tant que ceux du pays même n'auraient pas été consommés. Les Etats du Bigorre, qui portait le poids de cette prohibition, finirent par obtenir, en 1747, un arrêt du Conseil qui l'annula. Mais l'usage de ces monopoles locaux était si bien établi que ceux qui en jouissaient se contentaient presque toujours, comme Turgot le fait observer, d'une autorisation du Parlement ou des pouvoirs de leur province, et recouraient rarement au gouvernement lui-même.

La liberté du commerce des vins, de leur circulation de province à province et dans toute la France, ainsi que de leur exportation par tous les ports du royaume, nonobstant les priviléges locaux et particuliers, n'a été établie que par un édit de Turgot, du mois d'avril 1776. Le système de la législation fut alors aussi complétement changé pour ce commerce que pour celui des blés. Cependant il est bon de remarquer que la prohibition n'avait jamais été aussi étendue en ce qui le concernait, et qu'elle n'avait pas pu l'être. Les priviléges avaient rarement empêché l'exportation des vins ; dans la plupart des cas, ils s'étaient bornés à favoriser les vins d'un pays aux dépens de ceux d'un autre.

L'édit de Turgot eut pour effet de faire de la culture de la vigne la plus avantageuse de toutes, malgré les charges

---

[1] Ces priviléges remontent à l'époque où Bordeaux appartenait aux Anglais. Elle en stipula le maintien lors de son adjonction à la France, et c'est pour cela qu'ils subsistèrent si longtemps.

et les impôts dont elle se plaignait d'être accablée. C'est du moins ainsi que, douze ans après, elle était jugée par Arthur Young, qui signalait déjà la tendance des vignobles à envahir la terre à blé dans certaines contrées, et particulièrement dans le Bordelais.

Après les blés et les vins viennent d'autres produits agricoles, au sujet desquels il est curieux d'exposer les mesures que prit le gouvernement. Ce sont les bois et les bestiaux.

Au moyen âge, les forêts étaient plus nombreuses et plus étendues qu'elles ne sont aujourd'hui. Très-souvent même elles restaient placées en dehors de la circonscription des paroisses. En même temps, la valeur du bois était beaucoup moins considérable, faute de débit. Ainsi, il y avait encore, au dix-huitième siècle, une partie du Bourbonnais où la corde de bois de chauffage coûtait trois livres, prise dans la forêt, et six, rendue en ville[1]. C'est là ce qui explique la multiplicité des droits d'usage dont jouissaient les paysans sur tous les points de la France ; il n'y avait guère de village qui ne pût prendre, à la forêt voisine, le bois de chauffage ou le bois de construction qui lui était nécessaire, et cet avantage, assurément fort considérable, coûtait peu de chose aux seigneurs.

La plus grande partie des actes privés concernant les bois et les premières ordonnances royales rendues à leur sujet devaient donc être consacrés au règlement de ces droits, ainsi qu'au cantonnement et au partage.

Plus tard, l'Etat s'occupa d'établir quelques règles, non-seulement pour l'administration des bois de la couronne, mais même pour ceux des particuliers. Les communautés ecclésiastiques, par exemple, furent obligées de conserver, comme le roi, un tiers de leurs bois en haute futaie pour les

---

[1] Allier, *Histoire du Bourbonnais*, p. 284. Il est vrai qu'il ne cite pas d'autorité.

besoins de la marine. Ce tiers fut ensuite réduit au quart[1].

On comprend aussi que les particuliers et les communautés elles-mêmes aient été entraînés souvent à mal aménager une valeur si difficile à entretenir et d'un gaspillage si aisé. Des ordonnances royales, des arrêts du Conseil et des Parlements vinrent donc en assurer la conservation, et prétendirent empêcher le déboisement, surtout dans les montagnes[2]. Plus grande était l'étendue du sol forestier, et plus les dégâts étaient communs. Le déboisement soulève un remarquable concert de plaintes dans tous les documents anciens, et particulièrement dans les Mémoires des intendants. Celui des Alpes, dans le Dauphiné et dans la Provence, paraît remonter à plusieurs siècles. Entre autres causes du mal dans ces provinces, on assignait le manque de routes et la fréquence des inondations torrentielles ; comme le bois ne pouvait être exporté, on négligeait son entretien, et si quelque circonstance s'opposait à sa reproduction naturelle, il devenait par la suite des temps insuffisant pour les besoins mêmes du pays. On se plaignait aussi des primes que l'Etat accordait aux défrichements[3].

On peut se faire une idée du peu d'importance qu'eut longtemps le commerce des bois, par ce seul fait que le flottage des bois de l'Yonne et du Morvan, destinés à l'approvisionnement de Paris, ne date que de l'an 1449, et que celui des rivières de la Normandie ne commença guère qu'au siècle suivant[4]. Il est vrai que la consommation du

[1] Ordonnances de 1561, de 1577, de 1597 et de 1669.—V. mon *Histoire de l'administration en France*.

[2] Fréminville cite des arrêts du Conseil de 1697, de 1703, rendus dans ce but. — Allard, *Dictionnaire du Dauphiné*, art. *Bois*, cite plusieurs arrêts du Parlement de Grenoble, de 1651, de 1655 et de 1672, qui défendent de couper, de défricher, de dégrader, et d'essarter les bois des montagnes. Cf. des arrêts du Conseil de 1729, 1735, 1749, 1756 et 1780.

[3] L'assemblée provinciale de la haute Guyenne, en 1780, se plaignait des défrichements.

[4] Discours politiques et économiques de Charles de Lamberville, 1626

bois prit alors un accroissement considérable, et l'on craignit qu'il ne vînt à manquer un jour. Cette crainte est exposée dans un assez curieux livre, qui fut adressé à Richelieu en 1626, et dont l'auteur sollicitait l'emploi de la tourbe comme plus économique, et offrant à tous les points de vue de grands avantages [1]. La tourbe était depuis longtemps en usage dans quelques contrées privées de bois, et où le manque de routes empêchait de s'en procurer [2].

Serait-ce par un effet de la même crainte que l'exportation des bois fut défendue en 1722 [3] ?

L'histoire de la production du bétail et des animaux est très-obscure, car elle se borne longtemps à des faits particuliers, dont il est difficile de tirer une induction générale. Au moyen âge, les chartes et les actes de toute nature, les livres d'agriculture à une époque plus rapprochée, ne font connaître, et encore d'une manière incomplète, que la quantité d'animaux placés sur tel ou tel domaine,

---

— « En 1449, un marchand de bois de Paris, nommé Rouvet, fut le pre-
« mier qui fit venir du bois flotté de Morvan, retenant par écluses ès sai-
« sons plus commodes les eaux des petits ruisseaux et rivières qui sont
« au-dessus de Cravant, jetant le bois à bois perdu jusqu'en la rivière
« d'Yonne, où on le met par train en la sorte qu'on le voit arriver à
« Paris. » — « Depuis, en l'année 1490, à l'imitation du dit Rouvet, on
« fit venir du bois flotté de la forêt de Lyons, par la rivière d'Andelle,
« descendant un peu au-dessus du prieuré des Deux Amants, dans la
« Seine, dont le bois retient encore le nom, étant appelé vulgairement
« bois d'Andelle. Ainsi les bois proches des ruisseaux flottables ont esté
« aussi bien coupés que les bois proches des rivières navigables. »

[1] Il est vrai que cet auteur, Lamberville, sollicitait l'emploi d'inspecteur général des tourbières de France.

[2] Beaucoup de chartes du moyen âge en font mention. Le passage suivant, tiré du livre *Des propriétés des choses*, est le plus important de ceux qui la concernent. Il s'agit de la Flandre. « Il y a peu de bois pour ardoir, et font leur feu de tourbes de terre qu'ils prennent ès marais, « dont le feu est moult chaut et plus fort que de buche, mais il n'est pas « si prouffitable, si honnourable, ne si sain, ne la cendre n'est pas si « bonne, et si en est l'odeur mauvaise. » — Liv. XV, chap. XLIX.

[3] Arrêt du Conseil, du 18 août 1722.

ou les soins qu'on leur donnait, ou les contrats que l'on faisait à leur égard. On ne rencontre pas d'acte du gouvernement sur ce sujet si important avant le dix-septième siècle.

La quantité considérable de vaines pâtures qui existait au moyen âge fait croire que le bétail était alors nombreux et abondant. La vaste étendue des bois servait à nourrir, comme dans l'antiquité, d'immenses troupeaux de porcs ; le porc salé ou bacon faisait la principale nourriture des châteaux. Les chevaux étaient l'objet de soins d'autant plus grands, que le succès des guerres reposait avant tout sur le bon équipement des chevaliers. C'est pour cela qu'il était très-formellement interdit de vendre des chevaux de guerre à l'étranger. En 1281, Philippe le Hardi refusa d'en vendre au roi d'Angleterre, et allégua que la France n'en produisait pas assez pour elle-même [1].

Depuis le dix-septième siècle, il semble que la France ait eu constamment à lutter contre les difficultés qu'elle rencontre encore aujourd'hui. Elle se plaint de l'insuffisance du bétail qu'elle possède, et s'efforce de l'augmenter en en tirant de l'étranger. Elle s'efforce aussi d'en améliorer la race par des croisements avec les races étrangères. Ainsi Colbert fit venir des béliers et des brebis de l'Allemagne et des Indes, des vaches et des taureaux de la Suisse. Il fit faire des achats de chevaux en Allemagne, et créa les haras royaux en 1665.

Après lui, quels qu'aient été les succès de ces mesures, la situation n'a pas changé. Car les instructions données aux intendants, en 1697, leur enjoignent de rechercher pourquoi la France manque de chevaux, ne peut suffire aux remontes de sa cavalerie, et est obligée de recourir aux étrangers. Elles ajoutent qu'il n'en était pas ainsi par le

---

[1] Champollion, *Lettres des Rois*, t. Ier, p. 285.

[2] Monteil, *Histoire des Français des divers états*, dix-septième siècle.

passé, mais elles n'apportent point de preuve de cette assertion qui est au moins douteuse. Très-peu d'intendants donnèrent dans leurs mémoires le dénombrement des têtes d'animaux de leurs généralités [1]. Ils se contentèrent de confirmer l'insuffisance de la production des chevaux, et aussi de celle du bétail. Cette insuffisance peut s'expliquer de deux manières : d'abord par le progrès même de la culture qui exigeait plus de bestiaux, tout en diminuant les pâturages, les anciens communaux; ensuite par les défenses d'exportation qui réduisaient la France à n'élever de bestiaux que pour elle seule. Un arrêt du Conseil, du 13 mars 1720, tripla les droits perçus sur le bétail exporté, et diminua ceux qui étaient payés pour l'entrée des animaux étrangers. La sévérité de cette quasi-prohibition ne fut adoucie que dans la seconde moitié du même siècle.

Tous les auteurs qui ont écrit sur l'agriculture, depuis Vauban et les intendants, jusqu'au marquis de Turbilly, jusqu'à Arthur Young et aux contemporains de la Révolution, constatent le même fait, la rareté du bétail et le peu de succès de l'élevage, au moins dans un grand nombre de provinces. Ce genre d'industrie était ordinairement abandonné à des paysans trop pauvres et dépourvus des capitaux nécessaires pour le faire prospérer [2]. Le prix relatif

[1] Ils estiment cependant la population de la Flandre flamingante en bêtes à corne à cent trente mille têtes et celle de la Champagne en bêtes à laine à dix-sept cent mille. Le Dictionnaire d'Expilly estime, je ne sais sur quelle autorité, que, vers 1750, l'Alsace nourrissait 23,000 chevaux, et 51,000 bœufs ou vaches. En 1789, Lavoisier comptait en France 1,781,500 chevaux, non compris les élèves; mais il ne cite pas non plus d'autorité ou ne donne pas de bases de son calcul.

[2] On lit dans les *Mémoires des intendants*, à propos de l'élection de Vézelay : « Le trafic des bestiaux pourrait y être beaucoup plus considé-
« rable, si les habitants avaient la force de les bien nourrir et de les
« garder plus longtemps sans travailler. Le mal général est la pauvreté
« qui empêche de mettre à profit les meilleures ressources de chaque

des prairies était très-élevé au dernier siècle ; la propagation systématique des prairies artificielles n'a eu lieu qu'à la même époque et avec des difficultés telles qu'on crut devoir solliciter pour elles des encouragements, des exemptions de dîmes par exemple [1]. L'absence assez fréquente des clôtures pour le bétail peut être considérée comme une nouvelle preuve du peu de soin qu'on en prenait. Young s'étonnait de voir la France faire tant pour la production du blé, et si peu pour celle des animaux, qu'on était réduit, dans quelques contrées, à nourrir l'hiver avec du grain. Suivant un auteur qui écrivait en 1788 [2], la France était tributaire de l'étranger pour une moitié de la viande de boucherie qu'elle consommait ; elle tirait les suifs et les cuirs de la Russie, les laines de l'Espagne ou de l'Angleterre [3], et si dans quelques cantons le pain était la principale ou quelquefois l'unique nourriture des habitants, c'était par la rareté des autres subsistances. Il est certain que la production indigène de la laine était fort insuffisante au temps de Louis XVI, malgré les encouragements successifs qu'elle avait reçus de Colbert et de Trudaine. La France se trouvait alors obligée d'en importer pour vingt-cinq ou trente millions, chiffre bien supérieur à celui de son exportation.

Les cahiers des assemblées provinciales réunies sous ce dernier règne sont remplis de doléances assez curieuses sur tous ces sujets. La question des haras donna lieu surtout à de longs et intéressants débats. Quelques-unes de ces assemblées, entre autres celle des Trois-Évêchés, crurent

« pays. » Il est probable que cette observation était vraie pour d'autres pays encore que le Morvan.

[1] *État politique et agricole de la Lorraine,* par Andrieu de Zulestein, Amsterdam, 1762.

[2] *Traité d'agriculture,* par De Fresne.

[3] Voir les *Considérations sur les moyens de rétablir en France les bonnes espèces de bêtes à laine,* par l'abbé Carlier, 1762.

devoir établir des primes pour la production des animaux.

On peut voir, par les pages qui précèdent, combien l'histoire de la production agricole offre de difficultés, et combien les mesures que le gouvernement prit pour la développer furent tardives.

Jusqu'aux deux derniers siècles, ces mesures s'étaient à peu près réduites à accorder aux propriétaires nobles des facilités et des délais pour payer leurs dettes et se libérer de leurs engagements, et aux roturiers des remises de l'arriéré des tailles. Il faut y ajouter que les objets nécessaires à la culture, et particulièrement les bestiaux, étaient déclarés insaisissables. Cette insaisissabilité, qui remontait aux Romains, qui était écrite dans les priviléges d'un grand nombre de provinces [1], et qui se justifiait par la nécessité de ne pas frapper la richesse dans les instruments de sa production, fut définitivement consacrée par les ordonnances royales de 1567 et de 1571.

Les dégrèvements étaient destinés à favoriser la reprise des travaux agricoles dans les circonstances critiques, et surtout après les temps de guerres civiles. Sully, le premier des ministres de l'ancienne monarchie qui ait placé la richesse de la France dans le développement de son agriculture, s'efforça principalement d'aider la propriété foncière à se libérer des charges qui lui étaient imposées, et de ramener la noblesse au séjour de ses châteaux et à la culture de ses terres. Il se proposait ensuite, comme il le dit dans ses *Economies royales* [2], de faire de bons règlements pour « bonifier le labourage et nourriture du bé-

---

[1] Priviléges du Languedoc de 1456. — Aucune exécution dans la province « ne se fera en bœufs, mules ni autres bêtes ou instruments néces-
« saires à labourer les terres, ne autres outils mécaniques, tant qu'on
« puisse trouver autre chose en quoi se peut faire exécution pour la
« somme qui sera due. »

[2] Tome IX, chap. II.

« tail. » Mais ces règlements devaient se borner à garantir aux gens des campagnes une sécurité dont ils ne jouissaient guère encore, car le vœu qu'il exprime est, pour conserver ses propres termes, « qu'ils ayent moyen de vivre com-
« modément, d'augmenter leur négoce et entremise, sans
« appréhension de nouvelles surcharges ni impositions
« de deniers, quelque abondance qui paraisse en leurs
« petits ménagements, ni qu'ils soient saccagés et pil-
« laudés par les gens de guerre, ni que les seigneurs par-
« ticuliers ni leurs voisins usent d'extorsion ni de vio-
« lence. »

Colbert, qui a été souvent accusé d'avoir sacrifié les in-térêts de l'agriculture à ceux du commerce et de l'indus-trie, rendit cependant aux campagnes des services inap-préciables par ses réformes législatives de toute sorte, et surtout par celles qui concernaient l'administration des biens communaux. Ses lois sur le rachat des dettes com-munales eurent les mêmes effets pour les communautés rurales que pour les communautés urbaines.

Il voulait aussi augmenter la population, et il accorda des primes dans ce but aux mariages précoces et aux fa-milles nombreuses. Ces primes eurent peu d'effet, puisque les Mémoires des intendants constatent tous que la popula-tion avait diminué dans la dernière partie du dix-septième siècle. Mais Colbert, en regardant la population d'un Etat comme la mesure de sa force et de sa richesse, assertion dont le tort était d'être trop absolue, ne faisait que se con-former aux idées de son temps, idées partagées et exprimées par Louis XIV dans ses *Mémoires*, et par Bossuet dans sa *Politique tirée de l'Ecriture sainte*. Le dix-huitième siècle a longtemps vécu sous l'empire de la même opinion. Si elle l'a jeté dans quelques écarts étranges, par exemple, lorsqu'il a tant attaqué la multiplication des ecclésiastiques et des personnes vouées au célibat, il ne faut pas oublier que c'est lui qui a entrepris de réunir, sur cette importante question, les premières données statistiques rigoureuses[1].

Nous savons aujourd'hui, par l'expérience de soixante années, pendant lesquelles la population s'est considérablement accrue en France et dans tous les pays du monde, que l'agriculture et la condition des classes agricoles ne profitent de l'accroissement du nombre des bras qu'autant que cet accroissement est en rapport avec celui des capitaux. Il est difficile de croire que cette vérité si simple ait été autrefois méconnue. On l'exprimait seulement sous une forme incomplète et qui nous semble paradoxale, et cela parce qu'on se préoccupait d'augmenter d'abord la production. Or, pour augmenter la production, il fallait augmenter le nombre des ouvriers agricoles. Tous les agriculteurs du siècle dernier, le marquis de Vivens, de Goyon, l'abbé Faubert[2], se plaignent que les bras manquent à l'agriculture. Le dernier en recherche particulièrement la cause, et la voit, non sans apparence de raison, dans la longue interdiction qui avait pesé sur le commerce des grains. Les physiocrates étaient aussi de cet avis. Ainsi, la différence des idées de nos pères avec les nôtres est moins réelle qu'apparente, et tient surtout à la forme sous laquelle elles étaient exprimées.

C'est l'école des physiocrates qui a commencé à rectifier ce qu'il y avait de trop absolu dans les opinions de ce genre; c'est elle aussi qui a fait de l'agriculture un objet de sollicitude pour le public et pour le gouvernement. Mon plan ne me permet pas d'exposer ici, encore moins de discuter son système, dont les conclusions étaient que les travaux de la terre sont les seuls productifs, et qu'il n'y a de profit vé-

---

[1] *Recherches sur la population*, par Messance, 1766. (Voir le chapitre suivant.)

[2] *Des causes de la dépopulation et des moyens d'y remédier*, par l'abbé Faubert, in-12, 1767.

ritable, pour une nation, que ceux qu'elle tire de son sol.
Rien de plus faux assurément, ni dont la fausseté ait été
mieux démontrée. Mais si, parmi les principes de cette
école, il y en avait de mauvais, d'inapplicables, ou même de
contraires aux vrais intérêts de l'agriculture [1], il n'en faut
pas moins reconnaître qu'elle rendit aussi de grands services.
Combien ne lui doit-on pas d'idées justes et saines, dont
nous ne comprenons plus la valeur, parce qu'elles nous
sont devenues familières, mais qui, sous le règne de
Louis XV, étaient des nouveautés! Faut-il rappeler qu'elle
sollicita sans cesse le gouvernement de protéger la propriété foncière, de laisser au travail et à la richesse toute
facilité d'emploi, de n'apporter aucun obstacle à la liberté
des échanges, de la provoquer, au contraire, de favoriser le
commerce d'argent qu'il fallait distinguer de l'usure, de
permettre, enfin, aux divers produits de la terre d'acquérir
une valeur qu'il était aisé de leur donner? L'activité imprimée, depuis cette époque, au commerce des blés, des vins
et des bestiaux, et les changements apportés à la législation qui les concernait, prouvent que ses travaux et ses enseignements furent loin de demeurer stériles.

Il ne faut pas séparer de l'influence exercée par les économistes celle qui appartint aux savants. S'il y eut, avant
le dix-huitième siècle, des traités d'agriculture, ce ne furent guère que des dictionnaires de recettes ou des livres
de pratique, sans intérêt aujourd'hui. Deux hommes seuls
avaient fait de l'agriculture raisonnée et savante, l'inimita-
ble Olivier de Serres, et, avant lui, Bernard Palissy. Encore le premier s'était-il surtout préoccupé de présenter aux
propriétaires les principes et les règles d'un « bon mesnage
des champs », et le second de rattacher ses travaux à des

[1] Ainsi, le système des physiocrates avait pour dernière conséquence
de faire porter à la terre seule, qu'il voulait favoriser, tout le poids de
l'impôt.

études plus générales de philosophie naturelle. Mais ni l'un ni l'autre n'avait écrit pour le gouvernement, ni prétendu exercer une influence à laquelle des efforts isolés ne pouvaient atteindre. Le dix-huitième siècle nous présente, au contraire, des noms célèbres de savants ou d'agriculteurs instruits, comme ceux de Buffon, de Duhamel Monceau, de Patullo, du marquis de Turbilly, dont les travaux ont contribué en même temps, soit à modifier l'agriculture et la condition des cultivateurs, soit à éclairer le gouvernement et à diriger ses actes. Les services qu'avait déjà rendus, en ce sens, le progrès des sciences, ceux qu'il était appelé à rendre encore, étaient dignement appréciés dès le règne de Louis XVI [1], et ne doivent pas être oubliés, même aujourd'hui.

La formation de Sociétés d'agriculture dans les principaux chefs-lieux des provinces fut un résultat assez naturel du mouvement alors imprimé aux esprits. La Société royale d'agriculture de Paris fut établie, par un arrêt du Conseil du 1er mars 1761, à la requête du ministre Bertin, et publia, dans l'année, un volume de mémoires, où le plan, l'organisation et le rôle des Sociétés agricoles étaient parfaitement exposés par le marquis de Turbilly. Elle rédigeait des instructions circulaires que le gouvernement faisait connaître aux cultivateurs par l'entremise des intendants. Ce ne fut cependant qu'à partir de 1785 que les mémoires qu'elle rédigeait se succédèrent sans interruption. Elle avait alors quatre bureaux, placés dans les quatre principales villes de la généralité, à Paris, à Meaux, à Beauvais et à Sens, et qui communiquaient ensemble. Vingt-deux Comices agricoles furent, en outre, institués sous Louis XVI, pour les vingt-deux élections de la généralité.

Lyon et les autres grandes villes du royaume eurent des

---

[1] *Mémoires sur l'agriculture*, par Lelarge de Saint-Fargeau.

Sociétés semblables, dont les travaux durent nécessairement éclairer la théorie et même la pratique de la science
agricole, tandis qu'ils servaient à la populariser et à diminuer le discrédit dans lequel elle était tombée [1]. La
réaction qui s'opérait alors en sa faveur fut complète. Partout on accusait le gouvernement de l'avoir ou négligée,
ou sacrifiée trop longtemps au commerce, à l'industrie, et
surtout aux entreprises coloniales qui avaient dévoré une
quantité énorme de capitaux, détournés par cela seul d'un
autre emploi. La grande renommée de Sully a été faite au
dix-huitième siècle avec plus de passion que de justice ,
aux dépens de celle de Colbert [2].

Un des plans favoris des économistes était de créer, en
même temps que les Sociétés agricoles, des assemblées
provinciales qui auraient discuté les questions qui intéressaient les provinces, et par conséquent celles qui concernaient plus particulièrement les campagnes. Les Etats provinciaux avaient, dans la plus grande partie de la France,
cessé de se réunir depuis le règne de Louis XIV, et de leur
vivant ils avaient rarement pris à l'administration une part
bien active. Ceux qui existaient encore au dix-huitième
siècle se montrèrent au contraire pleins d'initiative. J'ai
déjà cité les grands travaux publics entrepris par les Etats
du Languedoc. Les Etats de la Bretagne, réunis à Rennes,
en 1757, nommèrent un Comité de commerce et d'agriculture qui entreprit des enquêtes, qui offrit des primes et
des encouragements aux innovations utiles, et dont les observations imprimées sont à coup sûr un des documents les

---

[1] Parmi les autres créations de ce temps, on doit citer les deux écoles
vétérinaires de Lyon et d'Alfort, établies par Bertin, l'une en 1761 et
l'autre en 1764, ainsi que de nombreuses pépinières, une pour chaque
généralité. Un arrêt du Conseil, de 1767, fonda pour la culture de ces pépinières des colonies d'enfants trouvés.

[2] J'ajouterai que les actes de ces deux ministres n'ont pu être bien
connus, et, par conséquent, bien appréciés que plus récemment.

plus curieux que nous aient laissés les Assemblées provinciales[1]. Le projet des économistes était d'étendre l'institution et de la généraliser en lui donnant de nouvelles bases. Letrosne présenta au gouvernement, dans un ouvrage qui a conservé quelque célébrité, un projet d'Assemblées qui devaient être convoquées par communautés, par arrondissements ruraux, et enfin par districts comprenant chacun plusieurs de ces arrondissements. Ce qui caractérisait ce projet, comme un autre du même genre rédigé par Turgot, c'est que les membres de ces Conseils devaient être élus parmi tous les propriétaires, sans distinction d'ordres, et que chacun d'eux devait jouir d'un nombre de voix proportionné à l'étendue de sa propriété, les plus riches ayant chacun plusieurs voix et les plus pauvres se réunissant au contraire pour en former une. C'était là une ébauche de notre système départemental et communal, avec la proportionnalité attachée à la propriété, idée plus ingénieuse d'ailleurs que pratique. Quant aux fermiers, ils étaient assimilés de tout point aux propriétaires.

Ce vœu reçut un commencement de réalisation, quand Louis XVI institua dans quelques provinces des Assemblées provinciales. Elles conservèrent cependant la division des trois ordres et ne furent que des réunions consultatives de grands propriétaires.

Parmi ces Assemblées, celle du Berry montra surtout

---

[1] Entre autres mesures que prirent les Etats de Bretagne, sur la proposition de cette Assemblée, ils firent, le 17 février 1759, un fonds de 3,000 livres, pour acheter de la graine de trèfle et la distribuer gratuitement dans la province. Ce premier fonds fut suivi d'un second de 6,400 livres, destiné à distribuer des prix de cinquante livres aux cultivateurs de prairies artificielles, et enfin d'un troisième consacré à l'achat de béliers et de taureaux de grande espèce, propres à régénérer les races de bétail. — La Société avait aussi démontré la nécessité d'une loi qui permît de faire des baux de dix-huit et de vingt ans.

une activité remarquable. Elle discuta des questions, proposa des prix, adressa des rapports à l'Etat, et distribua les produits d'une souscription volontaire des trois ordres de la province pour encourager les achats et dépôts de graines, l'amélioration et le croisement des races d'animaux, la formation de prairies artificielles, etc. Le gouvernement accepta pleinement ce concours, car, en 1787, il adressa des instructions sur tous ces points aux autres Assemblées provinciales.

C'est ainsi que les germes d'une partie de nos institutions modernes se développaient dès le dernier siècle, avant la Révolution de 1789, qui a été beaucoup moins inventrice qu'elle ne l'a cru elle-même et qu'on ne le croit encore généralement.

CHAPITRE VIII.

QUESTIONS PARTICULIÈRES.

L'examen de quelques questions particulières, qui n'ont pu trouver leur place dans les chapitres précédents, a dû être rejeté à celui-ci. Elles concernent, pour la plupart, la condition économique des populations agricoles. Malheureusement les documents qui pourraient éclairer un pareil sujet sont trop rares, trop insuffisants pour n'être pas mis en œuvre avec une extrême circonspection. On peut recueillir çà et là des particularités intéressantes et des faits isolés; il n'est pas aisé de coordonner ces renseignements ni d'en tirer des inductions assez générales et assez précises. C'est donc sous ces réserves que je présenterai ici quelques aperçus rapides sur les questions dont l'étude est le complément nécessaire de ce travail.

J'examine en premier lieu les conditions de l'existence matérielle des populations agricoles.

J'essaye ensuite d'apprécier les anciens travaux de statistique, les chiffres de la population et de la production, l'état des salaires et les variations du prix des objets, le prix commun et le revenu annuel des terres, la situation du crédit et la nature des hypothèques, les caractères de l'industrie dans les campagnes et l'influence qu'elle y exerça.

SECTION II.—Condition matérielle des populations agricoles.

Rien n'eût été plus facile que de réunir, sur un sujet pareil, un grand nombre de faits : j'ai dû me borner à ceux qui avaient un caractère et une signification; ils suffiront pour convaincre qu'une amélioration considérable s'est opérée avec le temps dans la condition matérielle des campagnes.

Au moyen âge, on bâtissait beaucoup moins dans les lieux favorables aux exploitations que dans ceux qui présentaient quelque avantage pour la défense. C'est pour cela qu'un si grand nombre de villages s'élevaient sur les hauteurs, et que beaucoup d'entre eux présentaient, comme les villes, un amas d'habitations étroitement agglomérées, serrées les unes contre les autres, et souvent entourées d'enceintes et de fossés pleins d'eau, qui contribuaient à leur insalubrité. Malgré les constants efforts de tous les gouvernements qui se sont succédé en France, de l'Église, des seigneurs, des grands feudataires, des rois, les campagnes ont manqué longtemps de la sécurité dont elles jouissent aujourd'hui.

Aussi étaient-elles moins cultivées et moins peuplées. Les forêts et les landes y occupaient de vastes espaces. La culture était souvent concentrée autour des villes ou des bourgs fermés. L'histoire de la petite ville de Crespy en Valois en offre un exemple curieux. Elle avait un faubourg séparé d'elle par une ligne fortifiée, et qu'une seconde enceinte, fortifiée également, protégeait contre les attaques du dehors. C'était dans ce faubourg que tous les gens de la campagne environnante passaient l'hiver; dans les autres saisons, ils y venaient chercher un abri en cas de danger et mettre en sûreté leur bétail avec leurs instruments d'exploitation. Pendant le temps des travaux agricoles, ils se répandaient au loin dans les champs, et y élevaient à la hâte des huttes et des cabanes qu'ils se tenaient toujours prêts à abandonner, à peu près comme font aujourd'hui les bûcherons dans les grandes forêts. Si cet exemple appartient à l'époque des guerres féodales, les guerres contre les Anglais et les guerres de religion prolongèrent un pareil état de choses dans la plupart des provinces. Il faut presque descendre jusqu'au gouvernement d'Henri IV, ou même de Richelieu, pour trouver la paix et l'ordre public assurés dans les campagnes. Ce fut alors seulement que les bourgs, les villages, les hameaux, commencèrent à se multiplier et à se répandre, à se grouper sur tous les points du territoire, sans autre considération que celle des avantages de la position ou des besoins de la culture.

Les maisons étaient ordinairement bâties en bois et en terre. La pierre et la brique étaient réservées pour les châteaux, les églises ou les monuments publics. Dans les villes même, on voit encore aujourd'hui un grand nombre de maisons antérieures au seizième siècle et construites en bois [1]. Des miniatures du quatorzième siècle représentent des maisons de paysans faites avec du torchis, du sable, des cailloux, des moellons, de la paille, du chaume ou des bardeaux [2]. On les recouvrait avec du chaume, des roseaux [3], de la tourbe, ou même de la terre. L'usage de la tuile et de l'ardoise devait être rare, du moins hors des pays qui possédaient exceptionnellement de riches ardoisières. Ainsi l'on peut croire que l'aspect des anciens villages était dans toutes les parties de la France ce qu'il est resté aujourd'hui dans quelques-unes, c'est-à-dire dans

[1] On peut citer, entre autres, Rennes, Vitré, Laval, Rouen, Troyes, le Puy-en-Velay.

[2] Miniatures d'un manuscrit d'une traduction de Pierre de Crescens.

[3] M. Delisle, chap. XI, p. 279, a réuni plusieurs fragments de chartes normandes, constatant l'usage des roseaux pour la couverture des maisons, et les droits constitués dans ce but en faveur de certains villages sur les *rosières* ou marécages dans lesquels on pouvait en couper.

les plus pauvres et les plus reculées, où il change pourtant tous les jours.

On peut en dire autant de l'ameublement de ces chaumières, ainsi que des usages domestiques de leurs habitants. Le peu que nous en savons montre que la vie des campagnes était encore plus misérable que de nos jours. L'usage des cheminées y fut longtemps un luxe ignoré, et celui de l'huile était encore inconnu au dernier siècle dans plusieurs provinces, dans la Bretagne par exemple, où les paysans ne s'éclairaient qu'avec de la résine [1].

Il est difficile d'étudier les révolutions du vêtement. Les laboureurs sont représentés dans quelques vieilles peintures portant un sayon avec un capuchon, un surtout, des braies, et pour chaussure des courroies croisées et nouées, costume qui a été conservé longtemps par les moines de Saint-Benoît[2]. Le sayon et le surtout étaient de laine ou de drap grossier, de gros bureaux, comme disent la plupart des anciens textes[3], quelquefois aussi de peaux de bêtes. Quant aux étoffes de fil ou de lin, on doit rappeler qu'elles étaient un grand objet de luxe chez les riches au treizième siècle, et que leur usage n'était pas encore devenu commun au temps où Montaigne écrivait. La culture du chanvre et celle du lin ne se répandirent dans la Flandre, la Champagne et le Beauvaisis, qu'aux quatorzième et quinzième siècles ; ce fut à cette époque seulement que Reims, Troyes, Laval, les villes de la Champagne et du Maine devinrent

[1] Corps d'observations de la Société d'agriculture, d'arts et de commerce, établie par les États de Bretagne, années 1757 et 1758.

[2] V. une miniature française du douzième siècle dans les *Monuments français* de Villemin. Plusieurs manuscrits du moyen âge renferment des peintures semblables. M. Delisle en a donné une liste curieuse (préface, p. 30, notes).—Dans la Guyenne, « les menues gens portent solles (souliers) de bois ou de cuir à tout le poil par poureté (pauvreté). » — *Relation du quinzième siècle*, attribuée à Berry, premier héraut d'armes de Charles VII, citée par M. P. Clément, *Jacques Cœur*, ch. v).

[3] *Ibid.*

les principaux ateliers de la fabrication des toiles. La
toile était alors à un prix bien plus élevé qu'aujourd'hui,
et qui a dû longtemps en interdire l'emploi aux paysans [1].
Ceux de la Normandie étaient encore habillés de peaux
au temps de Mme de Sévigné.

On avait autrefois moins de ressources alimentaires, car
la culture des plantes utiles était moins avancée et offrait
moins de variété. Il peut être curieux de rappeler que le
blé sarrasin et le maïs n'ont été semés en France qu'au
seizième siècle; que le safran et l'artichaut y ont été apportés pendant les guerres d'Italie, et le houblon vers la
même époque; que les plantes américaines, telles que les
topinambours, les capucines, les patates, n'ont pu y péné-
trer plus tôt, et que la culture de la pomme de terre ne
date que de la moitié du siècle dernier [2].

L'ignorance de procédés fort simples et répandus aujour-
d'hui partout, avait le même résultat que l'insuffisance
des cultures. Ainsi, c'est au douzième siècle que la fabrication du cidre, si elle n'a pas été inventée, est devenue
générale, et que la bière a pu être remplacée dans les
pays du littoral de la Manche par une boisson moins coûteuse et offrant plus d'avantages. Les pêcheries étaient
presque sans valeur et sans importance avant le quinzième
siècle, époque où elles prirent de grands développements,
grâce à la découverte des procédés de salaison [3]. Aussi les

---

[1] Cliquot de Blervache. — *Mémoire sur le commerce de la France depuis
la première croisade jusqu'au temps de Louis XII.* Suivant ses calculs, il
fallait, en 1430, dans la Flandre et l'Artois, 87 livres de blé pour payer
une aune de belle toile.

[2] Préfaces ajoutées à Olivier de Serres, dans l'édition de *François de
Neufchâteau.* — On y trouve une assez longue énumération des plantes
alimentaires, avec l'époque de leur introduction ou de leur culture. On
y trouve aussi celle des arbres. L'orme était très-rare en France au temps
de François Ier. Le mûrier ne fut planté communément qu'au seizième
siècle, qui vit l'introduction du tabac et des arbres d'origine américaine.

[3] Cliquot de Blervache, ouvrage cité. La dîme qu'avaient en 1257 les

populations maritimes, qui virent s'accroître par là leur
industrie et leurs ressources alimentaires, se multipliè-
rent-elles rapidement. Il arriva sur une partie du littoral
de la France un phénomène analogue à celui qui tripla
en cinquante ans la population de la Hollande.

C'est dans les Mémoires des intendants que nous trouvons sur l'alimentation des campagnes, sinon les renseignements les plus anciens[1], du moins les premiers résultats
d'une enquête ouverte par le pouvoir. Or, ces résultats
en donnent une idée misérable, quoique l'époque à laquelle
ils ont été recueillis ne soit pas encore fort éloignée de
nous. On y voit que les paysans de la Normandie vivaient
en grande partie d'avoine; que l'usage du pain était rare
dans le Périgord et le Limousin; que dans la Lorraine,
dans le Forez, dans l'Auvergne, la nourriture consistait
en chèvre salée, en laitage et en brouet de blé noir; que le
blé noir était presque la seule nourriture de l'élection de
Troyes, et formait, avec les raves et les châtaignes, celle
de la Marche et du Limousin, même dans les meilleures
années; que dans le Mâconnais les habitants des montagnes, autres que les vignerons, vivaient de laitage, de pain
et d'eau, et encore d'un pain de très-mauvaise qualité.
Les cultivateurs de la Beauce, malgré la richesse de leur
province en froment, ne mangeaient que de l'orge avec du
blé et du seigle, auxquels les plus riches se contentaient
d'ajouter des salaisons; le plus grand nombre y trouvait à
peine sa subsistance.

L'usage de la viande, ou tout au moins de la viande de
boucherie, presque ignoré dans plusieurs provinces, au

moines de Saint-Bertin sur la pêche du port de Calais ne leur donnait
qu'un produit insignifiant. — L'inventeur des procédés de salaison fut un
Hollandais, appelé Guillaume Beukelens.

[1] Legrand d'Aussy, *Histoire de la vie privée des Français*, a réuni, sur
l'alimentation de nos pères, un bon nombre de curiosités historiques, mais
dont il y a peu d'inductions à tirer.

temps où les intendants firent leurs Mémoires, était encore très-rare à la fin du siècle dernier[1]. Un auteur qui écrivait vers 1760[2] estime, vaguement il est vrai, que la consommation ne s'élevait pas, pour les trois quarts au moins de la population de la France, au delà d'une livre par tête et par mois. Cette consommation fit pourtant à cette époque des progrès certains, que des contemporains ont attribués à la diminution des ordres monastiques et au retrait de la défense de vendre de la viande pendant le carême. Sans contester ces raisons, il faut y reconnaître aussi l'action de causes plus générales, telles que l'accroissement du bien-être ou de la richesse publique, et l'extension de l'industrie des éleveurs, qui, languissante autrefois, prit des développements considérables. Tous ces progrès étaient corrélatifs et s'expliquaient les uns par les autres[3]. Il paraît cependant que la consommation s'accrut plus rapidement que l'élève du bétail, car on fut obligé de faire venir, après 1775, beaucoup de bœufs de l'étranger. S'il fallait admettre l'estimation que fit Lavoisier d'après le relevé des octrois, la consommation de la viande aurait été, en 1789, à Paris, de six à sept onces par jour et par personne, de quatre onces dans les autres villes, et dans les campagnes de deux; elle était généralement du dixième en poids de la consommation du pain[4].

La production agricole de la France étant, même pour les céréales, moins considérable qu'aujourd'hui, comme je crois l'avoir démontré[5], il faut en conclure que la population des campagnes était moins nombreuse autrefois, en même temps que plus misérable. Aux preuves que j'ai

[1] Préface de l'*Encyclopédie*, par l'abbé Tessier, en 1787.
[2] Andrieu de Zulestein, *Mémoire sur la Lorraine*, 1762.
[3] V. le chapitre précédent.
[4] Lavoisier, *Richesse de la France*.
[5] V. le chapitre précédent.

déjà données de l'imperfection de la culture, on doit
ajouter encore la grande étendue des bruyères, des landes
et des friches, étendue qui; si elle échappe à toute évaluation, n'en est pas moins allée en diminuant toujours jusqu'à nous; la grossièreté des instruments; l'insuffisance
des engrais; l'ignorance des cultivateurs, longtemps incapables d'initiative; le mauvais système des assolements,
qui reposait partout sur une routine grossière; le long
usage des jachères, qu'Olivier de Serres recommandait fortement, et qui n'a commencé qu'au dix-huitième siècle
à être abandonné dans plusieurs provinces [1]; enfin le
manque de débouchés pour les produits, la privation de
moyens de transport et l'isolement des marchés les uns
par rapport aux autres : toutes ces considérations font
comprendre comment l'agriculture offrait autrefois à la
France, et surtout aux agriculteurs, moins de ressources
qu'aujourd'hui.

Si la condition matérielle des classes agricoles était
misérable en temps ordinaire, elle l'était encore plus dans
les années mauvaises où les grandes calamités, aux époques
de guerre, et surtout de guerres longues et désastreuses.
Une récolte mauvaise amenait infailliblement une disette,
ou tout au moins une grande cherté, quelquefois la famine. Or, les récoltes mauvaises étaient plus communes
qu'aujourd'hui; on savait aussi moins bien conserver les
grains, ou suppléer à leur insuffisance. La législation, pour
empêcher les accaparements, gênait le commerce en dé-

---

[1] Un tiers des terres arables était annuellement laissé en jachères
(Rosny, le *Parfait économe*).—Young trouva des jachères dans la plupart
des provinces : il n'y avait guère que les pays d'incorporation récente,
comme la Flandre, le Hainaut français et l'Alsace, qui s'en fussent affranchis. Elles avaient été abandonnées dès la fin du règne de Louis XIV
dans une partie du pays de Caux, et la Société d'agriculture de Rouen se
servit, pour les combattre, du succès de cet exemple. — Corps d'observations de la Société d'agriculture de Rouen, publié en 1763.

fendant aux particuliers de faire des greniers. Jusqu'au ministère de Turgot, qui leva cette défense, il n'y eut d'autres greniers que ceux de l'État, ou plutôt des administrations provinciales ; Turgot n'eut pas de peine à démontrer les vices d'un semblable système. Enfin, l'absence de cultures alimentaires propres à remplacer le blé compromettait encore, au dernier siècle, non-seulement le bien-être, mais l'existence même des populations.

L'histoire des famines au moyen âge a quelque chose d'effrayant. On a calculé, d'après la chronique de Radulfus Glaber, que sur soixante-treize années, de l'an 970 à l'an 1040 environ, au temps où la production et la circulation des blés éprouvaient, il est vrai, le plus d'obstacles, il y avait eu quarante-huit années de famines ou d'épidémies.

On a compté aussi dix grandes famines dans le dixième siècle, vingt-six dans le onzième, deux dans le douzième, quatre dans le quatorzième, sept dans le quinzième et six dans le seizième. Au dix-huitième siècle, il y en eut encore plusieurs, entre autres sous le ministère du cardinal Fleury ; elles étaient cependant moins désastreuses que celles du moyen âge, qui duraient quelquefois plusieurs années.

Tous les historiens font un affreux tableau des anciennes famines. Sans remonter au temps de la féodalité et aux descriptions de Radulfus Glaber, on peut citer Monstrelet, qui raconte avec d'horribles détails la famine qui enleva à Paris et à ses environs le tiers de leur population, durant les trois années qui suivirent la rentrée de Charles VII dans sa capitale, de 1437 à 1439. En 1459, les États de Languedoc tenus à Béziers se plaignirent que leur province eût vu en pleine paix la population diminuer d'un tiers par la famine et par la peste ; les députés languedociens renouvelèrent la même plainte aux États de Tours en 1484. Claude de Seyssel, voulant faire l'éloge de Louis XII,

remarque, comme un résultat de sa bonne administration,
qu'il n'y eut ni grande peste ni grande famine sous son
règne.

Sous Louis XIV, la famine de 1662 fit d'inimaginables
ravages dans toutes les contrées au nord de la Loire, et
y enleva des villages entiers [1]. Les guerres de ce règne,
et surtout celle de la succession d'Espagne, dont Vauban
a si bien décrit les tristes effets pour les campagnes, dé-
peuplèrent à leur tour certaines provinces, et en tarirent
toute la richesse. L'intendant de la généralité de Touraine
prétendait que la terre en friche y prenait tous les jours
plus d'étendue, que les élevages y étaient abandonnés,
et la culture restreinte, faute d'argent et faute de bras.
Vers 1715, les procès-verbaux de visite de l'élection de
Limoges constataient qu'un cinquième des fermes et des
métairies y était absolument inculte et abandonné, sans
habitants ni bestiaux.

Ce sont là, si l'on veut, des faits isolés, accidentels ; pourtant ce sont à peu près les seuls que constatent des documents certains, authentiques. Avant la fin du règne de
Louis XIV, il n'y avait peut-être jamais eu d'enquête entreprise sur les faits de ce genre. Les seules enquêtes, locales
ou générales, dont nous ayons conservé les résultats, appartiennent au dix-huitième siècle.

Enfin, les épidémies et les épizooties étaient bien plus
fréquentes que de nos jours. Sans parler de ces grandes
épidémies, heureusement exceptionnelles, auxquelles la
France dut à certaines époques payer son tribut, la mauvaise culture et le mauvais entretien des terres faisaient
de plusieurs contrées le séjour de maladies à peu près
permanentes. Quand on n'avait ni desséché les marais, ni
encaissé les rivières ; quand les campagnes, privées de mé-

---

[1] Elle a été décrite, à l'aide de curieux documents authentiques, par
M. Clément, dans son *Histoire de Colbert*.

decins, demeuraient livrées aux charlatans et aux empiriques, que les principes élémentaires de l'hygiène y étaient inconnus, la mortalité, plus forte dans tous les temps, devait parfois y sévir avec une extrême violence. Melon, l'auteur de l'*Essai sur le commerce*, est un des premiers qui, au commencement du dernier siècle, aient attiré l'attention publique sur les mauvaises conditions hygiéniques, le défaut de secours médicaux, l'ignorance et les funestes préjugés des populations rurales [1]. Il proposait d'établir des académies qui auraient rédigé des instructions sanitaires et pris les curés pour intermédiaires vis-à-vis des paysans; vœu qui fut d'ailleurs à peu près réalisé par l'établissement des Sociétés d'agriculture.

Les travaux de ces Sociétés, secondés par les efforts de ministres tels que Bertin et Turgot, commencèrent à effacer les traces du long abandon où les campagnes avaient été plongées. Les assemblées des Etats provinciaux, entre autres celles de la Bretagne et du Berry, s'associèrent à la même tâche et y consacrèrent des fonds spéciaux. On s'occupa surtout alors d'augmenter les prairies artificielles et la production des fourrages, de corriger les procédés industriels défectueux, de propager l'usage d'instruments nouveaux, ou rarement employés. Le système des jachères, qui régnait encore au temps de Louis XVI sur un tiers de la généralité de Paris, fut combattu; le droit de parcours fut supprimé dans plusieurs pays, au profit des prairies artificielles. L'emploi des amendements, celui de la marne par exemple, devint plus commun [2].

[1] *Essai sur le commerce*, édition Guillaumin, p. 817. — « La grande « perte d'hommes est dans les campagnes, où la mauvaise nourriture, le « défaut de secours et la misère les font périr et causent peut-être les « maladies épidémiques. »

[2] V. les observations du Comité de commerce et d'agriculture nommé en 1757 par les Etats de Bretagne. V. aussi les Mémoires de la Société d'agriculture de Paris; entre autres, celui de Parmentier sur la mau-

Cependant les Mémoires de la Société d'agriculture de Paris, auxquels j'emprunte la plupart de ces faits, sont remplis de plaintes sur le triste état des campagnes, sur l'ignorance et la pauvreté des cultivateurs, sur les abus de toute espèce qui régnaient encore. Ici, c'est le morcellement du sol entre des propriétaires trop pauvres; là, l'établissement de fermes trop étendues pour les ressources insuffisantes des fermiers; ailleurs, le droit de parcours ou les dégâts faits par le gibier des chasses réservées, surtout des chasses royales. Qu'on s'éloigne de Paris et de ses alentours, le tableau que présentent les documents de la même époque devient bien autrement sombre. Un des membres du Comité de commerce et d'agriculture nommé en 1757 par les Etats de Bretagne, affirmait qu'à Montautour, paroisse voisine de Rennes, les habitants étaient si misérables qu'ils manquaient à la fois de logement, de nourriture et de vêtement. Sans doute de telles assertions ne doivent guère être prises à la lettre, mais elles montrent combien la condition matérielle des populations rurales pouvait encore être malheureuse au dernier siècle, et combien a été féconde l'impulsion donnée, depuis tantôt cent ans, à tous les travaux scientifiques, agricoles, industriels, administratifs, qui devaient concourir à son amélioration.

Après l'état matériel des campagnes, il faudrait étudier leur état moral. Grave question assurément, et sur laquelle nous n'avons pourtant que les données les plus insuffisantes et les plus vagues. L'état moral des populations dépend d'une foule de causes, dont un grand nombre sont accidentelles et variables. Il est de plus très-difficile à constater; les rares documents qui peuvent servir à son histoire présentent une grande incertitude, par l'impos-

vaise mouture des grains et les vices de la fabrication du pain ; celui de Gilbert, où l'on voit que l'usage de la herse était ignoré dans la Bourgogne, etc...

sibilité où nous sommes d'apprécier les circonstances accidentelles ou locales dont l'influence s'est exercée sur
les faits qu'ils nous font connaître.

Cependant, s'il faut faire des conjectures, on doit croire
que les causes qui s'opposaient au développement du bien-
être et de la richesse des populations agricoles, ont contribué à les maintenir dans une longue infériorité morale.
L'ignorance profonde dans laquelle elles étaient plongées
devait avoir des effets semblables[1], car on ne peut nier
que la pauvreté et l'ignorance ne soient, toutes choses
égales d'ailleurs, de puissants auxiliaires de la démorali-
sation, et si le progrès moral n'est pas la conséquence in-
faillible des autres progrès, ce serait faire injure à la Pro-
vidence que de l'en séparer d'une manière trop absolue.

Cette conclusion, la seule rationnelle, semble confirmée
par tous les documents. Ainsi, l'examen du registre de
l'official de Cerisi a prouvé à M. Delisle que dans les campagnes de la Normandie, au quatorzième siècle, les mœurs
étaient fort relâchées, et l'adultère et le libertinage très-
ordinaires. Les registres de la chancellerie, au Trésor des
chartes, prouvent de leur côté que l'ivrognerie était fréquente et causait souvent des combats à mort. Nicolas de
Clémenges a laissé des descriptions fort peu édifiantes de
l'emploi que les paysans faisaient des jours de fêtes, mul-
tipliés de son temps outre mesure. Au dernier siècle, les
économistes, les statisticiens, les auteurs des procès-verbaux
des assemblées provinciales, peignent avec des couleurs
assez noires les effets de l'ignorance et de l'absence d'éducation dans les pays pauvres. L'intendant du Berry signalait le désordre produit dans l'élection d'Issoudun par les
communautés rurales; la même métairie renfermait quelquefois jusqu'à vingt ou trente familles, et les mœurs

---

[1] Il suffit de renvoyer, pour les exemples de cette ignorance, à tous les
anciens livres d'agriculture.

étaient gravement altérées par cette sorte de promiscuité. Plus tard, en 1783, l'assemblée de la même province se plaignit de l'absence complète d'éducation pour les enfants de la campagne, à peu près abandonnés à eux-mêmes. En attaquant, comme déplorable par ses résultats, l'usage des louées, qui pourtant subsiste encore, elle constatait qu'aucune mesure n'était prise pour former dans la province ni valets de ferme, ni métayers, ni fermiers. Quant aux femmes, leur infériorité de condition était encore trop réelle à la même époque. Ainsi, pour n'en citer qu'un exemple, Young se plaignait d'en avoir vu dans plusieurs provinces, et particulièrement dans la Picardie, qui étaient employées aux plus rudes travaux de la terre, entre autres au labourage. Ce ne sont là sans doute que des faits isolés, mais caractéristiques par eux-mêmes et par le temps auquel ils appartiennent. Sans faire injure aux anciennes populations, et sans méconnaître les fortes qualités que devaient nourrir en elles, outre l'habitude de la vie rurale, quelques circonstances particulières de leur condition, comme la vigueur des liens de famille et la perpétuité des vieilles coutumes, il faut avouer que la disposition où nous sommes de regarder les hommes d'autrefois comme d'un métal plus solide et plus pur, n'est rien moins que conforme à la vérité.

SECTION II. — Statistique de la production et de la population.

Une statistique exacte de la production de la France et de sa population à chaque siècle jetterait un grand jour sur l'histoire des classes agricoles. Si l'on pouvait y joindre la connaissance du prix des terres et des fermages, de celui des objets nécessaires à la vie et du taux des salaires, on aurait les éléments d'une appréciation complète des ressources que les campagnes possédaient, et du bien-être auquel elles étaient parvenues. Malheureusement, les anciennes statistiques sont rares, et manquent des qualités les plus essentielles ; elles n'ont ni base certaine ni précision. Elles n'autorisent donc que des conjectures plus ou moins probables, et ne sont guère propres qu'à satisfaire la curiosité.

Vauban est peut-être le premier qui ait donné une évaluation générale de la production agricole et du revenu territorial de la France. Cette évaluation est pour les grains de 59 millions de setiers, et pour le vin de 36 millions de muids. Elle est pour le revenu territorial de 1,200 millions de livres du temps [1]. Il faut croire que ces chiffres, d'ailleurs approximatifs, étaient admis d'une manière assez générale, car l'Anglais Davenant, contemporain de Vauban, et auteur d'un Mémoire sur la dette d'Angleterre, estimait le revenu de la France à environ onze cents millions.

Expilly, dans son *Dictionnaire*, estima plus tard, sans en donner pourtant aucune preuve, que, sur 140 millions d'arpents, la France en avait seulement 36 millions, c'est-à-dire le quart, cultivés en blés. La récolte en grains était, selon lui, de 45 millions de setiers, valant, au prix commun des diverses espèces, un peu plus de 600 millions de livres. On peut s'étonner de l'infériorité de ces chiffres, comparés à ceux de Vauban. Mais Expilly pensait, avec Boisguillebert et un grand nombre de ses contemporains, que la production agricole de la France avait diminué d'un tiers depuis Sully. Il attribuait cette diminution à la défense d'exporter les grains, qu'il croyait nouvelle, à la décroissance de la population et à l'établissement des manufactures [2].

Le dix-huitième siècle a compris l'utilité des statisti-

---

[1] Il est bon de remarquer que la France, au temps de Vauban, était moins étendue qu'aujourd'hui. Or, aujourd'hui elle produit en moyenne de 80 à 90 millions d'hectolitres de froment.

[2] *Dictionnaire d'Expilly*, art. *France*.

qués et nous en a laissé d'assez curieux essais; c'était une
innovation dont le mérite lui appartient. Toutefois, ces
essais n'attestent guère que l'impuissance de ses efforts
et l'insuffisance de ses données. Letrosne calculait le revenu net du territoire en décuplant le produit des tailles[1].
D'autres auteurs prenaient pour base de leurs calculs le
revenu des vingtièmes ; d'autres encore la quantité de certaines consommations, par exemple de celle du pain, consommation qui était singulièrement difficile à apprécier.
Ainsi, à défaut de renseignements certains, on se contentait d'indications seulement probables, qui ne pouvaient
conduire qu'à de vagues résultats.

Quand Lavoisier, préparant un mémoire pour l'Assemblée constituante, voulut évaluer la production de la France
en céréales, telles que blé, seigle et orge, il dut encore
recourir à des calculs théoriques et *à priori*, faute de documents suffisants fournis par l'administration. Ce fut
ainsi qu'il estima la production des céréales de 14 milliards
de livres pesant, dont un peu plus de 2 milliards consacrés
à la reproduction. A la différence d'Expilly, il évaluait le
terrain consacré à leur culture aux trois quarts du sol de
la France.

Il n'y avait pas plus de statistiques particulières pour
les provinces que de statistique générale pour le royaume.
C'est à peine si l'on rencontre çà et là, dans les mémoires
des intendants, quelques chiffres dont il est impossible de
contrôler l'exactitude. Deux intendants, ceux des généralités d'Alsace et d'Orléans, MM. de la Houssaye et de Bouville, sont à peu près les seuls qui donnent une évaluation
telle quelle du revenu territorial du pays qu'ils admi-
nistrent. Cette évaluation est d'ailleurs fort au-dessous de.

---

[1] *De l'administration provinciale et de l'impôt.* Les chiffres qu'il donne
paraissent trop douteux pour qu'il y ait intérêt à les reproduire.

celle du revenu territorial actuel dans les mêmes contrées [1].

Les anciens chiffres de la population ne sont pas beaucoup plus faciles à rencontrer, et ne présentent guère de
données plus certaines que les chiffres de la production,
du moins avant le dix-huitième siècle; car 'alors les registres de paroisse commencèrent à être tenus avec assez
de régularité pour mériter quelque confiance.

Plusieurs auteurs se sont appuyés sur un calcul de sub-
side du quatorzième siècle, pour donner à la France, à cette
époque, une population plus nombreuse que celle qu'elle
possède aujourd'hui [2]. Cela rappelle les dix-sept cent mille
clochers de la satire Ménippée, chiffre qu'on s'étonne de
trouver dans des documents antérieurs, mais qui ne mérite
pas l'honneur d'être discuté [3]. La grandeur des anciennes
églises et des anciens cimetières, dont on s'est servi comme
d'un argument pour prouver que le chiffre de la population

[1] L'intendant de l'Alsace estime le revenu territorial de la province
pour l'année 1700, qu'il regarde comme une année ordinaire, et il fait
la conversion des mesures alsaciennes en mesures de Paris. L'intendant
d'Orléans évalue le produit moyen des forêts et des vignobles. Suivant
lui, le produit des vignes était de cent mille tonneaux dans l'élection
d'Orléans; il était un peu plus faible dans celles de Beaugency et de
Blois.

[2] Dureau de la Malle, *Mémoire sur la population de la France au quatorzième siècle*, tome XIV, 2e partie des *Mémoires de l'Académie des Inscriptions.* — M. Dureau de la Malle, ayant trouvé le nombre de feux que
l'on comptait pour l'impôt des aides sur les terres de la couronne, l'a
triplé pour avoir celui de la France entière, tandis qu'il aurait pu se
contenter de le doubler, puisque la couronne était alors maîtresse de
quarante de nos départements, pour le moins, et des plus riches comme des
mieux peuplés. Il serait alors arrivé à des conclusions plus admissibles; car,
à ce compte, la population de la France n'aurait pas dépassé, en l'année
1328 (pour son étendue actuelle) le chiffre de 25 millions d'habitants.

[3] Jean Bouchet, auteur du *Panégyric de la Trémoille*, 1527, attribue
ce chiffre à un prétendu recensement fait par Jacques Cœur, mais ce recensement ne repose sur aucune autorité. Les anciennes évaluations
semblent avoir été simplement traditionnelles.

était autrefois considérable, n'offre qu'un moyen d'appréciation vague et contestable ; car il n'est pas douteux qu'on
n'ait fondé depuis le moyen âge plus de paroisses qu'on
n'en a abandonné, et il est probable aussi que les anciennes
églises paroissiales servaient pour des circonscriptions
beaucoup plus étendues [1] que les circonscriptions actuelles.

Aucune des autres raisons qu'on a fait valoir en faveur
d'une population excessive dans l'ancienne France ne mérite d'examen sérieux, tandis que l'assertion contraire est
la conclusion naturelle d'une série d'observations raison-
nées que j'ai déjà trop longuement exposées dans le courant de ce livre pour qu'il soit nécessaire d'y revenir ici.
Tout semble prouver que la population de la France s'est
augmentée successivement et de siècle en siècle, quoique
ce mouvement ait dû être accompagné d'oscillations inévitables, et que des faits accidentels, la guerre, la famine, ou
même des circonstances politiques, aient pu amener quelque diminution temporaire dans le nombre des habitants [2].

[1] On voit encore dans quelques pays du nord de l'Europe, et particulièrement dans une partie de la Russie, des églises de campagne très-
vastes et qui servent pour de vastes districts. — Harthausen, t. Ier.

[2] M. Delisle (c. VII) estime que la Normandie était, au treizième siècle,
aussi peuplée qu'elle l'est aujourd'hui ; cependant les textes qu'il cite et
les raisons qu'il donne ne prouvent qu'une chose, c'est que la population y subissait alors une augmentation rapide. Il serait facile de constater à la même époque un accroissement semblable pour d'autres provinces, et surtout pour celles qui étaient placées dans le domaine royal ;
Joinville et d'autres historiens contemporains l'affirment positivement.
On comprend que ce fut là un résultat nécessaire du rétablissement du
gouvernement royal qui améliorait l'état du pays en y développant les
principes d'ordre, la régularité administrative, en favorisant les communications des villes ou des provinces, entre elles. Cent ans plus tard, les
guerres des Anglais, dont plusieurs provinces, et entre autres la Normandie, eurent tant à souffrir, produisirent des effets tout opposés ; mais ni
dans un cas, ni dans l'autre, nous n'avons de mesure certaine d'appréciation. Admettre sur d'aussi vagues données que la population ait été, il
y a six siècles, aussi considérable qu'aujourd'hui, me paraît une illusion
égale à celle de Boisguillebert, qui affirmait, avec moins de probabilité

C'est encore Vauban qui nous donne, à ce sujet, la première estimation ayant un caractère de certitude approximative [1]. En se fondant sur les chiffres recueillis dans chaque généralité par les intendants, il porte la population totale du royaume, pour l'année 1700, à dix-neuf millions. Bien que ni les statistiques des intendants, ni les calculs mêmes de Vauban ne soient d'une extrême rigueur [2], on peut cependant admettre ce chiffre, résultat d'une enquête faite avec soin, comme approchant beaucoup de la réalité.

Vers la fin du règne de Louis XIV, une opinion assez générale voulait que la population, comme la production, allât diminuant. Tous les économistes et les statisticiens faisaient de cette diminution un sujet d'attaques contre Louis XIV et Colbert. L'intendant de la généralité d'Orléans croyait qu'elle était d'un cinquième pour trente ou quarante ans. Sans contester un fait qui paraît certain, on peut le regarder purement comme accidentel, et y voir une conséquence, soit des guerres permanentes que la France avait soutenues, soit des efforts du gouvernement pour développer le commerce et l'industrie, fût-ce aux dépens des campagnes et des intérêts agricoles. La population recommença d'ailleurs à s'accroître sous le règne de Louis XV. Expilly estime cette augmentation correspondante à celle des ter-

encore, que la population avait constamment décru dans les trois siècles qui avaient précédé le règne de Louis XIV.

[1] L'évaluation d'un ancien auteur, Bocalin, cité par le marquis de Mirabeau, et qui donne 19 millions d'habitants à la France sous Charles IX, n'a rien de positif.

[2] Ainsi Vauban s'est trompé en évaluant l'étendue superficielle du territoire de la France à soixante millions d'hectares, tandis qu'elle n'en a en réalité que cinquante-deux, et encore en y comprenant les acquisitions faites depuis Louis XIV, comme la Lorraine.

Les évaluations particulières faites par les intendants ne peuvent être qu'un objet de curiosité. Suivant M. de Bouville, la généralité d'Orléans comprenait, en 1698, 23,812 fermiers ou laboureurs, 2,121 meuniers, 3,176 bergers, 38,444 journaliers, 18,000 valets, 13,696 servantes, 12,172 artisans répandus dans les bourgs et les villages.

res qui furent alors nouvellement défrichées. Le même accroissement est constaté par Messance, qui en donne pour raison principale l'extension de la culture du blé et la diminution de son prix, et qui attribue ces avantages au perfectionnement des procédés agricoles et à la longue paix dont la France avait joui durant la première moitié de ce règne. Messance constatait aussi un autre fait, plus curieux encore, et qu'il appuyait sur des documents positifs, la diminution de la mortalité dans les soixante premières années du dix-huitième siècle et la prolongation de la vie moyenne [1]. En 1789, la France comptait vingt-cinq millions d'habitants; ce qui fait qu'en quatre-vingt-dix ans, depuis les enquêtes des intendants, elle avait vu sa population augmenter de près d'un quart.

Il est vrai que l'augmentation avait été plus forte dans les villes que dans les campagnes. Tous les anciens chiffres de population qui nous restent prouvent que la proportion entre les habitants des campagnes et ceux des villes changea considérablement depuis l'impulsion donnée par Colbert à tous les travaux industriels [2].

Augmentation de la production et de la population, telle est donc la double conclusion qu'on peut tirer des anciennes statistiques, au moins pour le siècle dernier, avec une entière certitude. Maintenant, quel est le rapport de ces deux faits? La production et la population se sont-

---

[1] Messance a aussi élevé le premier, sur la prétendue diminution de population que signalaient les intendants, des doutes très-bien motivés.

[2] Ce fait est constaté par les intendants; il l'est aussi par Expilly, préface du *Dictionnaire de la France*. Si les chiffres de la population étaient plus élevés autrefois dans certaines villes, comme Bourges ou Tours, qu'ils ne le sont aujourd'hui, il faut observer que les anciens dénombrements comprenaient toujours les habitants de la banlieue avec ceux de la ville même. Leur exactitude n'est pas non plus à l'abri de toute contestation. Ainsi la décroissance de population, très-naturelle d'ailleurs, que quelques villes ont pu subir, ne peut être opposée que comme une rare exception à un fait très-général.

elles accrues proportionnellement, ou l'une plus que l'autre? Si la production s'était accrue davantage, il faudrait en conclure que l'alimentation est devenue meilleure et la richesse plus grande. Un tel résultat n'aurait rien que de très-probable, et s'accorderait avec toutes les observations que j'ai déjà présentées plus haut. Or, suivant M. Passy, qui a comparé les chiffres de Vauban et des intendants avec les chiffres actuels, la production des céréales était, en l'an 1700, de 354 litres par tête, tandis qu'elle est aujourd'hui de 457 litres, sans tenir compte des aliments farineux ou autres, inconnus il y a cent cinquante ans, ou dont on faisait un moindre usage [1].

SECTION III. — Du produit et du rapport des terres.

J'entends ici par produit des terres leur rendement proportionnel à la semence, et par leur rapport le taux de l'intérêt du capital qu'elles représentent. L'étude de ces deux questions se rattache étroitement à celle qui précède.

Olivier de Serres croyait qu'en France les meilleurs domaines ne pouvaient rendre que de cinq à six pour un, le fort portant le faible, « sauf quelques recoins [2]. » L'intendant de la généralité de Bourges estimait que dans la partie la plus fertile du Berry, c'était la plus voisine de la Loire, les terres les meilleures rendaient huit pour un, mais à la condition de reposer de deux années l'une, les médiocres cinq, et les pires quatre. Duhamel-Monceau calculait vers 1750 le produit des terres du Gâtinais comme Olivier de Serres celui de la France en général. Young confirme ces données, car il estime le rendement des terres en Normandie, comme l'intendant de Bourges estimait celui de la partie fertile du Berry [3].

---

[1] Rapport fait par M. Passy à l'Académie des Sciences morales et politiques sur les recherches statistiques de M. Moreau de Jonnès, 1848.

[2] *Théâtre d'agriculture*, liv. II, c. II.

[3] Il désigne bien quelques pays où le rendement était supérieur, mais

L'auteur anonyme de l'*Essai sur l'administration des terres*, publié en 1759[1], rapporte un fait remarquable et qui s'accorde avec les précédents, c'est que dans le Poitou le rendement des bonnes terres était estimé de neuf pour un, et celui des mauvaises, de quatre et demi, tandis que deux ou trois siècles plus tôt, quand on avait rédigé la coutume de la province, les experts et députés, choisis pour l'évaluation légale du rendement des terres, l'avaient fixé à douze et à six pour un. Fallait-il en conclure que le rendement de la terre avait diminué? L'auteur que je cite le pense et en donne des raisons assez plausibles[2].

D'autres documents montrent, au contraire, le rendement de la terre en progression durant le siècle dernier. Ainsi, la suppression des jachères et du droit de parcours élevait le rendement moyen, dans l'élection du Havre, à 12 et 15 pour un, et faisait monter proportionnellement le prix des propriétés et le loyer des fermes[3].

Quoiqu'il ne soit guère possible d'éclaircir un pareil débat, je serais porté à croire que ce dernier résultat a été le plus général. Car, tout en admettant que des causes différentes aient pu agir en sens inverse et triompher tour à tour, il faut se défier du préjugé à peu près universellement répandu au dix-huitième siècle sur la décadence de l'agriculture. Ce préjugé lui-même fût-il fondé, il n'en resterait

---

exceptionnellement, comme Aiguillon, près d'Agen, où il était de vingt pour un, Montélimart de huit, quelques parties de la Provence de dix ou de douze.

[1] La *Bibliographie agronomique* attribue cet ouvrage à Quesnai le fils.

[2] Ces raisons étaient l'absentéisme des propriétaires, suivi de l'abandon des paysans livrés dès lors à eux-mêmes, et plus dénués d'avances et de secours, l'émigration qui dépeuplait les campagnes au profit des villes, la diminution de la consommation sur les lieux mêmes avec ses conséquences naturelles, telles que le défaut d'engrais, etc.

[3] *Mémoires du marquis de Guerchy*, dans les *Mémoires de la Société d'agriculture*, tome XI. Il estime que la terre se louait au prix moyen de 40 à 45 livres l'hectare.

pas moins certain qu'une amélioration considérable a été
obtenue précisément depuis cette époque. La production
des céréales s'est accrue à la fois par le défrichement de terres nouvelles et par l'amélioration de celles qui étaient anciennement cultivées. Suivant un calcul de M. Passy, l'hectare, qui produit aujourd'hui treize ou quatorze hectolitres
en moyenne, en produisait seulement huit en l'an 1700 [1].

Le rapport des terres en argent ou le taux de l'intérêt
du capital qu'elles représentent, paraît avoir toujours été à
peu près le même.

Ainsi, au treizième siècle, d'après les évaluations de
M. Guérard, basées sur des chartes du cartulaire de Saint-
Père de Chartres, l'hectare de terre labourable, dans le
pays chartrain, rapportait trois pour cent, l'hectare de vignes quatre pour cent environ, tandis qu'à la même époque
le revenu des maisons était, à Chartres, de cinq pour
cent [2].

Au dix-huitième siècle, on retrouve les mêmes évaluations. Young, qui donne des tableaux comparés du rapport
de la terre dans les différentes provinces, l'estime à trois
pour cent dans la Picardie, en le portant à trois et demi et
quatre pour les terres les mieux entretenues, à trois pour
la Normandie, à quatre pour la Beauce. Il l'élève à cinq
pour la Bretagne, mais en comptant que, sur trente-neuf
parties, il y en avait vingt-quatre d'incultes. Enfin, sans
poursuivre avec lui cette énumération dans toutes les provinces, je me bornerai à citer sa conclusion, qui était que
le sol de la France rapportait, en moyenne, à ses propriétaires, trois et trois quarts de revenu brut, et tout au plus
trois et un quart de revenu net.

---

[1] Rapport déjà cité.

[2] D'après les calculs de M. Guérard, l'hectare de terre labourable, aux
environs de Chartres, valait 568 francs de notre monnaie actuelle, et
l'hectare de vignes 2,685 francs.

Cette identité du revenu des terres, à des époques différentes, est un fait simple et naturel, car le prix d'achat a
dû varier suivant que les produits eux-mêmes variaient. Le
revenu ou rapport en argent a dû demeurer dans une proportion assez constante avec le prix d'achat [1], et cette proportion n'a pu osciller dans un sens ou dans un autre que
par l'effet de circonstances locales ou accidentelles. Les seules causes qui aient pu la modifier, autrefois comme aujourd'hui, sont celles qui tiennent aux conditions de sécurité ou de trouble que la société présente à telle ou telle
époque, ou à la comparaison des avantages relatifs qu'offrent les diverses sortes de placements. On pourrait donc
citer un certain nombre d'exemples de ces oscillations,
sans qu'il y eût aucune conclusion à en tirer [2].

Young signale pourtant un fait remarquable, que Boulainvilliers avait observé déjà avant lui, mais sans en donner aussi bien la raison. Il s'agit de l'élévation qu'éprouvait
le prix de la terre dans certains pays, aux environs de Paris,
par exemple [3], ou dans la Flandre. Dans la Flandre, autour de Cassel, la terre affermée ne rapportait guère que
deux pour cent de produit net. Dans le pays de Caux, la

---

[1] Ou bien le prix d'achat variait proportionnellement au revenu, ce
qui est la même chose. Guillaume de Rochechouart, qui remplit d'importantes fonctions à la cour de Henri II, écrivait, vers 1565, en parlant
de ses terres : — « Et si à présent lesdites terres valent mieux (que dans
« ma jeunesse), faut entendre que le boisseau de blé lors ne valait que
« quatre blancs, et à présent il vaut six sols. Aussi les baux, dixmes
« et terrages sont augmentés des deux parts, et aussi pareillement la
« dépense. » *Mémoires de Rochechouart*, collection Petitot.

[2] Vauban prétendait, en 1698, que le revenu des héritages avait baissé
d'un tiers depuis trente ans, diminution qu'il attribuait aux vices de la
législation des tailles. Ce serait là un des exemples les plus frappants de
ces changements de valeur, si toutefois le fait était lui-même prouvé.

[3] L'intendant de la généralité de Paris constate que les meilleures
terres des environs étaient affermées au prix, qu'on jugeait très-élevé
alors, de dix livres l'arpent. D'après les mémoires recueillis par Boulainvilliers, le prix de l'arpent, dans ces mêmes environs de Paris, était

rente du propriétaire ne dépassait pas deux et demi. Le
prix de la terre allait donc s'élevant, ou, en d'autres termes, le taux de la rente allait s'abaissant. C'était nécessairement l'effet de la concurrence des acheteurs. Young attribuait cette concurrence à deux causes : 1° à la préférence
excessive des capitalistes et surtout des commerçants et des
manufacturiers pour les placements en terres ; tous les négociants qui parvenaient à s'enrichir aspiraient à acquérir
une propriété territoriale, et cela parce que les placements
dans les entreprises industrielles ou sur les fonds publics
étaient alors plus difficiles et offraient moins de garanties
en France que dans d'autres pays, qu'en Angleterre, par
exemple ; 2° à la propagation du système de fermage, qui
permettait aux commerçants de consacrer avantageusement
leurs épargnes à l'acquisition de terres affermées, tandis
que l'achat de domaines à faire valoir par domestiques ou
par métayers eût souvent entraîné pour eux de grands embarras. Or, la concurrence des acheteurs était précisément
plus grande dans les pays de manufactures et où la terre
était affermée ; elle était moindre dans les provinces cultivées par des métayers. Il faut ajouter à ces considérations
que les rentes des fermes se payant plus communément en
argent et celles des métairies en nature, les premières devaient être plus recherchées par une classe particulière d'a-
cheteurs.

Parmi les raisons qui déterminaient le prix des terres, il

souvent de 600 livres, tandis que dans ceux de Melun et de Rosoy, il
n'était que de 200, dans ceux d'Etampes, de Montereau ou de Joigny,
de 100 à 140, et de 100 à 120 autour de Compiègne.

Je dois renvoyer les amateurs de statistique à un excellent tableau du
prix moyen des terres dans la généralité de Paris et ses diverses élections, sous le règne de Louis XVI (*Mémoires de la Société d'agriculture de
Paris depuis* 1785, tome XI, tableau annexe d'un mémoire de M. Gilbert
sur les prairies artificielles). On y trouve, entre autres renseignements
curieux, l'indication de la quantité et du prix moyen des terres labourables, des vignes, des prés et des friches.

y en avait aussi qui n'existent plus aujourd'hui. Ainsi les terres nobles, soit à cause des droits féodaux et des exemptions de taxes, soit à cause de la considération et des honneurs qui y étaient attachés, étaient toujours plus chères. Dans la Lorraine, au dernier siècle, elles ne rapportaient que de trois à quatre pour cent, lorsque les terres roturières rapportaient de quatre à cinq [1].

SECTION IV. — Du crédit foncier.

Il n'a longtemps existé de véritable crédit ni pour les propriétaires, ni pour les cultivateurs, et encore moins pour les simples ouvriers.

La rareté de l'argent en était la première cause. Elle élevait nécessairement le taux de l'intérêt et favorisait l'usure. D'après les calculs faits par M. Delisle sur les titres de plusieurs établissements religieux de la Normandie, l'intérêt de l'argent, dans la province, était ordinairement, pendant les treizième et quatorzième siècles, de dix pour cent. Aussi l'usure triomphait-elle des interdictions, et si elle n'osait se montrer à découvert, elle prenait du moins tous les masques. Un grand nombre de contrats de différente nature renfermaient des stipulations d'emprunt plus ou moins bien déguisées et presque toujours onéreuses aux emprunteurs.

Mais une autre cause de l'absence du crédit était le manque presque complet de garanties pour les prêteurs. J'ai déjà signalé les vices nombreux que présentait, à ce sujet, le système de la propriété et des concessions féodales. La législation qui frappait les biens d'une sorte d'immobilité détruisait d'avance l'effet des hypothèques. Les hypothèques étaient, par cela seul, incertaines et insuffisantes ; ajoutez qu'il était rare qu'elles fussent publiques. Leur assujet-

[1] Andrieu de Zulestein, *État politique et agricole de la Lorraine.*

tissement à la spécialité et à l'inscription ne date que du
dernier siècle; et toutes les prédilections de d'Aguesseau,
il n'y a guère plus de cent ans, étaient encore pour les hypothèques occultes.

On suppléait donc à l'absence du crédit par des moyens
indirects. Les propriétaires nobles qui ne pouvaient engager leurs terres en engageaient les fruits. D'après la
coutume du Hainaut, si un noble ne pouvait s'acquitter,
ses créanciers étaient envoyés en possession des fruits. Le
premier en jouissait jusqu'à l'entier remboursement de sa
créance; un autre lui succédait, puis un troisième. Les
terres pouvaient ainsi demeurer un temps fort long, plusieurs siècles même, *en régie de justice*, sans cesser d'appartenir à leurs propriétaires, qui ne conservaient cependant d'autre jouissance que celle des droits seigneuriaux
non saisissables, non conversibles en argent et qui ne
consistaient pas en simples prestations [1]. Il est douteux
qu'un pareil système fût avantageux ni pour le prêteur
ni pour l'emprunteur, qui se trouvaient également gênés
dans leur liberté d'action.

Les contrats de ce genre, connus sous le nom de contrats
pignoratifs, étaient très-communs au moyen âge, et déguisaient mal une usure souvent excessive; car les revenus
que percevait le prêteur jusqu'à l'époque du remboursement de son prêt étaient souvent fort supérieurs à l'intérêt
qu'il aurait pu légitimement exiger.

En général, le gage remplaçait l'hypothèque; mais on
comprend que la terre ne fût pas le gage ordinairement
préféré. Jusqu'au quinzième siècle, on engagea le plus
souvent les objets précieux d'or et d'argent, les vases
d'autel, les armures ou les meubles de luxe. Le luxe énorme
d'orfévrerie étalé dans les palais et les abbayes du moyen
âge tenait précisément à l'absence du crédit et à l'obliga-

---

[1] *Mémoires des Intendants.*

tion où se trouvaient les grands propriétaires d'avoir des
ressources prêtes pour les circonstances imprévues.

C'était lorsque les propriétaires de terres ne pouvaient,
dans les besoins d'argent, ni constituer d'hypothèques, ni
emprunter sur gages, qu'ils aliénaient une partie de leurs
domaines. Ces aliénations se faisaient ordinairement à bas
prix, à cause des restrictions mises par les lois à la vente des
terres nobles. Ce fut ainsi qu'du temps des croisades beaucoup de seigneurs aliénèrent tout ou partie de leurs domaines, faute de trouver du crédit. Jusqu'au dix-huitième
siècle, les rois recoururent de leur côté à des aliénations fréquentes, qui avaient précisément les mêmes caractères et les
mêmes effets qu'ont aujourd'hui les émissions d'emprunt.

Plus les conditions du crédit étaient difficiles, et plus il
était ordinaire que la grande propriété fût couverte de
dettes et dévorée par l'usure. Ce fut longtemps le sort ordinaire des terres nobles après toutes les grandes expédi-
tions militaires, et c'est pour cela que le gouvernement
accorda si fréquemment à la noblesse des répits pour se
libérer des obligations qu'elle avait contractées. Quant aux
terres ecclésiastiques, elles n'échappaient pas toujours au
même danger, comme le prouvent un certain nombre de
faits réunis par M. Delisle [1].

Les roturiers, lorsqu'ils voulaient emprunter, étaient réduits le plus ordinairement à changer leurs propriétés en tenures, ou bien, s'ils étaient simples tenanciers, à grever
leurs tenures de rentes ou de charges nouvelles. Dans ces
divers contrats, l'usure ne cessait de trouver une large
place. C'était, par exemple, l'usage du Bourbonnais que
le propriétaire qui empruntait fît une vente simulée de
son héritage, qu'il reprenait ensuite, mais à la charge de

[1] V. entre autres au chap. VIII, p. 200, l'énumération des dettes des
maisons religieuses du diocèse d'Evreux, constatées par l'archevêque de
Rouen, Eudes Rigaud, pendant sa visite pastorale, en 1259.

payer au prêteur : 1° une redevance en chair, pain et grains, comme tenancier, et 2° une rente ou cens en argent, qui était l'intérêt ou le loyer de la somme prêtée [1]. Enfin, le roturier qui ne pouvait hypothéquer une terre ou une tenure hypothéquait sa liberté personnelle. Un homme libre se constituait, par exemple, tenancier mainmortable de celui auquel il faisait un emprunt, et cette mainmorte avait tous les effets de la mainmorte ordinaire, jusqu'à ce que l'obligation fût acquittée ou la servitude rachetée à prix d'argent [2].

C'est en vain que les lois canoniques ou civiles ont de tout temps frappé l'usure; elles n'ont pu la déraciner, tant que la rareté de l'argent et la législation féodale ont paralysé l'essor du crédit. Il serait trop long de rappeler ici toutes les mesures rigoureuses et les poursuites dont les usuriers, ou même les détenteurs de capitaux, qu'il n'était pas facile d'en distinguer, ont été successivement l'objet dans le cours de notre histoire. Qu'il suffise de constater leur inefficacité; il est certain qu'au dernier siècle les campagnes n'étaient pas encore affranchies de l'usure et de son joug éternel. Il y avait encore des provinces où les Juifs se trouvaient en grand nombre et faisaient par son moyen des bénéfices énormes. Dans l'Alsace, suivant le mémoire de l'intendant de la Houssaye, c'étaient eux qui avançaient, à gros intérêts, tous les fonds pour le commerce des chevaux et des bestiaux, et ils déguisaient leurs bénéfices usuraires en recevant leurs payements en denrées et en produits naturels.

Il était particulièrement interdit aux juifs, sous les peines les plus sévères, de prêter aux ouvriers travaillant de leurs mains; mesure de police qui s'explique par les facilités mêmes de l'abus qu'auraient entraîné de pareils prêts. Mais

[1] Art. 289 de la coutume du Bourbonnais.
[2] Renauldon, *Dictionnaire des droits seigneuriaux*, v° *Argent*.

on ne voit pas qu'il y eût autrefois aucun moyen, aucune institution de crédit pour les simples ouvriers.

Cet état de choses excita vivement, au dix-huitième siècle, les plaintes des économistes et des agriculteurs, entre autres du marquis de Turbilly. A cette époque, l'argent était déjà plus abondant; la législation s'était simplifiée; le crédit même avait fait d'assez grands progrès, mais dans les villes seulement. Les campagnes en profitaient peu; l'argent y circulait beaucoup moins, et s'y maintenait à un taux plus élevé[1]. Les agriculteurs, accusant la difficulté que présentaient les transports de numéraire, se plaignaient avec raison de l'absence de billets de circulation, et de l'obstacle apporté par là aux transactions, dont un grand nombre ne se faisaient encore que par échange[2]. Quelques-uns proposèrent la création de banques agricoles. L'Assemblée provinciale du Berry discuta, en 1786, la question d'établir des institutions de crédit dans les campagnes, sur le modèle des caisses hypothécaires de la noblesse qui avaient été créées en Prusse par Frédéric le Grand; mais elle jugea ce système peu praticable. Le Comité d'agriculture de l'Assemblée nationale émit, peu de temps après, le vœu qu'il se formât, dans chaque département, une caisse patriotique de prêts volontaires pour des entreprises agricoles ou pour la fondation de manufactures; ce vœu, digne de l'époque, ne fut pas réalisé. Il n'en est pas moins juste de dire que l'essor immense du crédit, soit public, soit privé, depuis un siècle, s'est fait sentir jusque dans les campagnes les plus reculées, et que l'essai de banques foncières que l'on y tente aujourd'hui ne peut être, dans tous les cas, que la continuation d'une œuvre commencée depuis longtemps.

J'ai déjà signalé plus haut les effets remarquables qu'avait produits l'augmentation de l'argent et des métaux

[1] De Goyon, *France agricole et marchande*, 1762.
[2] *Idem, ibid.*

précieux, à partir du seizième siècle. La substitution de redevances en argent aux redevances en nature avait considérablement facilité et favorisé la libération du sol et les progrès de l'agriculture [1].

SECTION V. — Du taux des salaires.

Le salaire de l'ouvrier a dû représenter, à toutes les époques, ce qui était nécessaire à sa subsistance et à son entretien, et même, dans une certaine mesure, ce qui était nécessaire à la subsistance et à l'entretien de sa famille. C'est là un principe absolu, qui peut être altéré, modifié dans son application par des circonstances variables, mais qui ne peut être détruit.

Le prix des salaires a donc été réglé dans tous les temps par le prix des céréales. Le prix des céréales s'étant élevé dans un espace de temps de cinq siècles et demi, depuis l'an 1202 jusqu'à l'an 1746, de un à quarante, suivant les calculs de Dupré Saint-Maur, le prix des salaires a dû s'élever dans une proportion égale. Ce résultat fort naturel est précisément celui auquel sont arrivés MM. Leber [2] et Cibrario [3], qui ont recueilli et comparé des tableaux d'anciens prix. Je ne donnerai à l'appui de mon assertion qu'une seule preuve, mais des plus frappantes. Un auteur du dernier siècle [4] a calculé que, d'après l'ordonnance de 1350, qui fixait le taux des salaires, un journalier de l'Ile-de-France

---

[1] Jusqu'au seizième siècle, les comptes des exploitations rurales offrent cette particularité que la rente en argent y est très-faible, comparée aux redevances en nature, et que même ces dernières y sont très-rarement évaluées en argent. J'ai pu vérifier ce fait sur les comptes manuscrits de divers châteaux d'Auvergne, qui sont à la bibliothèque de Clermont, n°ˢ 273 et 274, entre autres sur ceux des châteaux de Seychalles, quinzième et seizième siècles, et de Puymelles, année 1569.

[2] Leber, *Mémoire sur le pouvoir de l'argent au moyen âge*, dans les *Mémoires de l'Académie des Inscriptions*, année 1844.

[3] Cibrario, *Economia politica del medio evo*, Turin, 1839.

[4] L'auteur d'un traité sur l'économie rurale et civile, publié en 1789; ses initiales sont celles de Lebègue de Presles.

gagnait annuellement 308 boisseaux sept huitièmes, faisant 25 setiers trois quarts, mesure de Paris, ou 437 livres en argent, et que dans la Bourgogne, en 1459, le même journalier gagnait 343 boisseaux, ou 28 setiers sept dixièmes, faisant 491 livres en argent. On voit que le gain était dans les deux cas à peu près le même. C'est, du reste, la seule conclusion que l'on puisse tirer de ce calcul ; car, si ce gain paraissait élevé, en comparaison de celui que font aujourd'hui beaucoup d'ouvriers des campagnes, il faudrait rappeler qu'il représente dans les deux cas la dépense entière d'une famille.

Le même auteur a calculé aussi que le travail d'une femme était en général estimé aux trois cinquièmes de celui d'un homme.

Tous les calculs que l'on peut faire sur les anciens prix ont cependant un inconvénient commun, qui est la difficulté d'apprécier les circonstances variables qui ont exercé sur eux une influence.

La première de ces circonstances est nécessairement celle de l'offre et de la demande. Il a dû toujours en être des salaires comme de toutes choses ; il a fallu que la rareté des bras les fît renchérir, et que la concurrence des travailleurs les abaissât.

Une autre circonstance très-importante était l'usage des salaires en nature, autrefois bien plus commun qu'aujourd'hui. Au dernier siècle, les maîtres payaient ordinairement de moindres gages à leurs ouvriers, parce qu'ils les nourrissaient comme des domestiques, et leur faisaient des fournitures diverses, suivant les usages locaux ; ils leur donnaient entre autres objets le linge et les étoffes d'habillement [1]. Ce système avait ses avantages et ses inconvénients ; l'ouvrier était plus assuré de son existence et ne

[1] Liger, *Théâtre d'agriculture*, 1713.

pouvait faire de son gain un mauvais emploi, mais il ne
pouvait non plus en faire un bon, et il lui était plus difficile d'améliorer son sort ou d'amasser des économies [1].

Le talent ou l'aptitude particulière des ouvriers peut
encore être regardé comme une circonstance qui influe
sur les salaires, même dans les campagnes.

Enfin, quoique le prix du blé ait été le premier régula-
teur du taux des salaires, il n'est pas douteux que le prix
des autres objets nécessaires à la vie, tels que les instruments et les vêtements, n'ait dû y entrer aussi pour
quelque chose. Les progrès de l'industrie ont donc exercé
sur les salaires comme sur le bien-être une influence inévitable, qui n'a que le malheur d'échapper à toute appréciation. Si de la comparaison des prix divers des objets
les plus nécessaires à la vie, il était permis de tirer quelque
induction, on serait amené à croire que le prix relatif des
objets est resté à peu près le même depuis cinq ou six
siècles ; que la plupart d'entre eux n'étaient pas autrefois
moins chers qu'ils ne sont aujourd'hui, mais que quelques-uns, au contraire, étaient à un prix proportionnellement plus élevé.

C'est là du moins ce que pensent, après Mlle de Lézardière [2] et un grand nombre d'anciens auteurs, MM. Leber

---

[1] Ce système avait aussi des résultats fâcheux pour l'économie agricole,
comme le prouve ce fait, qu'au dernier siècle les métayers du Poitou
faisaient battre leurs grains aussitôt après la récolte, et perdaient ainsi,
dans la belle saison, un temps précieux pour une opération qu'on pouvait ajourner jusqu'à l'hiver; c'est que, ne payant pas leurs ouvriers en
argent, ils étaient obligés de les payer en grains, et cela immédiatement.
Essai sur l'administration des terres, 1759.

[2] Mlle de Lézardière (*Théorie des lois politiques*, 2e époque, partie Ire,
liv. III, c. v) a conclu de tableaux de prix divers réunis pour les deux
premières races : 1° que le prix des bestiaux avait été, dans les premiers siècles de la monarchie, relativement plus bas que le prix du blé ;
rien de plus naturel, puisque les Francs et les Germains étaient plus
pasteurs qu'agriculteurs; 2° que les objets d'habillement et les produits
industriels étaient, à la même époque, d'un prix proportionnellement

et Cibrario, dont les recherches sont plus complètes et plus exactes.

M. Leber conclut de ses tables du quatorzième et du quinzième siècle que le poisson, le sel et le vin étaient alors à un prix relatif un peu plus élevé que le blé, résultat qui s'explique par la faiblesse de l'industrie des pêcheries (V. le § 1er de ce chapitre), par le monopole du sel qu'exerçait l'Etat, et peut-être par les entraves qu'éprouvait le commerce des vins (V. chap. vii, § 2). Il croit, au contraire, que le bois, la charcuterie, la viande de boucherie [1], les fèves et les pois coûtaient moins. Quant aux productions industrielles, comme les toiles, draperies, étoffes diverses, aux objets de luxe ou aux denrées d'importation étrangère, telles que les épiceries, il est facile de comprendre que le prix en devait être bien plus considérable autrefois.

M. Cibrario a recueilli les chiffres qui concernent le Piémont ; mais ses recherches sur un pays si voisin de la France peuvent jeter un grand jour sur notre histoire. Or, il conclut qu'au treizième et au quatorzième siècle la main-d'œuvre était à peu près au même prix qu'aujourd'hui, qu'elle était ordinairement tarifée ; que la viande était aussi chère à Turin, il y a cinq siècles, quand la ville avait de quatre à cinq mille âmes, qu'aujourd'hui qu'elle en contient plus de cent mille, fait que peut expliquer parfaitement l'absence des prairies ; que le bois était plus commun, mais d'une exploitation plus difficile à cause du manque de routes ; que l'industrie, étant plus

élevé. Ainsi un bœuf valait deux *solidi*, prix de six boisseaux de froment. D'après le capitulaire de 808, une robe en soie double valait vingt *solidi* ou dix bœufs. Il est clair que le progrès de la culture a dû changer la proportion du prix des bestiaux et de celui du blé.

[1] Ce fait est le seul qui présente quelque contradiction avec ceux que j'ai cités plus haut ; mais MM. Leber et Cibrario, qui s'accordent sur tous les autres points, sont précisément en contradiction sur celui-ci.

exclusivement renfermée dans les villes, ne livrait ses produits qu'à de plus hauts prix.

Appendice. — Comme il n'entre dans mon plan que de présenter les résultats généraux que l'on peut tirer des tableaux d'anciens prix, je me contenterai de renvoyer aux plus intéressants de ces tableaux, qu'il serait long et hors de propos de reproduire. Je citerai comme les plus curieux et les plus complets :

Un règlement du 20 décembre 1343, rédigé par les experts d'Albi (*probi homines*) pour fixer le prix des denrées et de quelques travaux, règlement promulgué par le procureur de l'évêque [1], et les coutumes du pont de Tarn, au treizième siècle [2];

L'acte de donation du Dauphiné, faite par le dauphin Humbert, en 1349, à Charles de France, qui fut plus tard Charles V [3];

L'Assiette de la terre en Bourgogne [4];

Les Tableaux des prix de divers objets sous Henri III, recueillis par Dutot [5];

La Comparaison de divers prix des années 1550, 1600 et 1650, par Boisguillebert [6], quoique ses conclusions et même ses assertions doivent inspirer une grande défiance;

Le Parfait économe, par Rosny, livre publié vers 1680 et d'ailleurs sans autre mérite;

Les Calculs d'une grande administration en 1694, par le comte d'Hauterive;

Le Théâtre d'agriculture, de Liger, 1713;

Le Dictionnaire du commerce, de Savary;

---

[1] *Etudes historiques sur l'Albigeois,* par Compayré, pièce n° 21.

[2] *Id.,* n° 28.

[3] Salvaing.

[4] Pièce importante citée par M. Giraud, *Histoire du droit français,* à la suite de l'ancienne coutume de Bourgogne.

[5] Dutot, *Essai sur le commerce,* 1re partie, chap. II, art. 5.

[6] Boisguillebert, *Traité des grains,* c. II.

L'Essai sur les monnaies, de Dupré Saint-Maur, suivi de réflexions sur le rapport entre l'argent et les denrées, 1746.

Enfin, sans prolonger une énumération nécessairement incomplète, je renverrai, pour la fin du dernier siècle, à un rapport imprimé dans les procès-verbaux de l'Assemblée provinciale de la Guyenne, en 1784, et pour les recherches modernes, à celles de MM. Léopold Delisle, Lehar et Cibrario.

SECTION VI. — De l'industrie dans les campagnes.

Il serait intéressant d'avoir des renseignements exacts, soit sur les industries agricoles ou qui se rattachent à l'agriculture, soit sur les industries qui, en s'établissant au milieu des campagnes, quoiqu'elles fussent étrangères à l'agriculture, n'ont pas laissé d'exercer sur leur sort une influence considérable.

On rangerait dans la première catégorie les industries qui dépendent de la production animale, comme celles des salaisons, des peaux et des cuirs, ou de la production végétale, comme l'industrie des lins, des chanvres et des toiles, les blanchisseries; la fabrication des huiles, des vins, des eaux-de-vie, des liqueurs, des cidres, des bières, etc.

Dans la seconde, on comprendrait les forges, les usines, les scieries, les papeteries, toutes industries qui ne s'établissent guere que dans les campagnes où elles exercent une influence directe par les bras qu'elles emploient, ou indirecte par les travaux qu'elles rendent nécessaires, comme la construction de routes, de canaux, de moulins, etc.

Tout ce que l'on peut affirmer, c'est que plusieurs de ces industries, tant de la première catégorie que de la seconde, sont d'invention assez récente. Ainsi, j'ai déjà cité le douzième siècle comme l'époque où la fabrication du

cidre devint commune en Normandie. La fabrication des
eaux-de-vie n'était pas encore connue en l'an 1307 [1]. L'industrie des toiles ne date guère que des quatorzième et
quinzième siècles. A la même époque, les papeteries étaient
très-rares, et ce n'est que beaucoup plus tard qu'elles ont
cessé de l'être. Les campagnes étaient donc autrefois, si
l'on peut s'exprimer ainsi, plus exclusivement agricoles
qu'elles ne le sont restées de nos jours.

Il est pourtant nécessaire de compléter cette observation par une autre, c'est qu'autrefois il y avait aussi beaucoup moins d'industrie dans les villes, et que, par une
conséquence naturelle, les villes étaient loin d'exercer la
prépondérance qu'elles ont acquise avec le temps. Il y a
même un certain nombre de villes ou de bourgs qui doivent leur formation à l'existence d'anciennes industries
établies au milieu des champs [2].

Il faudrait, pour apprécier exactement l'influence de
l'industrie sur les campagnes, faire l'histoire de l'industrie elle-même, de ses découvertes et de ses perfectionne-
ments ; mais une telle histoire sort du cadre de ce livre ; ou
rechercher des renseignements locaux, qui sont très-rares, très-difficiles à réunir pour les temps un peu éloignés
de nous, et surtout trop incomplets pour justifier quelques
inductions légitimes.

Je me bornerai donc à citer ici un petit nombre de faits,
empruntés aux Mémoires des intendants, qui joignent à
la qualité d'être le document le plus considérable sur ce
sujet, l'avantage d'avoir été écrits quand les résultats du
mouvement industriel suscité par Colbert étaient déjà ma-

[1] Clicquot de Blervache, *Mémoire sur le commerce de la France,* de l'an
1100 à l'an 1500.

[2] C'est dans les campagnes que, durant les premiers siècles de la monarchie, étaient établis les gynécées ou ateliers de femmes qui fabriquaient les étoffes et faisaient d'autres œuvres industrielles.

nifestès. Quoique ce mouvement eût pour effet d'attirer dans les villes un grand nombre de gens des campagnes[1], il est remarquable que ce ne soit pas dans les villes seulement que de nouvelles sources de travail aient alors été ouvertes, et que les campagnes en aient largement profité, au moins dans le rayon de quelques grandes cités, telles que Paris, Lille ou Rouen.

Les Mémoires des intendants prouvent que la plupart des provinces avaient des industries particulières qui contribuaient à accroître, surtout dans la saison d'hiver, les ressources des populations. Ainsi, la préparation des étoffes de toile ou de lin donnait du travail à un grand nombre de villages dans la Picardie. La Bretagne française eut, du quatorzième au seizième siècle, une industrie très-considérable, celle des toiles de Rennes, de Noyal, de Vitré, qui occupait beaucoup de bras dans les paroisses rurales, et qui s'étendait même d'un côté dans le Maine, et de l'autre jusque dans les évêchés de Léon et de Tréguier. Les laines étaient peignées et cardées dans toute l'étendue de la Picardie, de la Normandie, de la Champagne et du Languedoc.

Presque toute l'industrie du Dauphiné, la draperie, le filage des laines et des soies, la couture des gants, avait lieu dans les campagnes[2]. Les paysans du diocèse de Mende

[1] Ce sont les industries de luxe qui ont surtout besoin pour se développer du séjour des villes ; or ces industries-là sont en général les plus modernes.

[2] « Ce qui occupe la plus grande partie des hommes, ce sont les draperies, et ce qui occupe la plus grande partie des femmes et des filles, c'est le filage des laines, de la soie, et les gants. Mais ceux qui s'emploient à ces ouvrages n'ont pas cette seule occupation. La plupart des hommes labourent leurs terres ; les femmes et les filles prennent encore d'autres emplois, quand elles en trouvent. Les uns et les autres ne se réduisent aux ouvrages dont on vient de parler que dans les saisons de l'année auxquelles il n'y a plus d'ouvrage à la campagne. » *Mémoire sur le Dauphiné.*

possédaient chacun un métier pour tisser les étoffes de laine, et vivaient des ressources que le tissage leur procurait durant les six mois d'hiver des Cévennes[1]. Ils ne fabriquaient d'ailleurs que des *cadis* ou étoffes grossières, et leurs gains étaient des plus modiques : les fileuses ne gagnaient que deux sous, les meilleurs tisserands huit sous. La laine leur était fournie par des marchands de Nîmes. C'était précisément le bas prix de la main-d'œuvre qui les garantissait contre toute concurrence.

On jugeait même, au dernier siècle, que la propagation trop considérable de travaux industriels dans les campagnes avait des effets fàcheux, et entre autres celui d'enlever trop de bras à la culture. Ainsi l'établissement de quelques manufactures nouvelles fut défendu dans une partie des campagnes de Flandre, sur les réclamations, il est vrai, des villes fermées qui alléguaient leurs priviléges pour repousser une concurrence[2]. Un arrêt du Conseil, du 28 juin 1723, porta que toutes les manufactures de toiles et étoffes de fil et coton de la Normandie, à l'exception de celles de Rouen et de Darnetal, cesseraient tout travail depuis le 1er juillet jusqu'au 15 septembre de chaque année. Young n'en déplorait pas moins, soixante ans plus tard, la multiplication des manufactures de coton dans le pays de Caux. Il pensait aussi que, dans la Bretagne, la fabrication des toiles détournait souvent les paysans d'autres travaux moins immédiatement lucratifs, et plus importants péut-être pour eux.

Je ne puis abandonner ce sujet sans faire une dernière remarque des plus nécessaires pour l'intelligence du passé :

---

[1] C'est dans des conditions de travail analogues que vivent aujourd'hui les paysans des régions froides de la Russie.

[2] Ces priviléges furent pourtant infirmés par une ordonnance de 1762, qui permit aux habitants des campagnes de fabriquer pour leur compte sans acheter de lettres de maîtrise.

c'est que la division du travail n'était pas seulement moindre dans les campagnes que dans les villes, mais qu'elle y
était au moyen âge presque inconnue, et qu'elle est restée
longtemps au-dessous de ce qu'elle est aujourd'hui. Autrefois, dans les exploitations rurales, les métiers les plus divers étaient exercés assez simultanément : souvent le même
homme était à la fois boucher, boulanger, berger, tisseur,
etc. ; une pareille confusion est aujourd'hui beaucoup plus
rare. Sans doute, les conditions de la vie rurale présentent
à la division extrême du travail des obstacles infranchissa-
bles, mais il est clair que la confusion, autrefois poussée si
loin, était un système désastreux, également contraire aux
progrès de l'agriculture et à l'amélioration du sort des
populations.

CONCLUSION.

Les révolutions légales ou économiques dont ce livre renferme le tableau forment la partie la plus importante à connaître de l'histoire des populations rurales. Cependant, les historiens les ont souvent négligées. C'est que, pour être réelles, elles n'en ont pas moins été peu sensibles, peu aperçues. Non-seulement les populations rurales sont demeurées plus stationnaires que les autres, mais elles sont demeurées essentiellement stationnaires, surtout en apparence ; leurs progrès ont été lents et cachés, en même temps qu'ils étaient continus.

Maintenant, toute leur histoire n'est pas là. Ce n'est pas tout que d'avoir replacé dans un ordre et un ensemble systématique les faits qui les concernent. Quand on a soulevé la poussière des temps, il faudrait l'animer, lui donner un corps et une âme ; il faudrait, en d'autres termes, retracer les principaux événements auxquels les habitants des campagnes ont pris part, et déterminer le rôle qu'ils ont joué.

Or, cette tâche est d'une difficulté extrême, sinon d'une impossibilité absolue ; car, outre qu'il n'est pas aisé de séparer l'histoire des campagnes de celle du pays entier, les historiens ne nous ont guère légué, en ce qui les touche plus particulièrement, que le souvenir de leurs souffrances durant les grandes calamités et durant les guerres, ou celui de leurs soulèvements contre les abus de l'autorité seigneuriale ou monarchique, sinon contre cette autorité elle-même.

Les prises d'armes des Jacques dans l'Ile-de-France, des Tuchins dans le Languedoc, des Va-nu-pieds dans la Normandie, ailleurs des Tard-avisés et des Croquants, pourraient être le sujet d'intéressants et de tristes récits. Pourtant il ne faudrait pas s'exagérer la portée qu'elles eurent. D'abord, ces révoltes et les guerres civiles qu'elles entraînèrent furent toujours locales. La Jacquerie elle-même, la plus célèbre de toutes, ne sortit pas des limites de l'Ile-de-France, de la Picardie et de la Champagne. Elles furent aussi toujours accidentelles ; elles naquirent de circonstances particulières, comme le passage de gens de guerre, l'arrivée de l'ennemi, la levée d'un nouvel impôt. Elles n'étaient, grâces au Ciel, rien moins que l'état ordinaire et normal du pays. Il y a donc peu d'inductions à en tirer. Quant à prétendre qu'elles ont contribué à l'amélioration du sort des campagnes, cela est au moins douteux ; il serait plus naturel de leur attribuer des résultats diamétralement opposés. Car elles furent l'effet des violences que l'état de la société rendait nécessairement fréquentes à certaines époques ; et, violentes elles-mêmes, elles n'aboutirent qu'où aboutissent les révolutions, c'est-à-dire que le gouvernement des seigneurs et du roi, après avoir assuré son triomphe et rétabli son autorité, dut quelquefois remonter au principe ou au prétexte des désordres, pour entreprendre d'en tarir la source. Si donc ces grands soulèvements historiques ont eu quelques résultats salutaires, ce n'est que d'une manière fort indirecte ; directement ils n'en ont eu aucun ; ils étaient frappés d'une impuissance radicale.

Exceptons pourtant de cet anathème les levées en masse qui ont détruit les grandes compagnies au quatorzième siècle, et qui, au quinzième, dans un mouvement de patriotique enthousiasme, ont contribué à chasser les Anglais. Heureusement les frontières de la France ont été trop rarement envahies pendant les trois cents dernières années de l'ancienne monarchie, pour que les campagnes pussent témoigner de la même manière de leurs sentiments de nationalité.

C'est donc volontairement que je me suis renfermé dans l'étude encore assez vaste et assez difficile de cette révolution longtemps cachée et insensible, qui n'en a pas moins fini par changer la face des campagnes, en affranchissant les hommes et le sol, et en ouvrant au progrès soit matériel, soit même moral, de nouvelles perspectives.

Qu'il me soit permis d'insister sur cette conclusion, et d'observer à ce propos qu'un des résultats de ce livre est de confirmer par des preuves historiques les principes théoriques que l'Académie des sciences morales exposait elle-même, il y a cinq ans, sur la liberté, la propriété, le bien-être et toutes les formes, comme tous les éléments du progrès. On me pardonnera de sortir ici une seule fois de la réserve que je devais nécessairement m'imposer sur toutes les préoccupations du jour. La liberté civile n'a pu grandir, en France, sans que la propriété se dégageât aussi de ses premières entraves, et devînt de siècle en siècle plus accessible à tous. La liberté, la propriété sont solidaires, et c'est leur progrès commun qui a constitué la marche ascendante des populations agricoles vers la civilisation. Quant au bien-être matériel et à l'état moral, je crois qu'ils n'ont jamais été ce qu'ils sont aujourd'hui, et, quoique prêt à reconnaître qu'ils ont dû obtenir une satisfaction quelconque à toutes les époques, qu'ils ont même pu rencontrer en tel ou tel temps de plus favorables circonstances, je suis convaincu qu'à juger les choses dans leur ensemble, leur développement a été proportionnel à celui de la liberté, de la propriété et de toutes les autres forces sociales.

FIN.

TABLE DES MATIÈRES.

LYCÉE
IMPÉRIAL
LOUIS
LE
GRAND

www.ingramcontent.com/pod-product-compliance
Lightning Source LLC
LaVergne TN
LVHW050146030726
842520LV00002B/320